课／程／政／策／与／课／程／史／研／究／丛／书

顾问　钟启泉
　　　田正平

主编　刘正伟

潘洪建　著

致知与致思：

课程改革的知识论透视

山东教育出版社

图书在版编目(CIP)数据

致知与致思:课程改革的知识论透视/潘洪建著
—济南:山东教育出版社,2015
(课程政策与课程史研究丛书)
ISBN 978-7-5328-8800-9

Ⅰ.①致… Ⅱ.①潘… Ⅲ.①课程改革—教育研
究—中小学 Ⅳ.①G632.3

中国版本图书馆 CIP 数据核字(2015)第 042158 号

致知与致思:课程改革的知识论透视

潘洪建 著

主　管:山东出版传媒股份有限公司
出版者:山东教育出版社
　　　　(济南市纬一路 321 号　邮编:250001)
电　话:(0531)82092664　传真:(0531)82092625
网　址:www.sjs.com.cn
发行者:山东教育出版社
印　刷:山东新华印务有限责任公司
版　次:2015 年 3 月第 1 版第 1 次印刷
规　格:787mm×1092mm　16 开本
印　张:17 印张
字　数:256 千字
书　号:ISBN 978-7-5328-8800-9
定　价:44.00 元

(如印装质量有问题,请与印刷厂联系调换)
印厂电话:0531-82079130

丛书编委会

顾　问　钟启泉　田正平
主　编　刘正伟
编　委　（以姓氏笔画为序）
　　　　王文智　刘正伟　刘　徽
　　　　岳刚德　屠莉娅　潘洪建

总 序

一

课程研究是一个充满活力、面向未来的研究领域，无论是课程概念的发展，还是课程理论体系的建构，抑或是课程的实践改革，课程领域的专业工作者对课程理论和实践的重审、批判与建构从来都没有停息过。他们深知，"若要在价值日渐多元的社会形势下担负起价值整合和理想重建的使命，就必须成为理性的行动者"①，而要成为理性的行动者，就需要将课程同儿童幸福、社会进步与人类文化的发展联系起来，不断地更新关于课程理论与实践的认识，构建一个开放而常新的领域。这就意味着，课程不可能是某种社会规定的固化结构、某种外在于学习者的存在，而必须根植于学习者所生存的社会情境，并作为历史的产物给学习者提供一种不断变化的、能够被理解和超越的现实。

从 16 世纪开始，以科技革命为先导的社会革新与发展就从未停息过，从蒸汽机到电力的广泛应用，再到新能源和信息技术的革新，人类社会经历了从前工业社会到工业社会再到后工业社会的变迁。科学技术的发展带来的不仅仅是生产方式与生产关系的变革，更带来了人类认知方式的变革。从传统社会中口耳相传、偶发式的学习，到现代工业社会中的集体授课、系统批量的学习，再到后工业社会中合作对话、注重参与和生成的学习，人类学习的方式不断演化，尤其是新媒介的发展，公共的、虚拟的、互动的信息传播与沟通方式的出现，促使"人的思维从实体思维进入关系思维"。人们开始关注事物之间的关系，"关心人的存在方式、存在状态及其相互关系，而不只

---

① 施良方：《课程理论——课程的基础、原理与问题》，教育科学出版社 2011 年版，第 285 页。

是在普遍的理性抽象中去探寻某种永恒的、客观的本质或规律"①。这就意味着,学习不再是对封闭的实体文化的被动复制或适应,而是一个在共同关系中拥有、体验、分享和创造新文化的过程,学习者和教学者的身份与关系被重新塑造。因此,科学技术的革命通过改变人类生活方式与相互关系,间接地塑造着学校课程与教学的内涵。

社会分工的扩大化和精细化促使知识进一步分化,学科门类不断增加。一方面,在层出不穷的新领域和新知识面前,斯宾塞的"什么知识最有价值"、杜威的"什么经验最有价值"成为学校选择与组织课程时重要的价值依据;另一方面,有关教育和学习的研究也分化为专业性更强的领域,尤其是20世纪50年代以来脑科学、神经科学和心理学的发展,促使新的认知理论、智力理论和学习科学的研究向纵深发展,不仅加深了人类对自身的认识,也更新着教育理论与实践的科学依据,改变了教与学的理念与方式。与此同时,儿童研究成为专门的领域。人类社会从"没有儿童""儿童成人化"和"童年消逝"的时代,进入到"发现儿童"的时代。② 学校课程也告别了以知识为本位、以客体化了的学习对象为中心的时代,步入了真正关心和尊重学习者的时代。

迅速变更的社会现实也带动着文化的多维发展,从前现代文明关注系统内部的完整、稳定与内在平衡,到现代文明的注重理性、逻辑、科学与效率,以及后现代文明对丰富性、开放性、多元性、对话与体验的追求,都推动着课程形态与文化的更迭。从最初学会与自然相处,到如今需要学会与更为复杂的社会文化相融,再到构建与他人、与自然共生的关系,从关注传统的"3R"的读、写、算等基础能力,到"3C"的"关怀、关心、关联",③以及数字时代对视觉和信息素养、跨文化能力和全球意识的关注,学校课程被赋予了更多的职责。当下真正能够践诺并推进社会历史进程的人,是需要关心变化与革新、能够反思自我、不断学习与创造、敢于发现、敢于批判、乐于合作、勤

---

① 靳玉乐、罗生全:《课程论研究三十年:成就、问题与展望》,载《课程·教材·教法》2009年第1期。

②〔美〕尼尔·波兹曼:《童年的消逝》,吴燕莛译,广西师范大学出版社2012年版,第161、301页。

③ 钟启泉:《开发新时代的课程——关于我国课程改革政策与策略的若干思考》,载《全球教育展望》2001年第1期。

于实践,同时具有道德感、审美情趣、社会责任感与使命感的自主的人,要体现这种社会价值观念的转型无疑需要新的课程体系的支撑。

因此,作为社会变革敏锐的感应器,在不断变迁的社会现实中,课程研究必须与时俱进,不仅要直接地反映特定社会阶段人才培养的现实要求与具体条件,更要不断地建构社会发展的理想形态与未来价值。从这个意义上说,课程研究的领域自新具有重要的意义。

首先,作为一个独立的学科研究领域,课程研究同其他学科领域一样,都是"以特定的学术知识作为通向社会的通道",进而理解并建构其结构与关系。从最早的运用知觉经验和哲学思辨方法来认识课程问题,到实证分析的范式、实践探究范式,以及人文理解的范式和社会批判的范式,课程探究在方法论上的突破不断地打破思维界限和理论疆域,促使我们能够运用不同的信念、理论和方法,提出不同的课程问题,以特定的方式进行审视和解读。因此,从学科发展的内在规律来看,课程研究这个领域自身的理论疆域和研究方法处在不断演进之中。其次,课程研究还是一个现实的社会领域,它不仅关注当下人才培养的问题,也关心如何为未来培养社会公民的问题,需要在不断变迁的社会现实中做出"为什么教""为什么学"的价值判断,将社会现实与人的发展相互关联。因此,从社会演进的现实来看,课程研究总是要对现有社会的价值选择进行反思,重新塑造能够引领社会发展的课程观念与体系。最后,课程研究更是一个具体的实践场域,正因为我们都有学校,都需要教学,也因此会去思考"学什么""怎么学""如何评价"等基本的课程问题。课程研究总是同现实的学校教育相关联的,课程问题也是在实践中不断生成和创造的,是一个动态变更的实践领域。因此,课程研究是一个需要不断发展的领域,它需要我们关注课程领域的过去、现状以及可能的未来。

二

课程研究作为独立的学科领域真正进入研究视域始于 20 世纪初,并在博比特等人倡导的"课程科学化运动"中得到发展壮大。从那时起,课程的理论和实践就经历着研究视域和向度的不断拓展。首先,在实践领域,从 20 世纪 50 年代开始,发端于英美、波及全球的"新课程运动"带来了课程领域的系统变革。无论是 20 世纪 50 年代末到 60 年代末以"教育内容现代化"为主旨的课程改革运动,还是 60 年代末至 70 年代人本主义的课程改革运动,抑或是 80 年代以后新学科主义课程改革运动,以及世纪之交关于人的全面发展的国际课程变革,都推动着课程实践不断从"数量上的渐进的改革"(incremental reform)向"重建运动"(restructuring)乃至"系统变革"或"整体变革"(system-wide changes)发展,促使我们对课程的思考从传统的结构性、功能性和局部性理解发展到从一个系统或者一种文化的角度去思考课程变革的整体意义。其次,在理论建构层面,以西方发达国家为代表的课程研究在经历了科学化的课程开发阶段、课程概念重建阶段以后,开始进入课程研究的国际化和学科化发展的阶段。在这个过程中,课程研究也从传统的强调课程体系的规范组织、目标达成与效率控制的科学实证主义的取向发展到多元主义和多学科研究的阶段,从功能实证主义的理论假设转向解释性、批判性、激进人文主义的理论范型。应该说,从课程开发、课程实践走向课程理解与课程批判的学科建构路径,代表了课程研究取向的多样化,也拓展了课程研究的空间与方法,促使课程研究从"指令性、规定性、程序性的科学语言"走向"诗性语言"和"社会语言",更为关注描述性、阐释性、情境性和体验性的课程理解,探索从政治的、种族的、性别的、现象学的、审美的、神学的、人文的、存在的、制度的、社会学的等多元的视角进行课程问题与现象的诠释与反思,同时关心课程的政治与社会属性,"将课程理论化同课程的社会基础结合起来"①。

正是伴随着课程实践的丰富和理论的多元发展,以及课程研究同社会现实的紧密相关,课程研究正日益成为一个重要的学术领域。特别是当课程研究已经进入到一个高度自由、创造性发展、多元化发展和多学科整合的阶段时,继续关注这个领域的持续创新和突破,保持课程研究内在的科学性、批判性、连贯性和清晰度,成为新时期课程研究确立其合法化地位、回应课程领域中理论和实践危机的重要课题。也就是说,在课程研究极大丰富和疆域不断拓展的过程中,如何在课程研究异彩纷呈的局面背后寻找课程研究未来发展的内核,赋予课程研究以新的内涵与方向,变得至关重要,其中有几个重要的向度是值得我们关注的。

---

① 〔美〕艾伦·C.奥恩斯坦、费朗西斯·P.汉金斯:《课程:基础、原理和问题》,柯森主译,江苏教育出版社 2002 年版,第 146 页。

一是联结课程研究中的历史视角与现实观照。学科领域的建构与发展必然是建立在对该领域的一些基本事实的共识之上，如果丢弃了一个领域的历史，那么任何多元化的发展都是缺乏根基的，是将现实与历史相分割的散漫的研究。因此，无论在国内还是国外，当下的课程研究特别注重对课程学术史和实践史的追溯，在强调课程问题的当下情境的同时，注重将课程现实与过去建立联系，希望通过了解过去来获得对现在的更好理解。要把课程研究"当作是一个回归性的过程，确立对过去的不间断的关注"①，把课程体系的建构看作是一个连续关联的过程，把课程研究的过去和现在视为共同的基础。

二是关注课程研究的本土建构与国际对话。任何的课程研究都置身于具体的文化、政治与社会现实之中，并不存在某种抽离社会历史情境和具体关系的课程研究。随着课程理论与实践在具体情境中的扎根与发展，那些一开始以吸收与借鉴发达国家课程研究体系为主要模式的国家与地区，也开始发出在国际课程领域中摆脱依附性的研究身份和确立本土化学科体系的诉求。从本土传统与现实出发，结合课程实践的需要，确立原生性的课程理论体系，积累独特的课程实践经验，以此打破同一性的课程话语体系，在国际课程研究中确立自己的身份。一方面，课程研究的本土建构是进行平等的国际课程对话和交流的基础，只有认识了自身课程研究的特质与价值，才能在课程的专业对话中立足本土、彰显个性；另一方面，凭借课程研究的本土品性的发展，才能真正促成多元的思维体系、价值取向与实践经验的相互碰撞与融合，在相互比较与激励中实现对本土课程研究的批判与反思，更好地理解所在国家和地区课程研究的过去、现在和未来，也同时尊重他国的课程历史、现实与价值。

三是注重课程研究中的多学科的会通与整合。课程研究发展到今天，对课程的探究与理解已经不可能仅仅依托某种单一的模式或方法，而是进入了"需要具有多样的概念和理论的工具箱，寻求一元化和复杂化之间的多元化发展"②的阶段，综合不同的哲学基础、理论范型、方法体系和学科依据，

---

① William F. Pinar. *Intellectual Advancement through Disciplinarity*: *Verticality and Horizontality in Curriculum Studies.* Sense Publisher, 2007, 13—14.

② S. J. Ball *Politics and Policy Making in Education*: *Explorations in Policy Sociology.* London: Routledge, 1990, 43.

发展出课程的多元化认识,突破研究的思维定势与习惯,为课程研究提供新的洞察力与深刻性。一方面,课程研究不断超越传统的哲学、心理学、社会学的学科视角,从更广泛的政治学、文化学、语言学、人类学、艺术等多学科和跨学科的维度出发研究课程问题,一些研究甚至"做到同时运用几个不同的理论视角"①;另一方面,在研究范式的选择和方法的应用上,课程研究也主张确立开放的边界,寻求"应然与实然的谋和",整合"实证分析""实践探索""人文理解"和"社会批判"等不同的研究取向。应该说,课程研究的多学科和跨学科的特性,已经成为课程领域学科建构过程中的重要特征。正如比彻姆等人所说的那样,人类行为领域中优秀的理论不管它怎样坚定地扎根于一门学科之中,它必然是跨学科的。② 也正是在这个意义上,课程研究是一个开放的领域,依据这个领域发展的自然规律、学科传统和具体处境,不断拓展新的研究空间和方法,而不是人为地限制研究的潜在可能。这种开放的学科建构的框架,已经成为课程研究综合化发展的一种重要趋势,将课程研究引入到更为细致和深刻的层次。

四是强调课程研究与实践的联结。马克思说,"哲学家只是用各种方式解释世界,而问题是要改造世界"。课程研究同课程实践具有天然的联系。一方面,课程研究是建立在课程现实与实践的基础之上对课程内在规律的探索;另一方面,课程研究又是以解决现实的课程问题、引领课程实践发展为使命的。课程研究的实践观照及其对实践的规范,一直是课程研究发展中的重要课题。在当下,课程研究同实践的关联尤为密切,主要表现为以下几个方面。其一,以课程改革为焦点的课程研究大量出现。世界范围内的课程改革浪潮,掀起了对课程体系的系统反思和整体变革,也推动了同改革相关的课程研究的发展,为优化改革实践、探索改革规律提供了重要的理论依据。其二,为了弥补课程政策研究缺位、课程政策运作缺少有效引导的不足,开始加强课程政策的基础性研究,以提升对政策运作的预见、调整与修正的能力,使课程政策成为联结课程理论与课程实践的有效媒介。其三,强调课程活动的社会建构性,关注课程在"广义的政治、经济、社会和文化过程

---

① 〔美〕保罗·A.萨巴蒂尔:《政策过程理论》,彭宗超等译,生活·读书·新知三联书店 2004 年版,第 3 页。

② 〔美〕乔治·A.比彻姆:《课程理论》,黄明皖译,人民教育出版社 1989 年版,第 10页。

中的运作"①，也同样关注课程研究的情境性与复杂性，强调从课程发生的现场出发、从课程运作的情境与脉络出发、从现实的课程问题出发，注重个体的意义阐释与认识的解放。最后，当下的课程研究超越了课程本身的技术性或功能性的意义，特别注重检视课程的道德意义、社会价值、伦理与精神的内涵，彰显课程作为个体和社会的文化引导与价值规范的意义。从这个角度说，课程研究不仅在微观组织的层面上，更在广义的公共领域对现实产生影响，体现着同实践具体而实质性的关联。

　　总而言之，随着课程研究的自身发展以及课程改革实践的逐步深化，课程研究已经从关注外显的现象形态走向聚焦内部过程与本体特征，从事实性分析走向价值的追索和规范的探讨，从发现问题走向问题分析和问题解决，研究不断趋向深入。无论课程研究发展到什么阶段，如果一个学科没有对领域发展历程和未来走向的深入认同，没有对它植根其中的社会文化情境的深切体验，没有对其他学科丰富学术资源的开放态度，没有对它所服务的相关实践活动的责任担当，就无法获得成功。

三

　　面对 21 世纪世界范围内的课程与教学革新的挑战，以及中华民族伟大复兴的机遇，如何在新的历史起点上实现教育的可持续发展，需要我们在系统的理论研究与实践探索的基础上，追本溯源，立足现实，放眼未来，为中国课程改革与发展、课程领域的建构与国际身份的确立提供平台与支点。《课程政策与课程史研究丛书》体现的正是这样的努力。丛书包括《危机与变革：民族主义与近代课程改革》（刘正伟）、《颠覆与重构：现代学校德育课程变革》（岳刚德）、《概念的寻绎：中国当代课程研究的历史回顾》（刘徽）、《从概念化到审议：课程政策过程研究》（屠莉娅）、《多重记忆：美国课程史学的话语变迁》（王文智）和《致知与致思：课程改革的知识论透视》（潘洪建）等六个分册，主要遵循狄尔泰人文科学研究的逻辑，在历时性和共时性视域内对课程与教学问题展开历史、理论与实践的多维度研究，从政治、文化、学术、政策和哲学的视角对领域内的重点与难点问题进行深度探究与系统思考，

---

　　① 谢少华：《试论教育政策研究分类的理论基础》，见《教育政策评论》，袁振国主编，教育科学出版社 2001 年版，第 297 页。

以寻找课程领域未来发展的新路向和支撑点。

研究秉持了一以贯之的历史关怀。历史探究已经成为课程领域最重要的研究方式之一,对共同历史的认同是研究多样化发展的基础。尤其在当前的中国语境里,源自西方的理论在课程改革实践中的适用性遭受着质疑,课程专业工作者普遍意识到需要提防不顾社会文化情境简单"移植"西方理论的倾向。该丛书尝试将理论研究的新取向与新观点放置在具体的社会历史脉络之中把握,并尝试反映理论探索与政策实践等不同场域当中"鲜活"的中国经验,在历史研究提供的纵深中挖掘掩藏于课程变革背后的社会动因和文化价值。

这样的研究反映了本土学科建构的迫切愿望。研究带着广阔的国际视野和开放的研究思路,着力对中国的课程经验和特征进行探讨。对国外前沿研究及改革实践进行的系统梳理和提炼,均源自于对本土问题的反思。研究关注中国课程改革与发展的内在动力、本体矛盾、结构性要素和复杂性关系等问题,强调研究内生化特征和本土意义,寻求国际化与本土化之间张力的平衡,探索本土课程研究话语创生和理论建构的可能路径。

无论是《危机与变革:民族主义与近代课程改革》从文化分析视角对我国近代以来课程改革在思想理论、经验教训上的回顾与总结,《颠覆与重构:现代学校德育课程变革》对学校德育课程的现代化历程中历史逻辑特征的提炼与概括,还是《概念的寻绎:中国当代课程研究的历史回顾》以课程概念史的视角追溯改革开放三十年来课程思想史的变迁,《多重记忆:美国课程史学的话语变迁》对美国课程史研究发展历程和演变趋势所作的整体把握,抑或是《从概念化到审议:课程政策过程研究》在理论分析和跨文化比较的基础上对新时期我国课程政策过程的一般框架和本土意义的提炼与建构,以及《致知与致思:课程改革的知识论透视》以知识论分析为依据为课程开发所确立的理论基础和实践策略,都从不同向度拓展了课程研究的领域空间和认识视域,联结了课程理论与实践,打通了课程变迁的历史与现实,展望了课程发展的未来可能与趋向。

诚然,作为一个开放的领域,课程研究如何有效地整合研究的学术性、前沿性和应用性,实现当前与未来课程理论与实践的永续发展,不仅是本土的研究课题,也是国际课程领域发展的重要方面,需要每一个有责任感的课程专业工作者和对此感兴趣的人们共同为这个领域的智力突破和实践优化做出勇敢而务实的努力。

《课程政策与课程史研究丛书》是在山东教育出版社的组织策划下问世的，钟启泉先生、田正平先生慨允担任丛书顾问，他们对丛书的编撰提出了许多重要建议及支持。2011年4月，山东教育出版社与教育部浙江大学基础教育课程研究中心联合举办丛书专题研讨会，田正平、肖朗、刘力、张文军等教授出席了研讨活动，并提出了许多宝贵意见，为丛书体例的确立与内容的修改提供了重要参考，在此一并表示由衷的感谢！

刘正伟

2014年10月7日于浙江大学西溪校区

Contents
目 录

引　论

　　20世纪,世界范围内曾发生过三次课程改革。第一次改革出现在20世纪最初20年,主要有美国的进步主义教育运动、欧洲的新学校运动,改革的理论是杜威(Dewey)的实用主义思想、欧洲新教育思想;第二次课程改革出现在20世纪五六十年代,主要有美国的结构主义课程运动、苏联的小学课程改革、中国的"教育革命",改革的理论基础分别是布鲁纳(Bruner)的结构课程论、赞可夫(Л. B. Bankob)的"一般发展"理论、马克思主义的教育与生产劳动结合的思想;第三次课程改革出现在20世纪80年代,主要有美国的高质量教育运动、前苏联的合作教育、中国的教育实验热潮,其指导思想分别是高质量教育观、教育人道化思想、教育科学化思想。进入新世纪,我国掀起了新一轮课程改革实验,本次课程改革不再仅仅停留在以往简单的"教科书的更换"的技术层面,而是课程思想的变革和制度的创新,是一次全方位的课程革新。那么新一轮课程改革的理论基础是什么? 人们就此展开了激烈的论争。

一、新课程改革理论基础的有关争论

　　随着我国第八次课程改革的推进,人们提出了各种各样的理论基础,众说纷纭。新一轮课程改革实验究竟以什么为理论基础? 2004—2005年,国内学术界首先出现了有关"轻视知识"思潮的争论,接着又掀起了一场关于"新课程改革的理论基础是什么"的讨论。其主要论坛是《北京大学教育评论》《北京师范大学学报》《全球教育展望》《中国教育报》,主要文章有:王策三的《认真对待"轻视知识"的教育思潮——再评由"应试教育"向素质教育转轨提法的讨论》,载《北京大学教育评论》2004年第3期;钟启泉的《概念重建与我国课程创新——与〈认真对待"轻视知识"的教育思潮〉作者商榷》,载《北京大学教育评论》2005年第1期;肖川的《知识观与教学》,载《全球教育展望》2004年第11期;刘硕的《关于基础教育课程改革的几点思考》,载《北京师范大学学报》2003 年第 1 期；周勇的《现代课程改革的知识重建思路与挑战》，载《全球教育展望》2004 年第 11 期；潘洪建的《课程改革的知识观透析》，载《教育科学》2004 年第 3 期；王本陆的《论中国国情与课程改革》，载《北京师范大学学报》2006 年第 4 期；靳玉乐、艾兴的《新课程改革的理论基础是什么》，载《中国教育报》2005 年 5 月 28 日；高天明的《应从哲学层面探讨》、马福迎的《对〈靳文〉有些观点，不敢苟同》、蒋建华的《转变教育观念面对众多问号》，载《中国教育报》2005 年 8 月 13 日；罗槐的《坚持马克思主义保证课改方向》、王华生的《澄清几个概念，才能进行对话》、刘培涛的《新课程改革需要扬弃哪些东西》，载《中国教育报》2005 年 9 月 17 日；崔国富的《课程改革中，两种教育观应有正确的选择》、胡志坚的《争论，首先需要加强学习——由"新课程改革的理论基础是什么"争论引发的思考》、杨坤生的《回音》，载《中国教育报》2005 年 10 月 22 日；孙振东、陈荟的《谨防简单化、误读和随意发挥》、郑绍红的《要在过程中实现课程理论创生》、王平的《传统是推不翻的，也不可能被替换》、徐晓雪的《新课程改革的实践基础是什么》，载《中国教育报》2005 年 11 月 28 日。

两场大讨论可分为四大立场、众多观点：

（一）坚持以马克思主义人的全面发展学说与马克思主义认识论为理论基础（"指导思想说"）

王策三认为：由应试教育向素质教育转轨提法的流行，反映了一股"轻视知识"的教育思潮，干扰教育改革，必须坚决克服。它有复杂的社会、思想根源和片面道理，要认真对待。它未能全面把握个人发展的社会机制和认识机制，对教育改革存在误解。我们必须赋予素质教育以全面发展教育的科学内涵，加强教育理论建设，倡导多样综合原则。

靳玉乐、艾兴认为："我们并不赞同以理论的多元性来模糊新课程改革的理论基础，必须旗帜鲜明地提出新课程改革的理论基础。在课程改革中，必须坚定不移地以马克思主义作为我们的指导思想和理论基础"，"具体说来，要以马克思主义认识论和全面发展学说作为我们进行课程改革的理论依据"。

刘培涛认为："坚持马克思主义全面发展学说，吸收其他如建构主义、多元智能理论等思想的优秀成果，做到积极扬弃，才能促进学生全面发展。"

崔国富认为："新课程改革的指导思想就是马克思主义社会生存实践哲

学,其理论基础就是这一思想指导下的生成教育思想和理论。这种生成教育理论的核心就是'引导生成人'的教育观。"

杨坤生认为:"新课程的理论基础受到了众多的质疑。在当前,重申'在课程改革中,必须坚定不移地以马克思主义作为我们的指导思想和理论基础',不仅是正确的而且是必要的,具有重大的现实意义。"但长期以来,我国的课程改革,虽然在理论上和政策上都是以马克思主义的全面发展学说为指导的,不过,它长期处于抽象的肯定和具体的否定状态,被束之高阁,没有实在的意义;因而损伤了它的理论威望,动摇了人们对它的信任。因此,在我国建构以马克思主义为指导的课程理论体系非常必要,它是取得课程改革成功的前提。

孙振东、陈荟认为:新课改的"直接理论基础"应该是课程与教学论层面的理论基础即教学认识论。"在马克思主义教育思想指导下,在马克思主义哲学认识论基础上,吸收了古今中外优秀教育教学经验和理论的,具有中国特色和时代特征的课程与教学理论体系"。至于后现代主义、建构主义、实用主义、多元智能理论等现代西方新理论,"应该以马克思主义为指导对这些'新理论'进行解读、批判、改造、借鉴,既不能采取简单拒斥,也绝不能简单搬用、套用,更不能说它们是我国新课改的理论基础"。

(二)坚持以建构主义、后现代主义为理论基础("西方理论基础说")

钟启泉认为:课程是在教育者与受教育者之间生成的有意识的文化活动,这是一个需要行动、对话和合作,回荡着多元声音的生机勃勃的领域。建构主义是对传统的学习观、知识观、课程观的一种挑战和超越。建构主义认为,知识是每一个人在同周遭世界的交往之中加以把握的。因此,知识习得是一种"参与沟通"与"文化实践"的过程,是形成个体同周遭世界互动能力的过程。建构主义一方面强调个体是经由主体经验来建构外在世界的知识的,知识只是个体对其经验的理解与意义化;另一方面,强调社会文化是人类心智发展建构的主要动力,强调社会文化的内化与语言符号的影响对建构能力的重要性。知识乃是经由个体与社会的互动以及个人通过适应与发展而逐渐建构起来的。学校教育的环境对于学生的知识本体的展开具有独特的作用。情境认知研究强调学校教育需要编制有助于促进学生参与基于实践的沟通的课程。在这种知识习得的概念之下,学生是借助个人所参与的沟通实践来促进学习的。可以说,学生通过沟通活动而沉浸于该活动之中。在情境认知中，教师是向导，是沟通实践的参与者，学生也是沟通实践的参与者、积极的知识建构者。另外，在情境认知中，伙伴的作用十分重要，学生的伙伴是知识习得的重要的共同建构者。

肖川认为：建构主义的真理观、知识观为发展儿童自主性提供了理论依据，也为教学奠定了理论基础。

周勇认为：现代课程改革真正的挑战不是古典主义者依据理想的知识标准所开展的批评，而是后现代主义者试图使知识接近社会经验的课程革命，因为后现代主义者的理想更接近求知者的生活经验。

（三）坚持以我国传统理论为理论基础

王策三认为：在教育改革创新时出现了一些误解。不讲继承，与传统一刀两断，重起炉灶，另来一套。

刘硕认为：我国的基础教育课程改革要从我国的教育传统出发，吸收我国教育传统中的精华，不能不讲传统，与传统一刀两断。在课程改革的过程当中，我们要谨慎处理好继承与超越的关系，完全脱离传统的超越是一种历史虚无主义态度。因为改革不是革命，革命是推倒重来，推翻原来的基础和传统。我国当代教育史上有两次"教育革命"，即 1958 年的"教育大革命"和"文化大革命"期间的"教育革命"，这两次革命就是脱离了传统和当时现实情况的推倒式的革命。历史已经证明，这两次革命给我们的教育事业带来了严重的甚至灾难性的后果。因此，基础教育的课程改革应该是在原来的基础上进行革新，不考虑中国的教育传统和现实情况，另起炉灶，割裂革新与传统之间的联系，将国外的改革经验和成果直接应用到我国的课程改革中，并不是一种明智的做法。

王本陆认为：国情是一种动态的社会历史存在，人创造历史又为历史所创造。国情不能随心所欲地改造，只有深刻地洞察国情，积极利用国情资源，具有历史责任感和主体能力，才有可能积极改善国情。我国基础教育课程改革必须坚持从国情出发的思想原则。为了健康地推进我国基础教育课程改革，必须深入揭示课程改革的国情制约性规律，全面地、辩证地、理性地认识中国国情，能动地适应中国国情。

（四）坚持各取所长，综合多种理论（"结合说"）

马福迎认为：多元性博采众长，吸收古今中外的研究成果，融会贯通。如：建构主义认为"知识不是被动吸收的，而是由认知主体主动建构的"；后现代主义强调课程的生成性,师生互动,共同发展;杜威主张在生活中学习知识;加德纳提出多元智力理论。教育改革应对国外先进教育理念进行多元综合。

王华生认为:"在新课程改革中,应坚持马克思主义一元论指导思想和多样论教育理论相结合的原则。"

郑绍红认为:"我们的课程理论基础需要全面地、合理地吸收各种理论的有益营养。而吸收什么?如何吸收?这就需要在课程改革的过程之中去不断思考和总结。我们要在新课程的实施过程中实现课程理论的创生。"

王平认为:历史和现实一再地告诉我们,在每一次中国教育的变革关头,我们总是过多地向外部寻求改造中国教育的灵丹妙药,中国自己的教育文化传统被忽略,被淹没在不同阶段出现的、来自国外的教育理论的强势话语中。教育与文化是一体的,文化的传统构成了教育的传统。传统是推不翻的,也不可能被替换。传统存在于每一个在传统中成长起来的人的意识之中,它不会因为我们的无视而消失,它会通过对人的意识的控制实现对一切外来东西的潜在的抵抗。"有生机的课程改革的理论基础来自于我们的文化传统,来自于我们对文化传统的创造性转化,在对文化传统的创造性转化基础上来实现对外来理论的有机创造和整合。"

潘洪建认为:课程是围绕知识的选择、组织、实施而展开的,知识既是构成课程的核心要素,同时,人们对待知识的不同观点又决定着课程编制的不同范式。知识的"旁观者理论"与学科中心课程范式密切相关,知识的"参与者理论"与活动中心课程范式不可分割,而知识的"生态学理论"与综合课程(或课程综合化)不无关系。不同的课程形态隐含着不同的知识观假设。澄清课程类型的知识观假设,保持多种课程类型的内在张力,有助于基础教育课程改革稳步而健康地推进。

和学新认为:应坚持以马克思主义一元论为指导思想与其他多样化的理论相结合。[①]

关于教育改革,尽管加拿大教育学者迈克·富兰(Michael Fullan)曾在《变革的力量》中说:"对于改革,你不能强制决定什么是重要的;变革是一个

5

---

① 和学新:《科学把握新课程改革的理论基础的两个方法论问题》,载《当代教育论坛》2006年第18期。

旅程，而不是一张蓝图；变革是非直线的，充满着不确定性和兴奋，有时还违反常理"；但我们认为，课程改革是理性的实践，需要一定的理论基础。正如一些论者指出的那样："课程的确是一个非常复杂的对话，是一个需要我们行动、对话和合作，回荡着多元声音的生机勃勃的领域。课程改革需要吸收多方面的理论养分，综合各种教育经验，但这并不意味着课程改革的理论基础就可以是模糊的。"①如果在理论基础上显得含混不清，左右徘徊，就会导致改革实践上的不知所措与偏差甚至失误。

上述争论仅仅从一般的理论基础加以展开，还是在较为笼统的意义上讨论课程改革的理论基础问题，还不够深入。我们认为，有必要从不同角度进行讨论，如哲学基础、心理学基础、文化基础、社会学基础等等。在哲学基础方面，有本体论、认识论（知识论）、价值论基础。在课程改革的众多理论基础中，知识论是一个重要的基础。本书从知识论角度对课程改革进行一些分析，试图为课程改革夯实知识论根基。

二、当代知识论及其争论概况

知识论是一门什么样的学问？它与认识论有怎样的关系？当代知识论存在哪些争论呢？

（一）西方知识论

知识论（epistemology）来源于希腊语 episteme（知识）和 logos（词，演讲），它是探讨知识的本质、起源和范围的一个哲学分支。知识论是哲学的一个重要领域，它与以往的认识论关系密切。知识论和认识论之间的关系存在争议，有人认为它们是同一个概念，也有人认为它们是两个不同概念。我们认为，它们既有联系又有区别。传统认识论探求"我们如何知道我们所认识的东西"这一问题，它主要论及的是认识的产生、来源、发展、类型、检验等，而当代知识论则侧重于知识真理性及其证明问题，即我们对世界的认识是否正确，知识的真理性如何确证。传统认识论着重探讨认识的发生、发展，讨论我们是如何认识这个世界的，存在着理性主义与经验主义的激烈论争；而当代知识论着重于已有知识的性质及其证明问题，讨论我们对世界的

①靳玉乐、艾兴：《新课程改革的理论基础是什么》，载《中国教育报》2005 年 5 月 28 日。

认识结果在何种程度上是关于世界自身的认识,是客观的,而不是主观的臆断,形成了内在主义与外在主义两大流派。

柏拉图(Platon)将苏格拉底(Socrates)的思想发扬光大,他首次清晰地区分了知识与意见,认为知识即某种具有确定性的东西,而不是意见,人们必须为知识找到理由或证明。柏拉图在《泰阿泰德篇》中较早地提出知识的定义。在他看来,知识必须是真的,并且必须被相信为真;因此,他将知识定义为被确证的真实的信仰。知识论所解决的基本问题是怎样恰当地确证真实的信仰。正是由此,人们有时将它称为"证实理论"。休谟(Hume)试图对知识进行经验论的论证,最后他发现其困难所在,提出在经验的范围内知识永远得不到确证,这就是著名的"不可知论"。下面我们重温一下"知识即被确证的真的信仰"这一命题的基本含义。

传统知识论一般把知识定义为"被证明为合理的真信念"。知识必须同时满足三个条件的陈述:S 知道 P 当且仅当——P 为真;S 相信 P;S 有充分的理由相信 P。显然,这里的知识定义指的是命题知识(know that),它不是像"我知道柏拉图"的句式中通过熟知而得到的知识,也不是操作性知识(know how)。

1. 当我们说某人知道某一件事时,我们必须认定那件事是真实的;否则我们只说他以为如此,或他认为如此,或他相信如此,却不会说他知道如此。换言之,"知道"一定含有"真实"的含义。

2. 一个人不会知道他所不相信的事件,"知道"已内在地含有"相信"的意思。我们不能说:"我知道你今天会来,但我不相信你真的会来。"当然,反过来,相信并不一定知道:相信中有信念的成分,信念亦可能是矛盾的。

3. 真实的信念并不一定知道。一个人 S 相信某一真语句 P,并不表示 S 知道 P。有些不合理的或是盲目的信念,可能碰巧为真,但我们并不能称它为知识。就是说,一个信念不是仅仅由它是真的这个事实证明是合理的,它必须有充分的理由,才可能被称为"知识";它要求的不是被结果证明为正确的,而是事前的正当理由。

20 世纪 60 年代,埃德蒙德·葛梯尔(Edmund Gettier)批评《泰阿泰德篇》对知识的严格定义。他放弃了对知识确证的严格标准,转向知识的弱证实,指出某些情况下个人所相信的东西在一定程度上得到了证实,但没有到达绝对的程度,在这种情况下,人们亦可以认为这个人得到了一定的知识。

"知识即被确证为真实的信仰"这一命题广为流传，并被人们接受。哲学家们对知识的三元定义表现出高度的共识，他们认为这一定义就是信念成为知识的充要条件。但1963年"葛梯尔反例"的出现改变了这种状况，葛梯尔问题在知识论界引发了激烈的争论。

葛梯尔1963年发表《合理的真信念就是知识吗？》一文，提出"葛梯尔反例"，试图证明知识的三元定义的不合法性。葛梯尔反例是这样的：S有一个被证明是合理的但却是虚假的信念，借助于根据这个信念的推论，他正当地相信某种碰巧为真的东西，并且因此获得了一个合理的真信念，而这个信念却又不是知识。围绕葛梯尔反例，英美哲学界引发了"知识是什么？"和"可能的知识是什么？"的长期争论。主流性的观点认为葛梯尔反例在知识论上是重要的，因为这一问题展示了我们的知识概念是多么不当，甚至有人称它"从根本上改变了当代知识论的特征"。知识论家为此提出了各种解决方案，尝试用不同的方法对知识的定义进行修正，形成了当代知识论中内在主义与外在主义两大流派。

内在主义根源于勒内·笛卡尔（René Descartes）的哲学，主张信念的确证是由它与其他信念或理由的关系决定的。内在主义持有一种心灵主义立场，将确证完全归于正在发生或可能发生的心灵因素，强调意识对于我们信念之间关系的内在把握。内在主义表现为"基础主义"与"一致主义"两种理论分支。基础主义要解决的问题是确证上的无限回溯，其基本主张是把知识的论证区分为基础的与非基础的信念，前者是非推论的，后者是推论的。对于基础主义来说，只有确认基础信念的存在，才能避免回溯论证的问题。但众所周知，不可能存在无需确证的基础信念，这一点正是基础主义的"软肋"。后来基础主义做出退让，降低原先关于基础信念确定性的高要求，转向容许基础信念可错的"弱的"基础主义。基础主义的退让和弱化，使一些人转向一致主义主张。基础主义的失败意味着经验信念的确证除了诉诸其他的经验信念之外别无选择，于是它另辟蹊径，从信念系统内部，即通过某些经验信念与其他经验信念之间的关系来论证信念的确证性，以排除无限回溯论证的可能，认为只要一个系统中信念之间能彼此融贯，就能解决知识的确证问题。但这里的"一致"只不过是说每一信念都从自身中得到某种确证，因而循环论证问题又构成一致主义必须解决的难题。"是否存在本身能够自我确证的、无误的、能够支持其他信念的基础信念？而对于一致主义来说,如果一致仅仅是信念系统之间的一致,那么这种一致性的要求就隔绝了外部世界的输入,阻隔了外部世界的影响,而这显然是荒谬的。再者,既然每个信念之间都是相互支持的,其结果意味着每一信念最终是自己证明自己,陷入一种循环论证。"①

外在主义挑战传统认识论思想,试图用知识的"可信赖性"来取代以往"确证了的信念"的概念。它反对单纯从内在意识中寻求确证性的根据,坚持与信念确证相关的不仅仅是内在状态。它走出单纯的内在意识,从外部寻求确证问题的解决,要求放弃传统的确证概念。外在主义包括可能主义与可信赖主义两个理论分支。可能主义认为,假如某一信念及相关信念具有足够高的可能性(即概率),那就足以使我们确证地相信它。可信赖主义则诉诸某种与"真"相联系的因素,并且将"真"看作是"外在"于相信者的。它寻求更普遍的、与产生信念的认识过程关系密切的可信赖性。"他们都反对单纯从内在意识中寻求确证性的根据,寻求从与外部世界的联系中,从信念的外部产生的原因中获得这种根据,并从可能性、真的比率、可信赖性等方面寻求知识的确定性的新标准,从而扩张了人们对知识确证性的认识和理解。"②与内在主义一样,外在主义同样面临一些难题。根据这种理论,一个在接受某一信念时极不理智和极不负责的人当以他自己关于这一境况的主体概念来判断时,他可能认为是得到了认识论意义上的证实,这显然是有问题的。外在主义"所谓外在的或客观意义的可靠性并不足以矫正主体信念的非理性。从主体自身的观点来看,如果接受某一信念是极其不合理的,那么不为主体所认知或意识而存在的这样的可靠性尽管事实上能够担保这一信念是真的,但这似乎并不足以充分地表明这一信念得到了证实,因此这样的信念也同样不是知识"③。

总之,知识论的内在主义把知识的获得与确证归结为意识的内在行为,从自我意识中寻求知识的根据和确证的条件,属于西方传统特别是笛卡儿开辟的强调理性认识和确证的哲学路线。而外在主义是对这一传统的突破,试图寻求从与外部世界的联系中,从信念产生的外部原因中获得知识确证的新

---

① 陈嘉明:《当代知识论:概念、背景与现状》,载《哲学研究》2003 年第 5 期。

② 王荣江:《知识论的当代发展:从一元辩护走向多元理解》,载《自然辩证法通讯》2004 年第 4 期。

③ 胡军:《知识论》,北京大学出版社 2006 年版,第 215 页。

标准。这与马克思主义认识论关于检验真理的实践标准有某种契合之处。

除了内在主义与外在主义，还有其他一些非主流知识论学派——语境主义知识论、德性知识论、社会知识论。语境主义知识论侧重从语境因素方面来解释确证的可能性，其基本主张为，知识及其确证问题在一定意义上是与其语境相关的，并且有关知识之真的论断是随着相关语境的变化而变化的。人们认识状况的证据是随着语境的不同而变化的，我们应从语境出发讨论知识的确证问题。德性知识论的基本思路是，运用伦理学的基本概念，尤其是亚里士多德（Aristotle）"德性"的概念，从认知主体的规范性质出发去理解信念的规范性，将主体的认识能力界定为"理智德性"，即一种获得真理、避免错误的能力，认为"知识是产生于认知德性的真信念"，强调认识的责任与规范方面，进而对信念确证的各种相关因素与规范性质作出规定。社会知识论被界定为"知识的社会维度的概念和规范的研究"，从社会的维度来研究知识问题，研究社会关系、利益、作用与制度对知识的概念与规范条件的影响，把主体间的交往行为与引导、构造这种交往行为的社会制度结构看作是社会认识实践的主要特征，并以之为研究对象，论证知识所具有的社会性质以及必须满足的社会条件。

当代知识论的各种理论是在英美分析哲学背景下展开的，它们深深地打上了逻辑分析思维方式的烙印。这种分析的论题均十分具体，并不像传统认识论那样进行宏观问题的研究。近年来，一些著作开始进行一些综合，它们延伸到哲学的背景之下，试图在实用主义、实在论等哲学框架下，建立起覆盖包括传统知识论问题（如范畴、合理性、认识的界限等），甚至具有某种"形上学"综合色彩的知识论框架，而不仅仅局限于确证、怀疑主义等问题的研究上。如布鲁斯·罗素（Bruce Russell）在批判内在主义和外在主义的基础上，主张知识应当是主观确证与客观确证的结合，认为知识的主观确证与客观确证都是需要的，体现出内在主义和外在主义之间相互吸收、彼此融合的发展趋势。

西方知识论发展历史却表明，知识的终极辩护是不可能的。"如果认为通过指明有一种从逻辑上排除了错误从而是绝对不容置疑的知识形式，就可以提供对这些疑问的最终答案，那只是幻想。这是因为，首先，没有这种不容置疑的知识；其次，知识的一般可能性也不是非要这种不容置疑的知识不可。"①此外，还有英国哲学家摩尔(G. E. Moore)的"直知对象论"。他认为，知识对象可以在能知中"直接呈现"，而无需"中间媒介"。换言之，能知可以直接和所知打交道，达到一个客观内容，同时却又不损害对象的客观性。摩尔"捍卫常识"的立场可能影响了金岳霖的知识论研究。

（二）中国现代知识论

在我国，最早企图建构认识论体系的是张东荪。他1934年出版《认识论》一书，吸收多方面思想，提出建立一种多元认识论。贺麟发表《知行合一新论》一文，突破了传统的知行理论狭隘的伦理道德范围，把知行关系理论扩展为哲学问题和认识论问题，强调了知的重要作用，指出知是行的本质，知永远决定行，知是行的目标。而真正能够填补中国现代哲学中知识论领域空白的，应该是金岳霖的《知识论》一书。该书自成一家之言，紧紧围绕"以经验之所得还治经验"这一主旨，自觉地将逻辑分析方法严格而系统地运用于哲学研究，特别注重思想的清晰性和论证性，系统地论述了知识的来源、知识的形成以及知识的可靠性、衡量真假的标准等问题，提出"直接知识论"，是中国实在主义知识理论的第一部著作。

作为中国哲学知识论研究领域的开拓者，金岳霖认为，所与是客观的呈现。客观的呈现是正常的感觉内容，它是一类正常的感觉者同样具有的类型化的感觉内容，类型化的感觉内容也就是外物。所与是知识的最基本的材料，意念是凭借抽象这一工具得自所与的。我们以意念去接受所与就形成了事实，以意念接受所与是一个归纳过程。事实是知识的直接对象，命题是表达事实的方式。一命题如与相应的事实符合就是真的，得到了真命题也就是得到了知识。② 金岳霖的这些研究非常富有创新意义，弥补了中国知识论不发达的缺陷，改变了中国传统哲学文本的写作模式，也对世界知识论研究产生了影响。

三、课程改革的知识论视角

"教学革新除了受一定的政治、经济、制度、文化的影响，还具有一定的

---

① 〔英〕D. W. 海姆伦：《西方认识论简史》，夏甄陶等译，中国人民大学出版社1987年版，第96页。

② 胡军：《知识论》，北京大学出版社2006年版，第364页。

知识论基础。然而，以往的教育改革和教学革新大多偏重社会政治、经济的因素以及人自身发展的需要，很少顾及知识的变化。这在一定的程度上影响了改革的深度，导致革新的表层化、形式化。因为教育教学活动始终是一项关涉知识的事业，人们对知识的不同态度与观点，势必影响教学活动的展现方式，制约教学活动的存在质量。"①同样，知识问题也是课程开发、课程改革必须认真面对的一个重要问题。知识的发展、变化影响着课程的目标、内容，关于知识的观念、理论制约着课程的开发模式，影响着课程改革的价值抉择与实践取向。应制定什么样的概念框架？怎样对课程改革进行知识论分析，才能既合理吸收有关知识理论的研究成果，又有助于推动课程理论的发展与课程改革的深入？这涉及两个问题：一是我们怎样"致知"，即选择什么样的知识论分析框架，以便对课程改革展开知识论审视；二是我们怎样"致思"，即基于一定的知识理论，对课程改革进行知识论透视，是进行一般的笼统的分析，还是进行特殊的具体分析。其中，第一个问题又是最为根本的问题。

（一）课程改革知识论的分析框架

对于这个问题，哲学知识论为我们提供了一定的参照与思路。但我们认为，传统认识论的范围太宽，当代知识论又太窄，课程的知识论研究应将二者适当结合。但也正如吴俊升在上世纪30年代出版的《教育哲学大纲》一书中所指出的那样，知识是否可能的问题，对于教育未尝没有关系，可是教育总是要假定知识是可能的，如其知识根本不可能，还谈什么教育？课程设计的基本假设是：知识是可能的，知识是确定的，无需进行论证。换言之，知识的可能与确证在教育领域属于一个不证自明的问题，它恰恰是课程与教学的基本出发点。推翻了这一假设与出发点，整个课程设计与教学活动便失去了其存在的根据与前提。当然，这并不是说，知识的可能问题、确证问题与课程设计、课程教学改革没有任何关系，但它至少告诉我们，知识确证问题不是课程设计与课程改革的核心问题，尽管它是其中的一个问题。基于对课程与教学特殊性的把握，我们认为，课程改革与课程开发的知识论研究应当拓展知识论视野，将一些传统的知识论研究的问题纳入其中，而不能囿于当代知识论的知识确证问题。我们应将传统认识论中知识性质、知识类型、知识检验等问题纳入课程知识论研究的范围。同时，应吸收当代知识

---

① 潘洪建：《教学知识论》，甘肃教育出版社2004年版，第132页。

论关于知识的标准、确证问题的有关思想,综合多种理论,根据课程理论与实践的特性,制订适合课程改革的知识论分析框架与视角,确定课程改革知识论研究的范围与任务。

纵观既有的研究,我们发现,十余年来人们从一般的哲学知识论(或知识观)特别是后现代思潮的知识观来分析课程问题,探讨后现代课程观对课程改革启示的相关文献很多,如有作者分析了后现代知识状况:由普遍化知识到境域化知识,由等级化知识到类型化知识,由中立化知识到价值化知识,由分科化知识到综合化知识,由积累性知识到批判性知识以及知识转型对课程理念、目标、结构、教学的影响。[①] 当代知识观及其课程理念的重建问题也得以探讨。[②] 人们从不同角度对知识观进行了划分,一些论者分析了神启知识观、玄学知识观、科学知识观、人文知识观、建构知识观,考察了不同的知识观对课程观的影响。[③] 还有人剖析了权威型知识观、批判型知识观,指出它们对课程改革的要求。[④] 有研究者分析了要素主义、结构主义、实用主义、后现代主义等对课程改革的启示。[⑤] 此外,建构主义知识观与课程改革得到了多方面的探讨。上述研究,对于丰富、深化课程改革的知识论研究不无意义,但在我们看来,仅仅停留在一般的启示、意义层面进行探讨,可能无助于课程改革的深入和课程理论的发展,我们应该确立自己的知识论分析框架与"致知"路径,开展较为深入的课程"致思"研究。

那么,我们究竟选择怎样的知识论分析框架,才能更好地对课程改革进行知识论透视呢?我们认为,课程的知识论研究应从课程论的历史演进、理论旨趣和实践使命出发来确定"知识"概念的分析框架。通过吸收已有的相关的研究成果,我们将课程改革的知识论中的"知识"分解为知识的实质、知识的形式和知识的意义三个维度,从知识的实质、知识的形式和知识的意义

---

① 石中英、尚志远:《后现代知识状况与基础教育课程改革》,载《教育探索》1999 年第 2 期。

② 潘洪建:《当代知识观及其对基础教育课程改革的启示》,载《课程·教材·教法》2002 年第 8 期。

③ 潘玉庆:《知识之源与课程之流》,载《山东师范大学学报》2003 年第 4 期。

④ 胡芳:《知识观转型与课程改革》,载《课程·教材·教法》2003 年第 5 期。

⑤ 王攀峰:《当代课程国外课程知识观的新发展及其对我国课程改革的启示》,载《教育理论与实践》2003 年第 8 期。

三个方面对课程改革进行知识论透视。上述概念框架的选择，主要出于以下考虑：

从课程研究的历史看，实质教育与形式教育关于课程问题的争论实际上是围绕知识的内容与知识的形式及其对学生发展的意义而加以展开的。谢弗勒(I. Scheffler)在《知识的条件》一书中指出："一种适当的教育哲学不仅必须论述一般的认识论问题，而且还必须努力从教育任务与目的的角度来看待这些问题。"①他还同时指出应从教育的角度来看待知识理论。塔巴(Taba)从知识的各别事实与过程、基本观念、概念、思维体系方面来讨论知识问题。② 布鲁纳在《教育过程》一书中探讨了学科的基本结构、基本态度和方法及其掌握问题。费尼克斯(P. H. Phenix)在《意义的范畴》一书中对意义的划分最后还原为对知识种类的划分，根据量和质两个维度的综合把知识分为九大类。赫斯特(H. Hirst)在《知识与课程》一书中对知识形式展开了深入的探讨，他认为知识具有四个特征：中心概念、逻辑结构、检验标准、表达方式，并论证了博雅教育的知识论基础。③ 知识的价值与意义问题也得到较多的探讨，如：有的论者分析了知识的认识价值、智力价值与教育价值，提出知识要精心选择与建构，组织适当的训练，挖掘知识的价值；④有的论者剖析了知识选择的主客观尺度问题；⑤有的学者分析了当代知识价值的革命及其对课程目标、内容、组织、实施的影响。⑥

从课程设计与实施的实践看，课程知识的选择、组织、教学、学习乃至评价也无不涉及知识的实质、形式、意义问题。学生的课程学习即掌握人类知识的成就，内化知识的形式，转识成智，并习得、建构知识的意义，借以发展自身。

---

① 〔美〕泰勒：《论谢弗勒知识的条件》，见《教育学文集·智育》，人民教育出版社1993年版，第76页。

② 钟启泉：《知识论研究与课程论开发》，载《外国教育资料》1996年第2期。

③ H. Hirst. *Knowledge and Curriculum* (1974)，Routledge Kegan Paul plc. 另参见张文军：《赫斯特知识课程论述评》，载《外国教育资料》1999年第1—2期。

④ 刘继武：《知识的价值及教学》，载《山东师范大学学报》（人文社会科学版)1984年第2期。

⑤ 郭元祥：《论课程知识选择的主客观尺度》，载《华东师范大学学报》(教育科学版)1990年第4期。

⑥ 吴也显：《面向21世纪：知识价值的革命和课程改革》，载《教育研究与实验》1994年第3期。

基于上述理由，本着历史与现实、理论与实践统一的原则，我们认为，从知识的实质、形式与意义三个维度对课程开发、课程改革进行知识论透析是一种合理的选择。

知识的实质指知识内容及其属性、特点。凡知识总是有所指向的，它涉及一定的事物、活动、过程，是关于物、事、人的某种"言说"，是对一定对象的某种揭示，使隐藏的东西显现自身，从而为人所知晓和认识。知识实质关涉到知识对象、知识范围、知识内容、知识本质与知识特征。基于知识的不同对象、范围形成了知识的不同门类、学科、领域，知识的分化在当代导致知识之间的对立与冲突，特别是科学知识与人文知识两大知识领域的形成及发展产生了严重分裂与对抗，以致形成英国学者斯诺（C. P. Snow）所说的"两个世界体系"，长期难以和解。

知识的形式指知识的探究形式（思维方式）、表述形式、检验方式及其存在方式。知识是人类理智探究的结果，其实质内容通过一定的探究而获得，蕴涵着一定的认识与思维方式，并借助一定的形式、方式加以表达，通过一定的形式得以存在，从而为人洞见、学习、掌握。内容决定着形式，形式反映着内容，二者密切联系，但也常常存在着词不达意、言不尽意的问题。就知识的探究形式而言，知识可以通过归纳而获得，也可以通过演绎而获得，还可以通过直觉体验而获得。就知识的存在形式而言，它可以是个体的存在，也可以是种族的、类的存在，在今天还可以是数字化的存在，可以是感性的，也可以是理性的。就知识的表述形式而言，它可以是言语陈述的，可以是图示呈现的，也可以是操作程式的，还可以是人生体验性的。就知识的检验形式、标准看，知识的检验可以是逻辑的、实验的、操作的，也可以是想象的、理想的。就知识的传播方式而言，它可以借助文字、图表、声音，也可以借助现代技术手段如电脑、网络、U盘等加以传递和储存。在知识的形式中，赫斯特从知识的概念表达、逻辑结构、检验标准三个方面对知识进行了一定的分析，给我们以启发。

知识的意义指知识对学生主体发展的价值、影响。知识与人密切相关，既是人类探索、追求、创造活动的结果，蕴涵着人类的旨趣、目标、理想，又对人的生产、生活、发展产生重大影响。就年轻一代的成长来说，知识有潜在的多样的发展价值，它可以使个体在较短的时间内达到当代文明发展的水平，形成多方面的素质、品格，为个体未来创造性生产和个性化生活提供重要的知识支撑和智力基础。不同类型的知识对于学生的发展具有不同的意义，缺乏知识的掌握与滋养，学生的发展、成长是无法想象的。知识意义包括知识的旨趣与知识功能，哈贝马斯（Juergen Habermas）在《知识与旨趣》一书中探讨了知识的旨趣问题。知识旨趣指知识制造者的主观追求，是知识生产者的知识理想，它为知识生产提供动力。为此，哈贝马斯将人类的知识旨趣概括为技术旨趣、实践旨趣与解放旨趣。知识功能指知识的客观作用，它是知识所具有的个体或社会发展价值（这里主要指知识的个体意义）。就知识的个体意义来说，知识意义可分为本体价值与工具价值。知识的本体价值指知识具有的内在价值，它有助于劳动的有效、生活的丰富与人生的完善；工具价值指某一知识对后继学习、研究与工作的作用。知识意义借助知识内容与知识形式而发挥作用，是知识内容、知识形式对主体发展的影响。

知识的实质、形式与意义三个维度之间关系密切。知识实质决定知识形式，并通过一定的形式表现出来，知识形式又对知识实质具有一定的作用。知识的意义主要是知识的实质、形式对学生发展的影响，知识意义的实现又促进对知识实质的理解与知识形式的掌握。

（二）课程改革知识论分析的基本定位

对课程改革进行知识论分析，是进行一般的笼统的哲学分析，还是进行特殊的微观的具体分析？美国哲学家罗蒂（Rorty）在《后哲学文化》中批判了自柏拉图以来的"大写的哲学"传统，批判对现象背后绝对实在的寻求，倡导"后哲学文化"。在这种文化中，无论牧师、物理学家、诗人、政治家都不比别人更"理性"、更"科学"、更"深刻"，同时也不存在可以作为一切学科之"样板"的学科。法国后现代学者让－弗朗索瓦·利奥塔（Jean-Francois Lyotard）在《后现代状态》一书中指出，今天人们对"宏大叙事""元叙事"不再信任，"小叙事"开始得到关注。同样地，大写的知识论也开始让位于小写的知识论。宏大知识论逐渐暗淡，小型知识理论异军突起。科学知识论、人文科学知识论、社会科学知识论、地方知识论、个体知识论、技术知识论等逐渐活跃，对各类知识的分析更加深入，甚至有取代宏大知识论分析的趋势。在上述研究的启发下，本书打算放弃知识论式的一般分析，主要就不同类型与层次的知识展开"致知"分析。

当然，需要指出的是，科学知识、人文知识、社会知识、地方知识、个人知识之间有着密切的联系。科学知识、人文社会知识是根据知识对象进行划分的，而地方知识、个人知识则是根据知识的特征加以划分的，两种划分标准不同，实际上它们之间有交叉关系。如科学知识、人文社会知识具有地方性、个人性，美国学者劳斯(Joseph Rouse)论证了科学知识的地方性，英国科学家、哲学家波兰尼(M. Polanyi)论证了科学知识的个人性，而人文社会知识的地方性、个人性得到广泛认同，以至于人们认为人文社会知识不够科学，甚至不能称为"科学"，其地方性、主体性太强，影响了它的科学品质，致使人文学者似乎在科学家面前低人一等。学者斯诺在《两种文化》一书中对此有大量的描述和深入的分析，展示了两种文化、两种知识之间的隔阂与分歧，进而倡导科学家与人文学者之间的相互沟通、理解。的确，科学知识、人文社会知识是人们观察世界、理解世界的不同方式，它们具有各自存在的合理性，完全没有必要相互攻击，科学家没有傲慢的理由，人文学者也不必自卑。世界十分丰富，十分复杂，多姿多彩，变动不居，而人类的理智是有限的，需要从多种角度，使用多种方式来观察、理解、欣赏。惟有如此，才能保持良好的知识生态，这个世界也才能更加谐和，更加美好，更适合人类的生存与发展。

四、本书的基本思路

首先，从历史的视角考察课程"致思"与知识"致知"的内在联系。通过回顾20世纪以来教育思潮主要流派如永恒主义、进步主义、要素主义、存在主义、结构主义的课程思想、课程观点，探讨它们在知识问题上的基本看法与主要假设，透析其课程理论的知识论前提，理清知识理论与课程理论的内在脉络。其次，通过20世纪主要国家(以美国与中国为例)课程改革的历史回顾，审视当代课程改革隐含的知识假设，剖析知识"致知"与课程"致思"之间的联系，揭示课程改革的知识论基础。第三，从知识类型入手分析知识实质、形式、意义对课程改革的潜在影响，着力阐述不同类型的知识"致知"与课程"致思"之间的丰富蕴涵。该部分将分析科学知识、人文社会知识各自的实质、形式、意义及其对课程改革的客观要求。第四，从知识层次入手，分析地方知识、个人知识的实质、形式、意义及其对课程改革的种种诉求，以阐明不同层次的知识"致知"与课程"致思"之间的复杂关系，力求为课程改革夯实知识论根基。

总之，本书力求通过知识"致知"达于课程"致思"，为课程改革提供知识之镜，深化课程认识，优化课程实践。

第一章

课程流派的知识论基础

　　课程理论、流派都隐含着一定的知识理想、知识假设，有什么样的知识理论就可能产生什么样的课程理论。分析课程"致思"背后隐含的"致知"假设，有助于我们深入解读课程理论的性质，把握不同课程流派的实质，从而在课程改革中做出明智的抉择。

第一节　美国教育思潮中的知识理论与课程理论

一、永恒主义教育思潮中的知识观与课程观

　　永恒主义又称传统的文科教育，是西方文化历史上最早出现的教育学说，它属于教育中的传统主义，其理想产生于古希腊，经古罗马延续和发展，在中世纪教会学校得到蓬勃发展。19 世纪晚期和 20 世纪初期，它成为支配欧洲和美国中等教育的主要思想，对欧美中等教育实践产生了强劲的影响。20 世纪主要代表人物有罗伯特·梅纳德·赫钦斯（Robert Maynard Hutchins）和莫地默·阿德勒（Mortimer Adler）。20 世纪开始后不久，它遭到进步主义的挑战，逐渐失势，但它并未退出历史舞台，而是在不同时代时有活跃，对课程改革产生着一定的影响。

　　（一）永恒主义知识本质观与课程观

　　永恒主义教育知识理论认为，正如人性不变，知识也是不变的。"知识是真理。真理在任何地方都是相同的。"①这一思想可追溯到柏拉图、亚里士

---

　　① 华东师范大学教育系等编译：《现代西方资产阶级教育思想流派论著选》，人民教育出版社 1980 年版，第 200 页。

多德(Aristotle)和托马斯·阿奎纳(Thomas Aquinas)的知识理论与不变人性的观念。

柏拉图把世界划分为两个相对独立的领域,一个是虚幻的不断变化的由具体事物组成的现象世界,一个是永恒不变的真实的由理念组成的理念世界,前者是对后者的分有,即可感的现象世界中的个别事物是理念世界中相应理念的"摹本""影子"。在他看来,关于可见世界的认识仅仅是意见、感觉而已,而关于可知世界的认识才是知识、真理。据此,柏拉图提出"学习即回忆"的命题,即教育就是要把学生从感官经验造成的偏见、陋见中解放出来,回忆理念世界的知识,实现灵魂的解放,获得精神自由。在柏拉图看来,算术、几何、天文学价值最高,它们是练习人的心灵、提高思辨能力的最好学科。亚里士多德反对柏拉图的"理念说",他认为,具体事物不是理念的"影子",它才是真实的、可靠的,相反,理念(概念)则是派生的,一般概念(理念)不能脱离具体事物单独存在,它寓于具体事物之中。但在"四因说"(即质料因、形式因、动力因、目的因)中,亚里士多德又赋予形式以崇高地位,质料处于被动地位,形式成为质料追求的目的。亚里士多德认为,人只有具备了理性功能,其灵魂才具有认识形式的能力,才能获得关于世界的知识。由此,亚里士多德强调理性与理性知识的作用,极为重视几何学、物理学、天文学、辩证法的学习。中世纪的阿奎纳接受了亚里士多德有关"形式"的基本思想,但又认为形式是独立存在的东西,上帝是一切形式之中最高的存在形式,是万物追求的目的与动力所在,人是上帝的造物,人的灵魂是肉体的形式,它予人以智慧、理性,而只有理性活动才能获得真知,教育的根本目的则在于理性的陶冶、训练。20世纪的新托马斯主义认为,人有理性,能说明事物,改造世界,知识有其内在的价值,通过教育人能获得真理、自由,而"自由艺术"是人获得知识、寻求解放的基本手段。

在人性观上,永恒主义者认为,人性是不变的。"人的职能,作为一个人说,在每一个时代和每一个社会中都是相同的,因为这是作为人的本性所造成的。"[①]人性的基本特征是理性。人是有理性的动物,人有能力理解支配宇宙的法则。人性是不变的,不论何时何地,它依然如故,今天的人与古希腊、

① 华东师范大学教育系等编译:《现代西方资产阶级教育思想流派论著选》,人民教育出版社1980年版,第218—219页。

古罗马的人本质上是一样的。理智、心灵是人区别于植物、动物的根本特征,人的本质是理性,"知识和理解乃是内在的善"①。永恒主义者认为,我们生活的世界是一个理智的世界,这是由于人具有超越动物的本性——心灵,心灵是人类最宝贵的天赋财富,它能理智地控制它所生活的世界,创造美好的社会与人类。没有理智上的秩序就不可能有社会上的秩序。"当一个人实现了一般特征或普遍特征时,他就成为一个人了……理性的生活是人类独有的生活……为了追求物质享受而反对理性生活的人,就是否定他本身是一个人。他只是像动物似的生活着,像植物似的生长着。"②因此,教育的首要目的是通过复兴西方思想的伟大传统,塑造人的心灵,培养人的普遍特征,发展人的理智,从而使人们的生活成为理智的生活。

正是在上述观点的影响下,永恒主义知识观持有者认为,真理是放之四海而皆准的不变的东西。在他们看来,知识、真理在任何地方都是一样的,否则,学者们就不会相聚一堂,就不会对任何事达成一致意见。他们确信,宇宙中存在永恒不变的法则,这个法则便是真、善、美的原则,它是超越时空的,永恒不变的,不证自明的,与特定的社会背景、历史条件无关。那么,这些永恒的法则在哪里呢? 他们认为,永恒的法则存在于伟大的古典著作之中。"那些指导我们探求解决有关当代艺术、政治、道德问题的原则,在很久以前就已经为人类所发现了。那些包含有欧洲文化传统的古典著作阐明了这些问题。"③古典著作在任何时代都是新的,英国学者利文斯通(Richard Winn Livingstone)论述了柏拉图的现代意义,他说:"一个曾经在他自己国内受过关于社会学方面教育的美国学者,曾经告诉我,在他读了柏拉图的东西之前,他总不理解社会学的内容是什么。近代的各门科目是如此广大和复杂,以致学生不可避免地会迷失方向。他好像一个人开始在一本六英寸比一英里的地图上研究一个洲——他对于各种细节搞得烂熟,但从来没有把这些细节结合整体来学,甚至还意识不到有一个整体的存在。"④一位海军中尉在读了柏拉图选集后写道:"我在昨天晚餐后安下心来,阅读这本著作有三个钟头之久,便完全为它所吸引了……我发现他所说的东西真像当前

---

①②③ 〔美〕罗伯特·梅逊:《西方当代教育理论》,陆有铨译,文化教育出版社 1984 年版,第 39、40、49 页。

④ 华东师范大学教育系等编译:《现代西方资产阶级教育思想流派论著选》,人民教育出版社 1980 年版,第 261 页。

的生活,而且非常中肯。"①总之,每个时代所出现的一些对生活的新态度,柏拉图似乎早已看到了。

新托马斯主义者马里坦(Jacques Maritain)发展了永恒主义的知识理论,提出符合论的知识理论。他认为,知识本身就是一种价值,它本身就是一个目的,真理就在于心灵与现实的一致,在于心灵和存在或独立于心灵的存在的一致。"完善的"或"成熟的"知识是必然的,是可靠的,具有纯粹的客观性,而且,它通过根本原理和演绎或归纳过程的逻辑必然的直观,是不可动摇地被确认的。②当然,在他眼里,最高的存在即上帝,高级的认识即心灵与上帝的符合、一致。

真理是永恒的,古典名著的内容是绝对的、不变的,包含了人性中的共同需要,适合于每一个时代,有助于人的形成和个人的精神解放,有助于发展人类的心智能力,有助于认识上帝以及人和世界最深刻的现实,使人的内部力量和谐、完善。教育决不能放弃普遍知识的思想,它是传授真理性知识、获得高尚生活的手段。"教育意味着教学。教学意味着知识。知识是真理,真理在任何地方都是相同的,因此,教育在任何地方应当是相同的。"③通过永恒知识的传授与永恒课程的讲授,可以充分展示人的本性,发展人的潜能。"教育的主要任务就是表现和发展他之所以成为人的潜在能力。教育的责任是表现他的基本的人性。"④在永恒主义教育视野中,古典名著、人文学科具有至高无上的地位,"教育应当力图使学生去适应真实的东西,而不是去适应现实的世界,适应真理才是学习的目的"⑤。

基于对知识、教育的理解,永恒主义者对当时学校的种种做法进行了批判,认为掌握知识是教育的本质,那种"鼓励一些头脑尚未成熟的孩子浪费时间去自己发现本来可以在几分钟内教给他们的知识,并不是正确的做法"⑥,主张去掉教育中"浪费和无聊的东西",着重发展学生的一般理解能力、判断能力而不是某一职业技能。阿德勒(Mortimer Jerome Adler)批评当时学生的阅读状况,认为学生在校内外阅读的范围小得令人遗憾,而且所

---

①②③ 华东师范大学教育系等编译:《现代西方资产阶级教育思想流派论著选》,人民教育出版社 1980 年版,第 270、286—287、200 页。

④〔美〕罗伯特·梅逊:《西方当代教育理论》,陆有铨译,文化教育出版社 1984 年版,第 42 页。

⑤⑥ 陈友松主编:《当代西方教育哲学》,教育科学出版社 1982 年版,第 67、65 页。

阅读的是最简单、质量最差的东西，多数男女学生一放学，仅仅为消遣而阅读，主要是阅读一些二流的或劣等的杂志和日报，而看《哈珀》《斯克里布纳》《大西洋月刊》这一类杂志的人，百人中不到两人。①

总之，正是从真理是不变的、永恒的观点出发，永恒主义者认为，教育在任何地方、任何时候应当相同，课程也应该是相同的。既然伟大的思想传统"不因时代的改变而改变"，那么课程也应当主要由永恒的学科构成，如哲学、文学、历史、地理。这些永恒学科具有永恒的价值，其内容表述了人类普遍存在和关心的问题，可以指导我们解决当前诸多政治、经济、道德问题。赫钦斯指出："我们倡导永恒学科，因为这些学科抽绎出我们的人性的共同要素，因为它们使人与人联系起来，因为它们使我们与人们曾经想过的最美好的事物联系起来，因为它们对于任何进一步的研究和对于世界的任何理解是首要的。"②而对于"永恒学科"的范围，永恒主义者有着严格的标准，在他们看来，只有那些经历了许多世纪而达到古典水平的书籍才堪称永恒学科。

对于永恒学科的学习，永恒主义者主张螺旋式的课程设置。1953年，赫钦斯出版《乌托邦大学》一书，认为教育是"一种寻求真理的交谈"，儿童应该把前十年的在校时间用来学习读、写、算，同时学习伟大的文学、历史、地理，掌握一门外语，学习一些科学，也应该重视美术和音乐的欣赏，十六岁时升入学院，继续学习相同的学科，但要把重点从学习如何交际转移到熟悉人类的主要思想上来。教学的恰当方法主要是讨论、批评、质疑和辩论。学院不设选修课。学生离开学院后可进入大学，在那里从事专门研究。

（二）永恒主义知识形式观与课程观

永恒主义教育十分推崇理性形式的知识，强调理性方法而贬低感性方法，认为理性比感性优越。他们反对经验主义把人类特有的感性认识和生活变为动物特有的感性认识和生活的做法，认为人类感觉渗透理性，人的理性即人类思维，它能阐明经验，支配、控制和改造世界，说明事物的本来面目，建立事物的法则。"人类思维是理解事物的一致性和普遍价值的精神直观的生命力；这是因为思维不始于困难，而始于顿悟，终于顿悟，而顿悟的真理的建立，乃是通过理性的论证或实验的证明，而不是实用主义的认可。"③

---

① ② ③ 华东师范大学教育系等编译：《现代西方资产阶级教育思想流派论著选》，人民教育出版社1980年版，第230—231、206、286页。

在他们看来,人文学科知识有着特定的方法与准则,这些方法与准则具有重要的教育价值。人文课程不仅包含人类生活史和思想史的全部内容,而且包含着传统的探讨问题的方法。"认识一个问题,就需要掌握传统的见识和传统的探讨方法。"①在马里坦看来,艺术、科学、智慧属于理智的成就,而理智的成就是一种特殊的能力,它们通过在一定对象中的训练形成和装备人的智力。学校主要是处理能够教给学生的东西,它更多地指智力的培育和形成,而不是指意志。吉尔伯特·海特(G. Hight)在《教学的艺术》中提到,文科课程应该组成人类生活史和思想史的全部内容。他认为,传统能够成为教育工作的动力,能鼓励学习,提供一系列的可能性,培养秩序感,加强责任心。②永恒主义推崇严格的训练方法,认为只有按照严格的方法进行训练,人才会有所指望,而拒绝严格方法的人永远不会有所成就。因为"人的形式来自人的潜能的实现。形式的潜能是天赋的,但为了实现这些形式,在训练中进行斗争是必要的"。"智慧来自于我们对自己的传统所作的深入的研究。""要做人,就得掌握知识,发展判断力和增强道德感。"③永恒主义者认为,思维的训练和道德感的培养应从小学开始。"小学的首要职责是形成道德习惯的基础,此外,它还要为儿童掌握学习工具,对他们进行启蒙。学校的工作基本上是养成道德习惯和开始进行理智的训练。"④永恒主义者十分强调传统文科在理智训练方面的特殊价值,主张培养"理智的美德",它包括思辨的美德如归纳的习惯、论证的习惯与哲学的智慧,实践的美德如艺术(即按照正确的推理过程的创作能力)与审慎(即关于行动的正确的理性)。⑤理智的美德是由理智能力训练而获得的习惯,这种形成习惯的理智在一切领域里都能够发挥很好的作用。不论学生将来是过沉思的生活还是实际的生活,由理智美德的培养所组成的教育是最有用的教育,它会使学生终生受益。由于教育不能复制学生毕业后所需要的经验,它应致力于培养学生思想的正确性,以作为达到实际的智慧的基本手段。学校教育的主要任务就是进行理智的训练,教会学生进行正确的思考。"理性动物的基础教育就是训练推理能力和培养智力。这种训练是通过文科科目,也就是通过学会读

---

①②③④〔美〕罗伯特·梅逊:《西方当代教育理论》,陆有铨译,文化教育出版社1984年版,第40—43、45、47、48—49页。

⑤华东师范大学教育系等编译:《现代西方资产阶级教育思想流派论著选》,人民教育出版社1980年版,第198页。

与听、写与说，或者思维术来达到的。既然人类不仅是理性动物，而且还是社会动物，所以人的理智生活是在社会上度过的，而只有通过人与人之间的关系才有社会。"①教育的主要作用是提供理智训练，让学生学习"沉思"，发展批判性活动和学习上的渴望和苦恼，其报酬将是发现真理的快乐。

总之，"经典著作之所以为经典著作，就是因为它们表现了优越的思想方法。熟悉伟大的文学作品和由这些作品所阐发的伟大思想并不是一个消极的认识过程。当一个人用这些永恒的艺术作品来控制他的思想时，这种传统就成为他的一部分了。"②西方世界伟大的书"可以帮助学生养成阅读的习惯，掌握鉴赏和批评的标准。这些习惯和标准将使成年人在完成他们的正式教育以后，对于当代生活中的思想和运动能明智地进行思考和行动"③。普通教育课程可以帮助学生获得思想的共同价值和研究这些思想的共同方法，如文法、修辞是使语言文字优美的工具，数学推理严密，可训练人的思维能力。

永恒主义强调艰难知识的训练价值，认为越是艰难的问题给人的快乐越是强烈，"就如读一本钢琴曲谱吧，开头的几课一点不觉得有趣，它首先要求懂得耐烦。这就是为什么你不可能使儿童像尝蜜饯似的尝一尝科学和艺术的味道。人是靠辛苦的陶冶而成其为人的"④。正如对于语言的学习，不是去学会话课本的平庸句，而应向大作家学习，学习最严密、最丰富、最深刻的语句，舍此别无他途。诗的学习亦然，不学那些平庸的诗，而学那"最高超、最受尊敬的诗"。"诗的力量就在于每一朗诵，在给我们教育之前，先以它的音韵节奏按人类的普遍范例陶冶我们。这对儿童，尤其是儿童，就是好。倘若不由他听着这人类的鸣声据以校正一番他那动物的本性，那他何以学言。"⑤拉丁语的形式也非常重要，"一个英国人如不具备一些拉丁语的知识就显不出在英语的修养上像是受过教育的。一个学生的拉丁文程度即使只达到学校证书的水平，他也能领会自己语调的优美和深沉，学会更正确地使用自己的语言"⑥。对于古典作品的学习，最好是阅读原著，领会、感受

---

①〔美〕阿德勒：《当代教育危机》，见《当代西方教育哲学》，陈友松主编，教育科学出版社1982年版，第68页。

②〔美〕罗伯特·梅逊：《西方当代教育理论》，陆有铨译，文化教育出版社1984年版，第47页。

③④⑤⑥ 华东师范大学教育系等编译：《现代西方资产阶级教育思想流派论著选》，人民教育出版社1980年版，第209、244、249、252页。

其高尚优美的表现形式，因为，译本可能与原著相差甚远，但好的译本也不失其价值。"用我们的语言表现柏拉图同用柏拉图自己的语言表现的柏拉图不一样，然而，不可否认，柏拉图的思想，甚至柏拉图的雄辩在译本里也会使读者激动。"①

（三）永恒主义知识价值观与课程观

"名著杰作"理论认为，教育应当通过使学生读文学、哲学、历史和科学方面的名著杰作，把其中所表达的人类普遍关心的问题介绍给学生。这些名著杰作对事物和人的本质有最精辟的洞察。由于这些洞见是不变的，所以过去的教训决不会过时。学生们在读这些著作时，就学习到形成了人类精神的各种思想。"如果哲学智慧的内容是不因时代而改变的见解和观念，如果连科学知识也有许多持久不变的概念和相对永恒的方法，如果文学杰作和哲学巨著涉及人类永恒的道德问题，并且表达了人们在有道德冲突时的普遍信念——如果上述一切都是如此的话，那么，古代、中世纪和现代各个时代的名著杰作就是知识和智慧的宝库了，也就是必定开创每一新时代的文化传统。阅读这些书的目的不是研究文物，其兴趣不是在学考古学，也不是在学语言学……反之，我们必须阅读这些书，是因为这些书不因岁月流逝而改变其重要性，而且因为它们论及的问题和提出的思想，不受生生不息规律（永无止境的进步规律）所支配。"②

永恒学科具有重要的当代价值。永恒学科是指那些经历了许多世纪而达到古典著作水平的书籍。"我恐怕许多这样的书都是古代和中世纪时期的。可是尽管那样，这些书还是属于当代的。一本古典著作是这样的书，它在任何时代里都是属于当代的。这就是它成为一本古典著作的原因。苏格拉底的对话所提出的许多问题，在今天如同柏拉图写作的时候一样是迫切的。"③在赫钦斯看来，一个人从来没有读过西方世界里任何伟大的书的人，怎能称得上是受过教育的呢？他说，没有永恒学科的阅读，要想懂得任何问题或理解当代世界是不可能的。"如果我们读一读牛顿的《原理》，我们会看到一个伟大的天才在行动，我们熟悉了一种绝无仅有的著作的简明和优美，

①③ 华东师范大学教育系等编译：《现代西方资产阶级教育思想流派论著选》，人民教育出版社1980年版，第264、207页。

② 〔美〕阿德勒：《当代教育危机》，见《当代西方教育哲学》，陈友松主编，教育科学出版社1982年版，第68—69页。

我们也懂得了近代科学的基础。"①而教科书充其量只是伟大人物的思想的第二手转述,教科书可能大大降低国人的智能。美国教育家巴特勒(Butler)也主张阅读古典著作,他说:"只有学者认识到,近代世界里所说的和所想的在任何意义上属于新的东西,是多么微不足道……以惊人的深刻性和洞察力解释人的思想和人的愿望,这是希腊人和罗马人以及中世纪伟大的思想家的巨大成就。"②经典作品的内容极为重要。只有熟悉了过去,才能理解现在。受过教育的人能够在个人和文化都受到压力的时代泰然自若,从而发挥领导的作用,因为他的脚站得很稳,因为人类的某些重大的问题是永恒的。因此,"扎根于前人智慧的文科教育永远也不会落后于时代"③。

关于文法、逻辑、数学的价值,永恒主义者论述道:"文法是语言的科学分析,通过它我们才能了解所写的东西的意义和力量。文法训练心灵和发展逻辑能力。文法本身以及作为阅读古典著作的一种帮助是有益的。在与古典著作有关联或者独立于它们之外的普通教育中,文法有一个地位。""逻辑是按照专门化的语形的一种陈述,在这种情况下,推理是严格论证的。如果普通教育的目标是为了明智的行动而训练心灵的话,逻辑是不能遗漏的。"数学是一门"以最明确和最严格的形式阐明推理的学科",它不受爱好、倾向或偏见的影响,"思维的正确性通过数学进行教学也许比任何别的方式更为直接,更为使人印象深刻"。④而令人沮丧的是,在中学和初级学院里,数学通常是作为具有很大实际价值的学科提供给学生的。

关于几何学、希腊文、拉丁文、诗的价值:"几何学,是自然的钥匙,谁不是几何学者,谁就永不明了他所生活和依存的这个世界……那没有一点几何学的必然观念的人,甚至会缺乏外部世界的必然观念。而全部物理学和全部自然史统统加起来也给不了他一丁点儿必然的观念。""几何学的美,就在它证明的层次,就在它有那种存在于一切事物中清晰而合乎理性的某种东西。"⑤"学习希腊语就是学习一幅人类生活的巨大画图,这幅画并没有完成,而是接近于完成,它还在绘画着;这幅画基本上是现代式的,因为理智指导着并制约着它的构图;这幅画是关于人的,因为它的主题就是人对于物质

---

①②④⑤ 华东师范大学教育系等编译:《现代西方资产阶级教育思想流派论著选》,人民教育出版社 1980 年版,第 207、208、209—210、248 页。

③〔美〕罗伯特·梅逊:《西方当代教育理论》,陆有铨译,文化教育出版社 1984 年版,第 47 页。

世界、对于宗教、对于知识和艺术、对于政治和社会的关系。一个受了希腊语熏陶的人更可能清楚地知道他所思索的东西，因为他与之生活在一起的人知道他们所思想的东西，并且对于生活已经获得一种清楚的、一贯的看法。""希腊精神是一种世界性的、超自然的文化，每个民族都可以按照民族自己的天赋和传统加以改造和改变。"①学习拉丁文，就可研究伟大著作，学习人类的一切诗篇。而诗则是"人伦的钥匙"，是"灵魂的镜子"，那最高超、最受尊敬的诗可以校正人的动物本性，升华情感，甚至可以说，"人，倘不按此摹本经一番训练，就不成其为人"。②

关于科学、哲学、宗教、人文学科的价值：科学有助于我们掌握方法，给人以力量，但哲学决定生活的目的；所以，哲学、宗教、人文学科在所有方面都高于科学，它们告诉我们去调查什么以及怎样对待发现的事实。"实验和经验的资料对我们的用处是有限的，哲学、历史、文学和艺术在最重要的问题上给我们知识，而且是重要的知识。"③在他们看来，科学自身不能造成或拯救一种文明，经济学或社会学对于我们最深刻的问题也没有作出解答，如果没有善和恶的知识，科学的价值和优点将一无是处，甚至会使我们毁灭。"我们所生活的世界在方法上虽然是明确的、有效率的、有创见的，但是在目的上却几乎完全不知道怎样才好，我们的教育正由于这些弱点而遭受损失，同时也加重这个弱点。""没有共同的目标鼓励和指导它的进程。它对学生只提供生活的方法，而关于生活的目的却让他们茫然不知。""科学、技术、经济所研究的是关于方法而不是目的，对于它们的研究愈多，那么就愈需要在教育上和生活上加强'善和恶的知识'科目的学习……经济、技术和政治组织方面的因素是为精神方面的因素而存在的，而不是为它们自身而存在的。忽视精神方面的因素，就会使生活变成物质的、机械的。"④总之，"重要的生活真理体现在文学传统之中，而不是体现在现代的实验科学之中"⑤。

学校不是为职业训练而存在的，而是为了培养能经世致用的有教养的人而存在的。⑥因为，人正是由于逐渐认识真理而富有人性，教育就是通过知识达于人性，就是发展理性、人性。他们认为，文化将由具有天赋的少数

---

①②③④ 华东师范大学教育系等编译：《现代西方资产阶级教育思想流派论著选》，人民教育出版社 1980 年版，第 248、249、221、262—263 页。

⑤〔美〕罗伯特·梅逊：《西方当代教育理论》，陆有铨译，文化教育出版社 1984 年版，第 51 页。

⑥ 陈友松主编：《当代西方教育哲学》，教育科学出版社 1982 年版，第 68 页。

人来保持和延续。平等是一个错误的理想，民主是一个不适当的教育理想，只有少数人是可以教育的，他们是那些能够从希腊语、拉丁语和数学的学习中得到益处的人。古典课程对培养杰出人才始终是最适宜的。① 在这里，从知识的价值讨论出发，永恒主义得出精英教育的结论。

此外，永恒主义强调共同的课程，否定选修课的价值，排除了选修课在学校教育中应有的地位。

二、进步主义教育思潮中的知识观与课程观

进步主义有时被称为"新教育"或"新教育运动"，它产生于 20 世纪 20 年代，是从实用主义发展而来的。它在与以永恒主义教育思想为代表的传统教育的斗争中登上了历史舞台，在 20 世纪 30—50 年代年代成为美国教育的主导力量，并对美国今天的教育产生了深刻的影响。主要代表人物有：杜威（John Dewey）、克伯屈（William Kilpatrick）、鲍德（Boyd Bode）等。

（一）进步主义知识本质观与课程观

进步主义以实用主义经验论为知识基础。实用主义是 19 世纪末产生于美国的一个哲学派别，主要代表人物有皮尔士（Peirce Charles Sanders）、詹姆斯（William James）、杜威等。他们把哲学局限在经验范围之内，注重"行动""效果"，关注观念、命题和思想的效用性，将知识视为适应环境的工具，将真理等同于"有用"。皮尔士在《信念的确定》和《怎样弄清我们的观念》两篇文章中提出，思维的任务在于确立信念，信念导致行动，观念的意义取决于行动的效果。詹姆斯认为，一个观念是不是真理，不是看它是否符合客观事物的"摹本"，而是看经验之间的联系，"有用就是真理"。他还认为，所有知识都是来自对事物的直接经验或对事物的了解。我们生活的世界是一个"开放的世界"，是一个具有许多事物、许多关系和许多原则的世界。② 在这个世界上，没有一个无所不包的原则和普遍计划、终极目的，世界是多元的，而且我们必须按照那种方式学会在这样一个世界中生存。杜威认为，观念、概念和理论、知识仅仅是一些有待证明的假设，如果它们能帮助人们在适应环境中排除纷扰、困难，顺利完成任务，那就是可靠的、真的，概念、理论、知识不过是指导人们有效行动的工具而已。与皮尔士、詹姆斯不同，杜威视教育

---

① ② 〔美〕罗伯特·梅逊：《西方当代教育理论》，陆有铨译，文化教育出版社 1984 年版，第 55、78—79 页。

为哲学的实验室,将自然主义经验论和工具主义知识论推广到教育领域,对美国乃至世界教育、课程产生了深刻而广泛的影响。

杜威接受了达尔文进化论的观点,认为宇宙、地球、生物乃至文化、道德都是长期变化和发展的历史,实在的本质是变化的,变化是世界的基本特征,没有不变的本质,没有永恒的真理。杜威在《达尔文对哲学的影响》一书中毅然抛弃了有一种最后的结构设计、先验的智慧的想法,认为有机体在生存斗争中淘汰了不能适应变化的东西,世界上根本不存在一种永恒不变的结构与秩序,我们不需要一个永恒的设计者或原始的推动力的假设。杜威还认为,科学探究不是去发现柏拉图的永恒的"理念"和亚里士多德的不变的"形式",不是去陈述某种终极的意义或这种特殊变化背后的永恒本质,探究就是控制特殊的变化,创造未来,达到我们的目的。实验科学具有行动、操作的特征,科学的目的不在于去界说常驻不变的对象、追求确定的结论,而在于从事物的变化中发现条件和后果之间的关系,而且"只有当我们改变这些现有的性质,把关系显露出来时,我们才能发现事情发生的条件和结果"①。科学总是围绕问题展开的,科学知识总是与问题联系着的。

杜威目睹近代实验科学的发展,预言行动已进入知识的核心地带,关于自然的知识依赖于行动,而不是推论。"近代知识史上重要的事情就是利用工具、器械和仪器以加强主动的动作,希望揭示原来并不明显的关系。"②长度概念包括一套决定长度的操作手续,物理是按我们实际遇见它们时的认识方式来界说的。"物理学研究的唯一方法就是有意识引进一种变化以窥视它产生了什么其他的变化;这些变化之间的相互关系,经过一系列的测量运算,便构成了明确的和合意的知识对象。"③杜威由此指出:"实验科学的进步证明了这样的事实,即真正的知识和富有成效的理解力只能从做中来。对事实的分析和重新整理,是知识、解释能力和正确分类能力的增长所不可缺少的,而这种分析和整理不可能只是在心理,也就是在头脑里获得。人们要对某些事情有所发现的话,他们就须对这些事物做某些事,他们必须改变这些事物所处的各种条件。"④因此,对抽象知识的掌握必须转化为能动的教

---

①②③〔美〕杜威:《确定性的寻求》,傅统先译,上海人民出版社 2004 年版,第 102、65、81 页。

④〔美〕杜威:《民主主义与教育》,王承绪译,人民教育出版社 1990 年版,第 321—322 页。

育经验，学生只有在实验室中，才能尽力学会掌握自然科学的原理。当然，他并不怀疑通过探究得出的科学概括，承认科学是人类探究的产物，但同时又认为，新的发现将不断地冲击着科学的概括，过去探究得出的相对持久的结论必须经过不断的修正和修改。杜威指出，应该尊敬和重视从过去探究得到的原则，但是，即使最受尊重的真理也必须根据目前的需要对它们进行仔细的检验。说它们是不变的，这只是相对而言，当把最古老、最可靠的真理当作解决当前问题的工具而使用的时候，也要对它们进行某种程度的修改。①

杜威还看到工业革命引发的知识的革命，认为知识不再是积蓄在真理宝库中的东西，而是不断变化流动的。"学术已进入流通状态。尽管今后仍然有也许永远有个别一类的人以从事研究为专门职业，可是，一个特殊的学者阶级从此不可能有了，因为这是与时代精神不调和的。知识不再是凝固不变的东西，它已经成为变动不定的东西。它在社会自身的一切潮流中积极地活动着。"②

总之，在杜威看来，我们生活在一个不完善的、纷杂的、不稳定的情境之中，产生了多种需要，需要引起探究，需要通过改造情境获得成功，探究的成果就是知识，事实材料仅仅是获得知识的手段。知识是在"需要—资料—意义"的背景中产生的。我们所谓的知识乃是一个经过检验的结论体系，而这些结论是从过去的经验里筛选出来的。知识就是建立在资料和意义的基础之上的，探究者在问题情境中运用这种知识，从而对它进行了检验。③ 总之，知识不过是解决我们目前存在的问题和提出对未来的希望的工具。在把知识作为工具的使用过程中，来自过去的知识得到改造，同时，通过理智的批评，又产生新的知识，促进知识的进化。

可见，在知识观上，进步主义教育持实用主义知识态度，它坚持认为，知识以经验为基础，是建立在过去经验基础之上的有实际用途的概括。进步主义者反对那种视知识为抽象之物、可以由教师堆积到学生头脑中的知识观念，认为知识是人们驾驭经验的工具，是人们理智地处理不断发生的新情况的工具。

①③〔美〕罗伯特·梅逊：《西方当代教育理论》，陆有铨译，文化教育出版社1984年版，第120、116—117页。

② 华东师范大学教育系等编译：《现代西方资产阶级教育思想流派论著选》，人民教育出版社1980年版，第26页。

在课程设计上,进步主义者认为,知识掌握包含着对以前所持的观念进行批判性的思考和改造;在学习方面,主张用交通、运输和贸易等具体问题来代替经济学或地理学等普通科目,而不是系统地分门别类地学习抽象的经济学或地理学。他们反对将固定不变的教材作为学生必须接受的东西,认为单单讲授固定的教材不是教育,而是灌输、宣传。"一门课程只不过是教师们事先提出来的一个广泛的大纲,这一大纲主要是由一系列的学习资料所组成的。这些资料是教师们事先料到将来是会拿出来使用的,也就是当一班学生的眼前活动引起他们发生新的问题和兴趣时,所要使用的资料。课程的实际细节必须一周一周地在教室内由师生共同拟定。"①基于此,克伯屈曾建议,儿童应当学习具体的题目或情况,而不是脱离实际地尝试去掌握抽象的原理,学生不是被动地吸收成人预先规定的知识、材料,而是通过观察不同地方和不同时代的人们如何解决问题来理解自己的学习,通过师生的共同设计开展活动,进而去发现许多东西。他建议在全部小学课程和大部分中学课程中都采用设计教学法,以取代分科的知识教学。

（二）进步主义知识形式观与课程观

在各种形式的知识之中,作为进步主义知识基础的实用主义哲学十分欣赏科学的探究方法、形式及其运用。杜威比较了古代与现代获取知识的不同方式。"在希腊对于自然现象的描述与解释中的'范畴'是属于美感性的,因为美感一类的知觉是注意事物之直接性质特征的,它们所赖以在观察材料上赋予科学形式的逻辑因素是和谐、均匀、量度或对称。"②"在旧自然科学看来,科学知识的对象所具有的性质和艺术作品的性质是一样的,古希腊科学视自然为一个秩序完整的宇宙,从审美式的静观中认识自然的法则,借助推理、猜测、想象将特性强加给对象,并以为是从现象中抽绎出来的。伽利略发明了实验方法、数学方法的运用,实现了科学的近代革命:从美感和谐到数理公式,从静观鉴赏到积极操作,赋予科学探究以新的性质。"③

进步主义者认为,科学的方法(有时也可称为批评的方法或理智的方法),是最合理地解答各种问题的最好方法,理智的运用具有至高无上的价值。在他们看来,科学方法是一种尝试性、假设性的方法,是一种把人从习

① 陈友松主编:《当代西方教育哲学》,教育科学出版社1982年版,第77页。
②③〔美〕杜威:《确定性的寻求》,傅统先译,上海人民出版社2004年版,第87、92页。

俗、专制和教条中解放出来的方式。它不同于经验的、演绎的或权威的方法，始终挑战传统的观念和既得的权力。对进步主义者而言，掌握了科学的方法就意味着对所有现成的惯例展开自由的、公开的质疑和批判。理智的方法是一种创造人类幸福的方法。从长远的观点看，它是最有效、最可靠的方法。批判的方法最能产生各种人类的价值。思考产生的源泉是各种各样的，对每一种思想都要批判地作出评估，应鼓励和要求青年对那些非科学的见解进行批评，不过要以温和、谦虚的态度进行批评。

语言与符号是知识的重要表现形式，进步主义者完全从实用的态度对待语言和符号。他们认为，语言现象通过符号媒介使我们有可能对旧经验进行反省思考，它为我们提供了一种认识、批评、评价或判断经验的手段。语言、概念是人类为追求实现一定的旨趣而创造的工具。换言之，语言使人有可能思考和估量他们所遇到的事情。当我们这么做的时候，就影响着我们对于未来的事情作出决定；因此，我们可以对准某一目标作出努力，而这种努力作为储存着的能量也对未来产生影响。① 杜威认为，"符号在心智发展中是必需的，不过它们的作用在于作为节省精力的工具；它们本身所表现出来的乃是从外部强加的大量毫无意义的和武断的观念"②。语言、符号的形式主义特征可能对儿童教育产生负面的影响。

实用主义把人类知识的检验与动物的逃跑相比："科学家检验一个假设的方法很像动物通过发现退路而逃跑以脱离危险的那种方法。他围绕问题进行思考。他用这种方法试试，再换那种方法试试。科学家寻找解决问题的方法，就与陷入圈套的动物在篱笆上寻找一个洞口以便逃跑一样。"③即只要摆脱困境，知识或假设就得到了检验，就被认为是有效的、真的。实用主义哲学似乎告诉人们，要用自己的经验来检验每一样东西，任何东西（经验、记忆、知识、假设）如果不是很好地立即"得到报偿"，最好是抛弃它。同时，实用主义哲学还重视理智的批判在知识检验中的作用。进步主义认为，信仰的确定必须建立在证据的基础之上，在尚未确定信仰时，要决定一个问题的正误就必须采取批判的态度。

---

①③〔美〕罗伯特·梅逊：《西方当代教育理论》，陆有铨译，文化教育出版社1984年版，第74、79—80页。

② 华东师范大学教育系等编译：《现代西方资产阶级教育思想流派论著选》，人民教育出版社1980年版，第11页。

在课程方面,进步主义主张活动的、经验的课程,主张采用主动作业的形式。杜威认为"儿童的世界是一个具有他们个人兴趣的人的世界,而不是一个事实和规律的世界。儿童世界的主要特征,不是什么与外界事物相符合这个意义上的真理,而是情感和同情"①;因此,"我们必须把木工、金工、纺织、缝纫、烹调看作是生活和学习的方法,而不是各种特殊的科目"。他把主动作业"看作是社会自身赖以前进的各种过程的形式,看作是使儿童确实感到社会生活的一些基本需要的手段,看作是使这些需要由于日益发展的人的理解力和创造力而得到满足的方式。总之,把它们看作是一些方法,通过它们,学校自身将成为一种生动的社会生活的真正形式,而不仅仅是学习功课的场所"②。在杜威看来,主动作业可能加强学校与生活的联系,使学校的整个精神获得新生。"在那里,儿童通过直接生活进行学习,而不仅仅是学习课文。这些课文,对于他们将来可能从事的生活来说,乃是抽象的东西。"③此外,主动作业如缝纫、织布为儿童提供了一个起点,"由此出发,儿童可以循着历史上人类的进步足迹前进,能真正懂得所使用的原料和所包含的机械原理。把这些作业联系起来,就无异于把人类的发展过程重演一番"。"可利用麻、棉和羊毛纤维做成衣服的演进史来集中地阐明人类的历史。我不是说,这就是唯一的或最完善的中心。但这样做确实开辟了人类史研究的某些很实际和重要的途径,使人们的智慧注意到更基本的和具有支配作用的影响,而不是注意于通常当作历史看的那种政治的和编年的记录。"④采用主动作业,可以把单纯的符号和形式的课程降低到次要的地位,克服语言、符号的形式化可能带来的消极影响。克伯屈认为:"一个人要学习任何事情,他必须首先经历那个事情。"⑤"书面考试可以反映一个学生关于这种精神的知识(就词语证明知识而言),但是一个学生可以有关于这种精神的充分知识,然而没有(或者并不感受)这种精神本身。学习一种精神当然不仅仅是学习关于这种精神的知识……只有当这个学生充分具有这种精神,而在他看到有为社团的公共利益服务的机会自觉地服务时,他才真正学到所期望的这种精神。在这种情况下,学习意味着树立(习得、发展)这样

①　赵祥林等编译:《杜威教育论著选》,人民教育出版社1981年版,第76页。
②③④⑤　华东师范大学教育系等编译:《现代西方资产阶级教育思想流派论著选》,人民教育出版社1980年版,第19、22、23—24、61页。

的工作的习惯、态度和兴趣,意味着这种习惯和态度树立得十分牢固。一旦情况需要,人们可以信赖他在思想上和行动上都会这样做。"①与作为符号形式存在的抽象知识相比,以经验形式存在的活动、经历、作业更具有教育效力。

杜威强调反省思维形式在自动作业中的作用,认为有效的思维总是面对困境来解决问题,而不是抽象的逻辑思维。抽象的逻辑分析空洞无物,是没有意义的、无效的,基于现实问题的为了摆脱困惑的思维才是有效的。因此,杜威提出著名的五步教学法:情境、问题、假设、检验、结论,将学习变成探究的过程,变成解决问题的活动。

(三)进步主义知识价值观与课程观

实用主义认为,知识研究的目的不是去发现某种终极的意义和陈述特殊变化背后永恒的本质。根本不存在某种过去留传下来的神圣不可侵犯的材料内容,知识不过是解决我们目前存在的问题和提出对未来的希望的工具。② 杜威还认为,理智生活的作用是洞察未来,并为未来的行动作出假设,人们对于过去和现在的经验进行思索、反省,只有在为未来的行动作出假设时才具有重要的意义。他们的理想是对于变化中的现在进行能动的改造,而不是完善地叙述和冥想绝对的实体。智慧的作用是解决人们在特定的时间和地点的生活中实际面临的问题。③不同知识对于目前存在的问题的解决和对未来期望实现的价值决定了它在学校课程体系中的地位。

杜威主要论述了科学的价值与意义。他比较了古代科学与近代科学两种截然不同的态度:"古希腊科学是一种欣赏和接受事物的艺术。近代实验科学则是一种控制事物的艺术。"前者属于对自然的审美取向,后者属于对自然的操作、征服取向。"美感的态度必然倾向于已有的东西,倾向于已完成的完备的东西。控制的态度便注意未来,注意生产。"④他指出科学知识的发展使人们在控制中求得安全,"科学之所以有价值正因为它给我们一种能力去解释和控制已有的经验。我们不应当把它作为新的教材介绍给儿童,而应当作为用来显示已经包含在旧经验里的因素,和作为提供更容易、更有

---

① 华东师范大学教育系等编译:《现代西方资产阶级教育思想流派论著选》,人民教育出版社 1980 年版,第 62 页。

②③〔美〕罗伯特·梅逊:《西方当代教育理论》,陆有铨译,文化教育出版社 1984 年版,第 117、118 页。

④〔美〕杜威:《确定性的寻求》,傅统先译,上海人民出版社 2004 年版,第 98 页。

效地调整经验的工具","科学研究就它显示了产生现代社会生活的各种资料和方法而言,是具有教育意义的"。①

对于间接经验与直接经验的价值,杜威十分重视直接知识的作用。"为灌输知识而组织的实物教学,不管有多少,决不能代替关于农场和田园的动物的直接知识,这种直接知识是通过在动植物中的实际生活,即照料动植物而获得的。学校中为了训练而设的感官训练的学科,总不能跟每天亲切有味的普通的职业活动中得来的那种生动丰富的感官生活相比拟。文字记忆力在所指定的课业中能得到训练,推理力也能在数理课里得到一定的训练。但是,这同必须去做些事情,有实际的动机在推动并预见到实际的效果,从而获得注意力和判断力的那种训练相比较,毕竟总是有点间接和空洞。"②间接知识只不过是一些抽象、空洞的符号而已,因此,杜威主张把代表现实生活的各种作业如手工训练、工场作业及家庭技艺等引进学校。

作为人类间接经验的文化遗产,"这些文化遗产脱离与个人进行活动的当前环境的联系,它们就变成一个敌对的和使人分心的环境。它们的价值在于可以用来增加我们必须在当前积极地做的事情的意义"③,即文化遗产也只具有工具性意义。如历史,"历史就它提供社会生活和生长的各个方面来说,是具有教育价值的。它必须参照社会生活而加以控制。假如简单地作为历史来看,它便陷于遥远的过去而变成僵死的、毫无生气的东西。历史如被看作是人类的社会生活和进步的记录,那就成为有丰富意义的东西了"。"语言是一种交流的手段,是一个人用以分享别人的思想和情感的工具。如果只是把它当作获得知识或表达已经学到的知识的工具,那么就会失去它的社会动机和目的"④。

因此,知识的价值应视其在实际活动中的效用而加以判定,知识乃是通过操作把一个有问题的情境改变成为一个解决了问题的情境的结果。知识仅仅是一种不完善、有待证实的假设,而不是普遍的永恒的真理。凡能带来实际效果、实现预期目的的就是真的,反之就是假的。知识是我们探索世界、丰富经验、适应环境的工具,是我们进一步探究的工具。换言之,人类的知识成就、文化遗产只不过是改善经验、改造经验的工具,它服务并服从于

---

①②③④ 华东师范大学教育系等编译:《现代西方资产阶级教育思想流派论著选》,人民教育出版社 1980 年版,第 10、9、18、36 页。

经验的丰富、改组。凡能增强行动效能的知识就是有价值的知识，知识的本质与知识效用紧密相关，甚至"用来解决问题情境的不同操作有多少，就有多少关于知识的概念"①。知识的价值总是与行为联系在一起的。"智慧是实际的，而理性是理论的。"②知识不再是冥想，而是行动，能有助于人们解决问题、有效行动的知识最有价值。一言以蔽之，知识仅仅具有工具性意义，没有什么实质性意义。

当然，实用主义者并没有否认某些受过检验的观念应该享有的相对持久的地位，不赞成对所有的共相采取怀疑与否定的态度，认为应该如实地承认科学的概括，承认它们是人类探索的产物，但即便如此，它们也不是永恒的启示。他们认为，过去探究所得出的相对持久的结论、知识必须经受不断的冲击，接受科学的检验与概括。过去总是走向未来，过去、现在和将来总是联系在一起的，在未来总是会出现新生事物。③

杜威生活在一个科技发展十分迅速的时代，他看到了科学的革命性质以及科学的变化对传统知识的冲击，实现了从知识的真理理论转向知识的实用理论，将知识的本体论探索转向知识的价值论关照，改变了知识与实在相联系的追求，确立了知识与行动、实践相联系的方向。实用主义知识论对课程理论与实践产生了重大影响。

三、要素主义教育思潮中的知识观与课程观

要素主义产生于20世纪30年代的经济危机时期，在与进步主义的斗争中成长起来，五六十年代渐居主导地位。与进步主义相比，要素主义与永恒主义属于传统而保守的教育哲学。要素主义的主要代表人物有威廉·巴格莱(William Chandler Bagley)、阿瑟·贝斯特(Arthur Bestor)、阿德迈勒·里科弗(Admiral Hyman Rickover)、切斯特·芬恩(Chester Finn)等。要素主义主张学校课程的基础应该是文化的要素，在小学应设置3R(读、写、算)课程，在中学阶段应把主要精力放在英语、数学、科学、历史和外语五门主课上。

（一）要素主义知识本质观与课程观

要素主义教育接受了观念论哲学和实在论哲学的一些观点。观念论认

---

①② 〔美〕杜威：《确定性的寻求》，傅统先译，上海人民出版社2004年版，第223、214页。
③ 〔美〕罗伯特·梅逊：《西方当代教育理论》，陆有铨译，文化教育出版社1984年版，第119页。

为,观念、精神是世界的本源,理性是普遍知识获得的基础。这是因为,只有人才具有智慧,才可以把从经验中获得的材料加以思考、整理,形成普遍的知识。而实在论则认为世界是不依赖于人们的意识而独立存在的实在,真理是外在于人的观念与所观察到的事实的一致。巴格莱注重学生的感觉经验,强调数学、科学等学科,注重事实、知识的掌握。里科弗引用怀特海的一段话说:"规律是绝对的。凡是不重视有训练的智慧的民族是注定要失败的。"①在知识问题上,要素主义相信确定的真理的存在,认为真理并不是不可理解的神秘之物,真理就是观念与事实的相符。

要素主义者认识到知识的局限性。社会科学的概括是"只在少数情况下和只在有限的程度上被认为能作出可靠的预测。当人的因素参与进去的时候,不稳定性也就参与进去"②。不仅如此,自然科学也不是绝对的东西,每一科学领域都在它的探究过程中持续不断地提出大量不同的问题,始终不懈地探索新的假设,不断地提出新的公式,科学知识始终要经受修改。

与进步主义主张向儿童传授获得真理的方法不同,要素主义强调学习知识和真理。学校的职责就是以一种适当的负责的方式传递人类共同的文化与核心价值。教育就是传授真理、传授知识的艺术,至于儿童对所学的东西是否感兴趣则是次要的。课程的内容是"文化的要素"。人类遗产的共同核心由各种观念、价值和理想构成,它们具有公认的价值。巴格莱强调西方文化上共同的不变的文化要素。"有效的民主需要文化上的共同要素。在教育上这意味着要使每一代拥有足以代表人类遗产最宝贵的要素的各种观念、意义和理想的共同核心。"③科南特(Conant)也在《知识的堡垒》中主张所有的中学生都要学习各门学科的基本核心的东西,包括英语、社会学科、美国历史、数学和自然科学。要素主义者德米阿什克维奇(Demiashkevich)主张"给心灵以优先的性质",强调形式教育,注重对学生进行心智训练。在课程方面,"以观念为中心",注重诸如历史、文学等人文学科以及观念的吸收和把握。要素主义者指责 20 世纪 60 年代课程改革忽视了基本技能和学科,主张"回到基础学科",要求学校讲授核心学科,使用不违背传统家庭和国家价值的"干净"教材,取消一切点缀性课程,取缔选修课。他们强调内

---

①②③ 华东师范大学教育系等编译:《现代西方资产阶级教育思想流派论著选》,人民教育出版社 1980 年版,第 193、154、158 页。

容,而不是过程。如赫什(E. D. Hirsch)在 1987 年出版的《文化修养——全体美国人都要知道的东西》一书中指出,共同的背景知识对于公民的文化脱盲和有效交流是很有必要的,他从历史、地理、文化和自然科学中编录了近5000 个"必要"的基本词汇,以此测试个人的文化修养状况。①

要素主义认为,小学阶段学习的要素是阅读、说话、写作、拼音和算术,以及以后的历史入门、地理、自然科学与生物科学、外语,次一等的要素是美术、音乐和体育;中学阶段学习的要素是小学各门要素的扩大、深化,主要有数学(代数、几何、三角、微积分)、物理学、化学和地质学,次一等的是美术、音乐和体育,还有一定的职业科目和业余爱好的科目。②

尽管如此,要素主义者还是十分重视自然科学的教学,这与永恒主义面向过去不同,要素主义更加关注现在。永恒主义认为,正确的教材是保存在西方文明的名著杰作中的那些永恒真理。要素主义指责进步主义否定了文化中的共同要素,削弱了基础知识,夸大了薄弱的东西。

（二）要素主义知识形式观与课程观

要素主义强调分化的有组织的经验,主张学科课程。在他们看来,每一门学科都有自己特定知识的形式及其组织,为了发挥其独特的智力训练作用,应重视基本技能的训练,强调读、写、算技能的训练。要素主义强调严格科目的价值如拉丁语、代数、几何,因为它们对心智训练具有特殊的价值,只有在科目学习不受干扰的情况下才能学习一些非要素的项目与活动。"有训练的人才只能从彻底改造的教育制度里培养出来,这种教育制度有着完全不同的目的和比较高的学术标准。"③他们反对进步主义教材的心理化,主张按照严格的逻辑编写教材。

在巴格莱看来,进步主义不相信精密和要求严格的科目,认为拉丁语、代数和几何作为共同必修课,的确对于大部分学生有很多困难,并且人们对于其价值(无论是实际价值还是心智训练的价值)难以做出辩护,因为桑代克(Edward Thorndike)和伍德沃斯(R. S. Woodworth)的实验粉碎了形式

---

① 〔美〕奥恩斯坦等:《课程:基础、原理和问题》,柯森主译,江苏教育出版社 2002 年版,第 49 页。

② 陆有铨:《现代西方教育哲学》,河南教育出版社 1993 年版,第 123 页。

③ 华东师范大学教育系等编译:《现代西方资产阶级教育思想流派论著选》,人民教育出版社 1980 年版,第 190 页。

训练说的部分梦想。但是，即使如此，也不能否认严格、精密学科的价值，即使是杜威也承认旧的古典语和数学课程对于那些有能力掌握它的人，有着无比的价值。巴格莱十分重视严格的理智教育，要求学生刻苦努力，重视心智训练。贝斯特在《学习的恢复》(1932年)中提出了以理智的训练为基础的教育标准，强调教育的作用就在于提供"在历史、科学、数学、文学、语言、艺术以及其他科目中呈现的基本思维方式的训练，而这些科目是在人类长期追求有用知识、文化的理解以及智慧的力量的过程中发展起来的"①。贝斯特还指出，"对一个民主的社会非常重要的那一种教育……就是承认'普通的心智必须用教育加以强化'的那种教育；就是目的在于使人民'得到启迪'和'赋予他们的判断力'的那种教育……总之，真正的教育就是心智的训练"。在他看来，"学校的存在总要教些什么东西，这个东西就是思维的能力"②。在要素主义者看来，只有经过理智的训练，人才能理性地思考与行动，才能在日后免于匮乏、恐惧、迷信、欺骗与错误。因此，他们强调严格的学业标准，承认强制与适当灌输的教育价值。

里科弗十分赞赏欧洲的形式教育，认为它是"老练而明智的"。里科弗写道："对所有儿童来讲，教育的过程必定是学生尽其所能搜集事实性知识的过程"，难度高的学科和训练、大量的家庭作业和严肃的学习活动要进入课程，在学习过程中"学生必须努力工作"，"这可不是闹着玩的"。③

(三) 要素主义知识价值观与课程观

巴格莱说："记录、计算、测量的技术曾经是有组织的教育的首要任务，这并不单纯是偶然的。这些都是基本的社会技术，每个文明的社会都建筑在这些技术上。""超越个人直接经验之外的世界知识已经成为普通教育所承认的要素；而且，至少多少熟悉人类的过去以及特别是多少熟悉人们自己国家的历史，早已在普通学校的教学计划里有所规定，这也决不是偶然的。如果要使公民免于受到地方性和直接性的错误信念的侵袭，开拓空间的视

39

---

① 陆有铨：《现代西方教育哲学》，河南教育出版社 1993 年版，第 101 页。

② 华东师范大学教育系等编译：《现代西方资产阶级教育思想流派论著选》，人民教育出版社 1980 年版，第 172、179—180 页。

③ Hyman G. Rickover. *European vs. American Secondary School*. Phi Delta Kappan(November 1958)，p. 61. 〔美〕奥恩斯坦等：《课程：基础、原理和问题》，柯森主译，江苏教育出版社 2002 年版，第 47 页。

野和延伸时间的展望是必不可少的。"因此，"要使每一代拥有足以代表人类遗产最宝贵的要素的各种观念、意义、谅解和理想的共同核心"①。他引用查尔斯·A.比尔德的话说："虽然教育经常地接触到日常的实际事务，并适应政治和经济的迫切需要，可是它又有自己的充满着许多世纪的思想和献身精神的宝库。教育拥有知识的遗产和英雄事例——盖上了永恒印记的公认的价值。"②

贝斯特在《为心智训练的教育》一文中论述了不同学科对于心智训练的特殊价值："首先，一个受过教育的男人或女人必须能够有效地运用他祖国的语言。他必须能够阅读和书写；所以他必须学习英语。其次，在一个所有民族都有着密切联系的世界里，每个人都必须有一些外语知识，并在需要时能够说一些外语。事实上，许多学者（包括我）都认为，除非他懂得一些外语，任何人都不能很好地懂得他自己的语言。第三，不管是谁，只要他想在现代社会里有效地发挥作用，那么学习历史是至关重要的……第四，没有人可以否认这一点，即当今的科学对于生活和学习比以往任何时候都更重要。第五是数学，它是科学的基础，而且对理智的训练有着重要的作用。"③总之，英语、外语、历史、科学和数学最具有训练价值。他强调系统的、严格的学习，认为"非正式的学习，除了在低年级可以适当占优势地位外，应当看作是补充性的，而不是核心的"④。学习者自发的经验学习是重要的，而且在各级有组织的教育的范围内应当处处为这类经验提供多种多样的机会，但是，如上所说，非正式的学习应当是补充性的。"坦率地说，我们把教育仅仅看作经验，对受教育者来说是令人愉快的，但是对社会来说简直没有价值"，"真正的教育就是智慧的训练"。⑤

要素主义强调种族经验或社会遗产比个人经验更重要。因为，社会遗产吸取了千百万人的尝试应付环境的经验，经受过历史检验的许多人的智慧比个人的知识更有意义。教学应着重传授诸如数学、语文、物理、化学、生物、历史等各个学术研究领域的基本要素与核心价值。要素主义重视教材本身的要求，但不是为读书而读书，而是为了要在一定的程度上使我们能够

---

①②④⑤ 华东师范大学教育系等编译：《现代西方资产阶级教育思想流派论著选》，人民教育出版社 1980 年版，第 158、159、171、172 页。

③ 陆有铨：《现代西方教育哲学》，河南教育出版社 1993 年版，第 124 页。

适应现实的实际生活。掌握背景知识和作为文化核心的精华知识被断定为未来的交流和专业化的重要因素。同时,强调将成绩作为优秀的标准,认为一个良好的社会就是一个发现每一个人的天赋并使这种天赋得到充分培养的社会。教育的口号是"优秀"而不是"平等",真正的平等是每个人都有机会表现自己的优秀才能。反对那种平庸的平等和教育上的软弱,主张优质教育,重视英才教育。

要素主义教育思想亦深刻地影响了美国的教育实践,如 20 世纪 50 年代末 60 年代初的课程改革运动和 70 年代的"回到基础"运动,也体现在 80 年代的有关提高教育质量、实施优质教育的系列改革报告之中。

四、结构主义教育思潮中的知识观与课程观

结构主义是 20 世纪 60 年代在法国出现的一种哲学思潮,其主要代表人物有列维・斯特劳斯(Tristes Troplques)、福柯(Michel Foucault)、皮亚杰(Jean Piaget)等人。列维・斯特劳斯利用结构主义方法研究了巴西内地印第安人的文化和习俗,解释了诸如亲属制度、图腾和神话方面的问题。福柯把结构主义方法运用于思想史的研究,提出"知识型"理论。在他看来,知识型是一个时期知识的潜在结构,据此他描述了欧洲 17 世纪以来思想发展的历程。瑞士心理学家皮亚杰用结构主义观点和方法来研究认识的发生与发展问题,创立了发生认识论,认为认识的发展过程是一个内在结构(运算)的连续组织和再组织的过程,是个体先天结构(模式)与后天结构不断同化、顺应的过程。布鲁纳接受了皮亚杰的有关理论,着重研究感知、记忆、思维发展问题,强调学科结构的学习("结构"一词除了学科的基本概念与原理,还指学科知识内在的构成方式、模式与表达方式),亲自领导了美国 20 世纪 60 年代的课程改革运动。

(一) 结构主义知识本质观与课程观

结构主义不认为知识是关于某种不变的外在现实的认知,即知识不是外在现实的反映。那么,知识是什么呢? 布鲁纳继承了结构主义的有关理论,如,知识不是外部现实的反映,不是人关于外部实在的认知,"经验"或"事物"所具有的某些规律引发人们对知识的追求,材料的结构是经人塑造、构造出来的,是"外加"到材料中去的。以此为依据,布鲁纳认为,"知识是人们构造起来的一种模式,它使得'经验'里的规律性具有了意义和结构。任

何组织知识体系的观念都是人类发明出来的,目的是为了使经验更经济、更连贯。例如,我们在物理学中发明了力的概念,在心理学中发明了动机的概念,在文学中发明了风格的概念,它们都是帮助我们获得理解的一种手段"①。因此,他认为一门学科的知识精粹都可以归结为"结构",即"学科结构",学习一门学科也就是掌握、了解该门学科的结构。什么是学科的基本结构呢? 在他看来,基本结构有两个方面的含义:一是学科的基本概念或基本原理,一是这一学科的基本方法和基本态度。他力求在本杰明·富兰克林(Benjamin Franklin)的"有用的"(useful)知识和"装饰的"(ornamental)知识之间寻求平衡。② 他将特种技能与一般理解的概念置于"结构"之中,使之成为一种含义十分丰富的术语,既包含了知识的内容,又包括了知识的形式。作为基本概念和原理,它具有普遍性,能适用于与其工作类似的特殊环境。

施瓦布(Joseph J. Schwab)对知识也有类似的看法。他认为,知识是关于概念的知识,而概念是用来解释人们体验到的规律或事物的,规律或事物是人的思维的一种假设,知识随着经验本身的变化而变化。施瓦布也反对把科学当作一种证明或证实的过程,而主张"把它当作一个发现的过程,一个揭示自然事物之间如何互相联系的过程。无论如何,我们不能不懂得:科学是一种构成试验性知识体系的过程,是一个发现如何使得事实材料融会贯通的各种不同方法的过程,是一种'论述'某种教材的过程"。"任何时期的科学知识都不是建立在一切事实的基础之上,而是建立在经过选择的事实的基础之上的——这种选择又是建立在探究的概念原则的基础之上的。"③关于事实,古德莱德(Goodlad)也认为,"正是事实这个概念在发生变化,它已经不是指一种可证实的、已经确定的东西,而这种观察是用来描述理论结构的。事实只有在观察者的视野范围之内才成为事实,而且,事实只有处于观察者视野范围中互相沟通的内容之内才可以互相交流"④。

总之,知识是人们思维的一种构造,是结构化了的概念、原则、原理,是解释事物、现象的一种假设,是"经验"或"事情"所具有的某些规律性;而教材则是由记录事情中的这种规律性的材料所构成的。这种知识观适应了科

---

① ③ ④ 〔美〕罗伯特·梅逊:《西方当代教育理论》,陆有铨译,文化教育出版社 1984年版,第 152—154、161 页。

② 〔美〕布鲁纳:《教育过程》,邵瑞珍译,文化教育出版社 1982 年版,第 25 页。

技发展的现实,似乎也接受了杜威的知识理论的影响,具有浓厚的相对主义色彩。在课程设计方面,结构主义强调学科的结构,主张向学生传授学科的基本结构,主张发现法、探究教学,从而培养学生的迁移力。

（二）结构主义知识形式观与课程观

结构主义者十分重视学科的结构。他们认为,某一学科尽管成果不断增多,但研究方法相对稳定,知识的所有分支都有两个基本特征:一个是它们自己的知识积累,另一个是它们自己的研究方法。一门学科的内容可以分为基本事实、基本概念、概念和思想体系。每门科学都有其自己的逻辑语言、事实和符号准则,以及自己的事实和原则相互联系的(有时是互相冲突的)方法。每一门学科都提供一些独特的东西,而且每一种学科都含有一种独特的思维方式。① 布鲁纳说:"任何一种观念、问题或知识,都能以一种相当简单的方式加以表示,以便所有学习者都能以一种可识别的形式来理解。任何领域的知识结构都可以用三个方面的特征来表示,而每个方面都影响着学习者掌握这种知识结构的能力。这三个方面分别是:表象的形式、经济性和效力。"② 施瓦布认为,结构即"规定那门学科所研究的题材和控制其探究方法的一系列外加的概念"③。学科结构就是构成该学科的那些概念、原则和方法。在施瓦布看来,每一门学科都有其特殊的求知目的或目标,为了达到这些目标而设计的方法便组成了这门学科的结构。施瓦布描述了学科结构的两个组成部分:一个部分是学科的概念,而另一部分是这个领域的"句法"——它的特有程序和方法。④ 当教师对这两个组成部分进行适当的表述和讲授时,学生就能掌握这门学科的逻辑结构。布鲁纳主张大学专家参与每一领域课程计划的制定,以保持学科的独立性与完整性,反对把各个学科结合起来。学校的任务就是向学生传授专家活动的智力技巧,引导学生养成物理学家、化学家、历史学家、经济学家的思维习惯。

布鲁纳认为,"一门学科的课程应该决定于对构成该学科的根本原则的最基本的理解"⑤。正是出于对学科结构的强调,他要求高度专业化的专家必须全面地参与课程的设计、教科书的编写和教学大纲的拟订工作。布鲁

43

---

① ③ ④〔美〕罗伯特·梅逊:《西方当代教育理论》,陆有铨译,文化教育出版社 1984年版,第 162—163、155、156 页。

②〔美〕布鲁纳:《教学论》,姚梅林、郭安译,中国轻工业出版社 2008 年版,第 39 页。

⑤〔美〕布鲁纳:《教育过程》,邵瑞珍译,文化教育出版社 1982 年版,第 13 页。

纳主张，"必须使各学科的最优秀的人才参加到课程设计的工作中来"。"决定美国史一科应该给小学生教些什么或算术一科应该给他们教些什么，这种决断要靠各该学术领域里有着远见卓识和非凡能力的人士的帮助才能搞好。要断定代数的基本观念是以交换律、分配律和结合律的原理为基础的，他必须是个能够评价并通晓数学原理的数学家。"①只有最优秀的人士，才能把学识和智慧的果实带给刚刚开始学习的学生。布鲁纳主张以一种反映某一知识领域基本结构的方式去设计各门课程，将教材按照儿童能够理解的方式表达出来。他还探讨了知识的呈现形式与儿童思维方式的一致性问题，提出了一个大胆的假设："任何学科都能够用在智育上是正确的方式，有效地教给任何发展阶段的任何儿童。"②布鲁纳一方面继承了皮亚杰关于儿童认知发展从具体到抽象的理论，另一方面又将"再现表象"作为认知发展的指标，把儿童的思维方式划分为三种不同的水平：动作式，即以作出反应和形成习惯的动作为基础；映象式，即凭借视觉及其他感觉组织成各种映象；符号式，即通过文字或语言描述形成表象。再现表象体现了儿童在不同的发展阶段有着独特的观察世界和解释世界的方式。给特定年龄的儿童教授某门学科，就是要按照儿童观察事物的方式去表现那门学科的结构，使学科知识的形式结构与儿童的思维方式对应、结合。如对于早些时候（处于具体运算阶段）的儿童，数学、自然科学、人文科学和社会科学的许多基本概念可以采用直觉的和具体的方式教给儿童。"任何观念能够用学龄儿童的思想方式正确地和有效地表现出来；这些初次的表现，由于这种早期学习，在日后学起来会比较容易，也比较有效和精确。"③如果将物理学和几何学的基本概念，通过儿童熟悉的材料，用简单通俗的语言表达出来，那么，幼儿也可以理解这些概念。如在不同年龄阶段以不同深浅程度介绍一门学科的基本概念，就可以在以后的每一年中进一步发展概念，使学生对这门学科有更深刻的理解。为了知识的迁移，应引导儿童通过归纳的方法掌握结构，即向儿童提供特殊的事例，直到认识到根本的规律。应以某种方式教会学生直觉地思维，即教会学生从已知的观念出发，对和这个观念有关的某些东西进行适当的推测。所以课程设计中，应少讲一些纯事实的材料，多详细研究一些主要概念，以使学生掌握整个学科内容，并直觉地理解它的结构。知识的迅

①②③〔美〕布鲁纳：《教育过程》，邵瑞珍译，文化教育出版社1982年版，第13、23、31页。

猛增长使得试图传授某一领域的全部事实已不可能实现，只要懂得该领域的研究方法、进行过程和基本假设，就可以对该领域的动态了如指掌；因此，布鲁纳主张不是教生物学，而是教生物学的方法，不是教物理学，而是教物理学的原理，不是教语法，而是教语言学，不是教数学，而是教数学思维。

教学应着重传授诸如数学、语文、物理、化学、生物、历史等各个学术研究领域的基本概念。布鲁纳认为，学习是被动的，发现是主动的，通过发现、改组和改变而产生新的见识。布鲁纳还讨论了知识学习的过程。他认为，知识学习包含知识的获得、转换和评价三个几乎同时发生的过程：知识获得就是学习者通过自己的内部的认知结构对外部信息进行输入、编码、加工、存储；知识转换就是采用外插、内插、交换等方法，推出新的结论；评价即对所获知识的概括性、方法进行价值判断，从而改组或扩大原有的认知结构。① 引导学生进行发现式学习，教学目标是培养学生的理智力量。在教学方法上，他强调从材料中提炼原理的归纳法和从一系列例子中发现规律的直观法，培养学生的直觉能力。学习的行动包括获得新知识，运用这些知识去完成新的任务并评价它们。解决问题包括以下几个步骤：认识和确定问题；系统地提出一些假设；按照假设来收集、说明和组织材料；系统地陈述并应用结论。在课程的组织方式上，布鲁纳批判了按照知识内在的逻辑顺序的"直线式"编排和按照儿童经验和兴趣的"圆周式"编排各自的局限性，提出"螺旋式"编排方式，通过"转换"，使教材的逻辑顺序和心理顺序相互沟通、互补，使"直线式"的连续性与"圆周式"的扩展性相互结合，在低年级开始传授学科的基本结构，并随着年级的提高逐步深化、扩展。

有学者曾说："探究是一种科学的操作方式。它是对权威主义、教条主义和现代主义的背离。它强调变化和不确定。今天的事实可能成为明天的虚构。它反对自满、猜想、没有事实证据的主张、道听途说和迷信。"② 施瓦布也主张，课堂教学应该包括"大量的怀疑成分……老实地承认无知、不确知、怀疑，而事实上这就是掌握知识的条件"③，应通过探究引导学生发现隐匿在特殊事例背后的普遍原理。"教学就是探究"，"科学就是探究"。

（三）结构主义知识价值观与课程观

布鲁纳阐述了传授学科知识结构的重要价值与意义。

---

① 〔美〕布鲁纳：《教育过程》，邵瑞珍译，文化教育出版社1982年版，第33页。
②③〔美〕罗伯特·梅逊：《西方当代教育理论》，陆有铨译，文化教育出版社1984年版，第168页。

第一，学科的基本结构的学习有助于知识的迁移。"一个人为了能够认识某一观念对新情境的适用性或不适用性，从而增广他的学识，他对他所研究的现象的一般性质必须心中有数。他学到的观念越是基本，几乎归结为定义，则这些概念对新问题的适用性就越宽广。"①学生一旦懂得一门学科的基本原理，对这门学科的理解将变得十分容易。如，在社会学与文学的学习中，只要抓住了"一个民族为了生存，必须进行贸易"这一基本观念，美洲殖民地三角贸易这个似乎特殊的现象就容易理解了。不仅如此，"领会基本的原理和观念，看来是通向适当迁移的大道"②。理解更基本的原理或结构的意义，就在于把事物作为更普遍的事情的特例去理解。

第二，对于基本观念和原理的强调有助于缩小"高级"知识和"初级"知识之间的间隙，如将高等数学的某些基本观念放到小学、中学教学之中，可以减少从中小学到大学学习过程中的部分困难。

第三，有利于记忆。"除非把一件事情放进构造得好的模式里面，否则很快就会忘记。详细的资料是靠简化的表达方式保存在记忆里的。这些简化的表达方式，可以叫作'再生的'（regenerative）特性。"③以自然科学为例，科学家不去熟记落体在不同的重力场中不同的阶段时间内所通过的距离，他所记住的却是个公式，这个公式使他能够在不同的准确程度上，再生比较容易记得的公式所依据的细节。他谙记了 $s=1/2×gt^2$ 这个公式，而不去熟记关于距离、时间和重力常数的手册。公式表达简约而明确，它能使我们在需要的时候，凭借部分信息、事实就能把一件件事情重新构思起来。高明的理论，不仅是现在用以理解现象的工具，而且也是明天用以回忆那个现象的工具。

第四，形成态度。布鲁纳还强调学科知识结构中的"态度"，他认为，"通晓某一学术领域的基本观念，不仅包括掌握一般原理，而且还包括发展对待学习和调查研究、对待推测和预感、对待独立解决难题的可能性等态度。"培养态度较为复杂，"一个重要因素是关于发现（discovery）的兴奋感，即由于发现观念间的以前未曾认识的关系和相似性的规律而产生的对本身能力的自信感"④。在他看来，发现法不仅能运用于自然科学的教学，而且也能运用于社会科学的教学，那就是允许学生自己去发现蕴藏在某种特殊的数学运算后面的挑战，或将某一社会现象作为问题而加以探讨。

---

①②③④〔美〕布鲁纳：《教育过程》，邵瑞珍译，文化教育出版社 1982 年版，第 12、16—17、14 页。

布鲁纳的"学科结构"的知识理论对 20 世纪 60 年代美国课程改革产生了很大影响。在这一理论的指导下,编写出一系列新的教材,形成一场声势浩大的学科结构运动。尽管多方面的原因导致改革失败,但其对学科基本结构的强调,关于"任何学科可用某种在智力上是忠实的方式教给任何发展阶段的任何儿童"的设想及其论证仍然有着不可低估的价值。

五、后现代思潮与课程理论

"后现代主义"一词最早出现在西班牙学者费得里科·德·奥尼斯(Federico De Onis)1934 年出版的《1882—1923 年西班牙、拉美诗选》中,用来描述现代主义内部发生的"逆动"。但是,作为一种现实的思想运动,后现代主义的真正崛起是在 20 世纪 60 年代,最初是法国的后结构主义运动,70年代末 80 年代初开始风行西方世界,并由解构性后现代主义逐步转向建设性的后现代主义,80 年代末 90 年代初后现代思潮开始波及第三世界。

与现代思潮主张的统一性文化与传统权威,相信科学进步能征服自然,控制和改善人类现状相比,后现代思潮重新审视西方文明,放弃了对统一性思维和权威的追求,以多元思维反对唯科学至尊。如尼采(Nietzsche)指出现代科技扼杀生命意志,扼杀精神生活,使人类社会发生深刻的危机。法兰克福学派反对工具理性和人类生存的标准化,关注人的命运和处境,追求个人的自主性和创造性,强调人的自由和解放。这些批判和质疑最终引发了一场后现代思潮与运动。尽管后现代主义分支流派众多,观点各异,但它们拥有一些共同立场,如反基础主义、反表象主义、反本质主义、反整体性和统一性、质疑科技理性。后现代思潮在全世范围内迅速扩展,对整个人文社会科学乃至自然科学研究产生了强劲影响,它对课程研究亦产生了重要影响。

（一）后现代知识观

关于后现代知识观,一些学者进行了梳理与分析,如有论者将后现代知识观概括为两个组成部分:多元观与有机观。① 多元观包括知识的社会化、境域化、个人化,知识的开放性、内在性、创造性;有机观指知识是整合的、有机的。还有论者将后现代知识观的基本内容表述为:(1) 知识不再具有绝对的客观性,而是具有不确定性。以后现代主义的眼光来看,知识既不是对认

---

① 靳玉乐、于泽元:《后现代主义课程理论》,人民教育出版社 2005 年版,第 64—72 页。

识对象的"镜式"反映，也不是对事物本质的"发现"和"揭示"，它是由认识者的认识能力、兴趣乃至利益所选择和建构的结果。（2）知识不再具有普遍性，而是具有情境性。（3）知识不再具有中立性，而是具有价值性。后现代主义知识观强调知识是文化建构的结果，而不是纯粹个体理性或经验的产物；知识的追求和传播无论如何都不能脱离社会，而是受着社会明显的或隐蔽的权力关系制约。（4）知识不再具有科学真理的唯一性，而是具有多样性。后现代主义知识观强调知识有多种类型，不仅重视显性的可以用语言表达出来的知识，也关注无法用语言表达、只可意会不可言传的默会知识。①下面以美国课程专家多尔为例，说明后现代知识假设及其对课程观念的影响。

关于知识性质。多尔批判了现代主义、实证主义旁观者的知识观——将知者与被知者分离，追求知识的确定性、可预测性，追求单一的因果关系。多尔倡导一种知识的新理论——经验的（experiential）认识论。他强调知识的创造而非发现，强调知识的协调而非检验。正像罗蒂要求人们接受人类当前状况的暂时性、知识的不确定性、自我的偶然性那样，多尔也提出，我们应放弃对确定性和普遍性的追求，要"将处于情境之中的特定事件作为特定事件来处理"，"知识是我们创造的——互动地、对话地、会话地创造的，永远存在于我们的文化和语言之中"。②

关于知识形式。首先，对于知识的探究形式。在多尔（Thomas Doll）看来，知识不是固定在那儿等待我们去发现，而是我们与自然对话、与他人会话、与文本建构的产物。其次，对于知识的表达形式，多尔提出两种相互补充的方式：描述性方式与分析性方式，但他特别欣赏布鲁纳所倡导的艺术的、隐喻和直觉的方式，而不仅仅是逻辑的和分析的方式。在他看来，"意义是个人创造的和历史性生成的，并非仅仅是由经验发现的和得到有效证明的"，多重观点、假设和主观化形成了描述的与人文的方式。因为，"描述更为自然，更少形式化。逻辑分析在于'证明'一个观点或概念是正确还是错误，而描述则在我们所理解的与我们所不理解但为其所吸引的之间协调信息"。描述是帮助人们成长、扩展人们视野的基本方式，是人们与非规范性

---

① 潘新民、张薇薇：《必须走出后现代知识观——试论科学知识教育的作用与价值》，载《教育学报》2006年第4期。

② 〔美〕多尔：《后现代课程观》，王红宇译，教育科学出版社2000年版，第180、185、194页。

进行意义交流的主要工具。隐喻、诠释的方式比逻辑、分析的方式更有效。"隐喻是生产性的:帮助我们看到我们所没有看到的。隐喻是开放性的、启发性的、引发对话的。逻辑是界定性的:帮助我们更清晰地看到我们已经看到的。它旨在结束和排除……我们当然需要创造性想象也需要逻辑界定。我们既需要生产也需要结束。"①最后,关于知识的检验形式,多尔称现代主义认识论为检验主义认识论,因为它强调知识的证明与经验实证,没有赋予个人经验以意义,既不寻找也不尊重多重观点、自觉假设或个人主观化。多尔倡导知识的互动、对话,强调主体之间知识的协商、协调,而不是客观性检验。

关于知识价值。多尔认为,"在我们对知识和为了知识的探索中,我们面对的不是已经固定'在那儿'等待发现的实在而是解释上帝笑声回音的多种方式"②。求知不是为了发现真理,而是为了诠释、理解,为了彼此的沟通与协商。我们可能不知道真实的实在是什么,但我们可以在对实在的多种理解中进行持续的会话,从而发展我们的理解与洞察。

(二) 后现代知识观对课程的影响

基于后现代知识观,多尔阐述了自己的课程主张,他的后现代课程观较为集中地反映了西方后现代主义在课程领域的一些新观点。

多尔首先对现代主义课程体系展开了批判。他认为,西方18、19世纪是牛顿力学、因果关系和决定论观念盛行的时代,受这些观念的影响,19、20世纪的课程与教育研究呈现出一种线性的统一的倾向,形成一种封闭的课程体系。泰勒原理即是现代主义封闭课程体系的典型代表,其课程理论围绕四个基本问题展开:学校应达到哪些目标? 应提供哪些教育经验才能实现这些目标? 怎样才能有效地组织起这些教育经验? 怎样才能确定这些目标是否实现? 多尔认为,泰勒的这些问题均局限在现代主义线性思维以及因果关系的封闭框架中,其基本假设是实证主义的发现认识论。泰勒把重点放在目标选择上,使预先选择的目标被提升到了过程之上或外在于过程本身。在多尔看来,杜威的思想超越了现代主义的僵化和封闭,是从后现代的观点出发看待教育问题。因为杜威认为,教育目的来源于并运行于教育经验和教育活动之中,教育除了自身以外无任何目的。

---

①② 〔美〕多尔:《后现代课程观》,王红宇译,教育科学出版社2000年版,第177、184、221、240页。

"在后现代框架之中的课程不是一种包裹,它是一种过程——对话的和转变的过程,以局部情境中特定的相互作用或交互作用为基础。"①在多尔看来,课程代表着我们自身体验的行为,是师生将观点投入尽可能多的组合,意义、经验甚至实在便在这种投入之中被创造出来。后现代课程是一种会话的课程,在课程会话与信息协调过程中,"每一方积极地倾听——同情地而具有批判性地倾听——对方在说什么。其意图不在于证实(甚至对自己也如此)一种立场的正确性而是要发现将不同观点联系起来从而通过积极地参与对方而扩展自己的眼界的方式。这一参与是一种转变双方的过程的活动,不论双方是文本与读者或学生与教师"。②"课程成为一种过程——不是传递所(绝对)知道的而是探索所不知道的知识的过程"。作为过程的课程,学习和理解来自对话和反思。在后现代主义之中,没有什么是奠基的,所有的都是关联的。如多尔所说,"后现代转变性课程的难点在于没有一套理想的固定标准和准则作为普遍的参照点。开放的、转变性的系统本质上总是流动的,总是处于(热)动态的相互作用和调和之中。在这一过程中吸引中心的确存在,但通常如出现时一样迅速地消散(如流动的溪水或起伏的云)"③。基于开放、对话、体验、自组织等课程理念,为了实现文本与读者、学生与教师的对话反思、协商交流,多尔认为,作为过程的课程应该具有下述特征(简称"4R"),即丰富性(Richness)、回归性(Recursion)、关联性(Relation)、严密性(Rigor)。

50

丰富性——"课程的深度、意义的层次、多种可能性或多重解释"④。课程应具有"适量"的不确定性、异常性、无效性、模糊性、失衡性、耗散性和生动性,这种"适量"无法事先确定,它需要在教师、学生和文本之间进行协调。课程需要干扰因素,这些干扰因素形成了生活本身的疑问性,也是课程丰富性的本质。多尔认为,各门学科应以自身的方式解释"丰富性"。如语言侧重通过隐喻、神话和叙事来发展丰富性,数学主要以研究各种图式来发展丰富性,自然科学可以通过假设和证明发展丰富性,社会科学则主要通过对话和协商的方式发展丰富性。这些学科的处理方式都体现了一种对话的、合作的、开放的观点。

---

① ② ③ ④〔美〕多尔:《后现代课程观》,王红宇译,教育科学出版社2000年版,第201、218—219、222、250页。

回归性——它"是一个人通过与环境、与他人、与文化的反思来形成自我感的方式"①。多尔看来,回归性课程没有固定的起点和终点,每一个终点都是一个新的起点,每个起点来自前一个终点。在这种框架中,每一次考试或作业不仅仅是一项任务,还是另一个开端,即对作为意义建构者的自身和处于质疑之中的课本进行探索、讨论和探究的开端。后现代观念中的"回归"不同于现代观念下的"重复"。重复具有某种自动性,保持同一过程的运行,旨在促进预定的表现,它的框架是封闭的,反思在其中起消极作用。回归旨在发展组织、组合、探究,启发性地运用某物,它的框架是开放的,反思发挥着积极作用。因此,对话是回归的绝对必要条件,因为对话引起反思,而没有反思,回归就会变得肤浅,甚至成为一种无味的重复。

关联性——"关联"的概念对后现代课程具有两方面的意义。其一是"教育关联",指课程中的概念、文本、教师、学生、媒体等诸多因素互动而组成庞大网络。其焦点存在于课程结构内在的联系,这种联系可以借助回归性发展课程的深度。通过做和反思的过程,随着时间的推移,课程也会变得越来越丰富。其二是"文化关联"。"我们所有的解释都与地方文化相关,而且与其他文化及其通过全球模体而进行的解释相互联系。"②意识到这种"文化关联"有助于了解教学参与者的思维及其所有的教学行为,教师的教学行为不是直接向学生传递信息,而是帮助其协调各方面的(学生自己的、教师的、他人的)思维成果。

严密性——为了防止课程落入相对主义或唯我主义的怪圈中,多尔提出"严密性"概念。这里的"严密性"不同于现代主义架构中的"严密性"。现代主义的严密性是指在学术逻辑、科学观察和数学上的精确性,它远离主观状态,是可观察、可测量和可操作的。而后现代主义的"严密性"则与解释性和不确定性联系在一起。在解释性问题上,严密性意味着弄清楚所有的评价都依靠假设;在不确定性问题上,则意味着有意识地寻找各种可能的组合、解释与模式。所以,这里的严密性意味着自觉地寻找我们或他人所持的这些假设,以及这些假设之间的协调通道,促使对话成为有意义的和转变性的对话。

---

①② 〔美〕多尔:《后现代课程观》,王红宇译,教育科学出版社 2000 年版,第 253、256 页。

除了多尔比较系统地阐述了自己的课程主张，其他的后现代主义者也发表了他们对课程的一些看法。尽管观点各异，但相对于现代主义的传统，他们都极力主张"去中心"和"边界松散"，极力主张消除学科之间的界限，进行科际融合。

第二节 中西学之争、马克思主义认识论与课程论

中国传统的知识理论是在知与行及其关系的框架中展开的。明清之际的"西学东渐"开始冲击传统的知行理论，康熙末年奉行闭关锁国政策，"西学东渐"被强行终止。鸦片战争的失败使中国遭遇到"数千年未有之强敌"，一批先进人士放眼看世界，开始介绍西方文化科学，反省中国传统文化，主张学习西方科学技术，对抗西方列强的侵入。

为了"御夷"和"剿贼"，洋务派兴起了以兴办军事工业为主导的洋务自强运动。随着洋务运动的开展，人们对西方的认识逐渐深化。19世纪60年代，设立京师同文馆，随后创设实业学堂，培养人才，并派遣留学生，变通科举，提出"中体西用"的口号。甲午战争的惨痛失败，惊醒了一些知识分子。仅仅局限于器物层面的"中体西用"学说失去了市场，康有为、谭嗣同、严复等人开始突破"中体西用"的思维模式，强调学习西政，高举反封建大旗，企图依靠皇帝力量进行自上而下的政治经济改革，实现从器物变革向制度变革的根本转变。1912年中华民国的建立，推翻了中国长达两千年的封建帝制，建立了资产阶级民主政体。但是革命的成果很快被新军阀袁世凯等人窃取，出现了"尊孔读经"的复古逆流。人们逐渐认识到不改变民族深层的观念，一个完美的制度难以真正建立，即使建立起来，人们也可能用传统的思维方式与心态观念去运作新的制度。一批先进知识分子如陈独秀、李大钊、胡适、鲁迅等人高举"科学""民主"大旗，引进西方科学民主精神，对根深蒂固的封建制度和礼教思想进行激烈批判。与此同时，杜亚泉、梁启超、梁漱溟等主张中国文化和东方文化的复兴，阻止西方文化对中国的侵入。由此，揭开了中国现代知识理论争论的序幕。

一、中学西学之辩与课程思想

西学在中国的传播始于 16 世纪末,一些传教士(如利玛窦等人)将西方的科技知识、技术传入中国,并成功地吸引了少部分中国士人。徐光启结识利玛窦并对西学有所了解之后"心悦志满",认为西方的器艺实学可以补俗儒名理虚空之弊,倡导中西学术文化的会通。但由于中国文化的博大,"中西会通"说后来竟演变为"西学中源"说,认为西学的发展均可能在中国找到根源。

(一) 鸦片战争后的中学西学观

鸦片战争后,关于中西学说的主要观点有:以西补中、中西兼学、中体西用、体用相依、中西相化、先中后西、主中次西等。

以西补中。龚自珍首先发起对现实社会的批判,反对空疏无用的"理学"和脱离实际的考据,认为儒学不过"一代之学",教育不应以儒学为主要内容,主张学习西方科学知识,改革封建教育,培养经世致用之才。魏源崇尚实学,提出"师夷长技以制夷",批判后儒避实就虚的空谈,主张学习国外先进的技术和战舰、火器、养兵练兵之法,富国强兵以制夷。他批判传统教育脱离实际,"披五岳之图,以为知山,不如樵夫之一足;谈沧溟之广,以为知海,不如估客之一瞥;疏八珍之谱,以为知味,不如庖丁之一啜"[1];批评当时社会的空虚学风,主张"去伪去饰,去畏难,去养痈,去营窟,则人心之寐患祛其一。以实事程实功,以实功程实事"[2]。

中西兼学。康有为青年时代为西方文明所吸引,收集西书,研习西学。在《请废八股试帖楷法试士改用策论折》中奏请皇上:"内讲中国之学,以研经义、国闻、掌故、名物,则为有用之才;外求各国科学,以研工艺、物理、政教、法律,则为通方之学。"1891 年,他在广州长兴里创设万木草堂,融中学与西学,将学科分为义理之学、经世之学、考据之学、词章之学,在课程设置中力求把中外学术熔为一炉,如将数学、格致归入考据之学。重实用科学,重视实验、实习。梁启超主张教育培养的"政才"应是并治古今、融通中西的博学通人。"今日学校,当以政学为主,以艺学为附庸"。"当中西兼并,政艺并

---

① 魏源:《默觚》。
② 魏源:《海国图志》。

进,然后本末体用之间,不致有所偏丧"①。在课程设置上,他力求中西兼学。在《上南皮张尚书论改书院课程书》中主张"以'六经'、诸子为经,而以西人公理公法之书辅之,以求治天下之道;以历朝掌故为纬,而以希腊罗马古史辅之,以求古人治天下之法;以按切当今时势为用,而以各国近政近事辅之,以求治今日之天下所当有事"。他不仅要求学生读"中国之书",而且强调读"万国之书",重视学以致用,反对脱离实际的教学,认为脱离实际的知识是纸上学问,毫无用处,主张学生在校时应研究一切社会的应用之事,打破以儒家经典为主的格局。

中体西用。体即本体、实质、内容,用即功用、作用、价值、意义。张之洞指出:"旧者不知通,新者不知本,不知通则无应敌制变之术,不知本则有非薄名教之心。"因此,他在《劝学篇》中提出"内篇务本,以正人心;外篇务通,以开风气"。他建议改书院为学堂。其学堂之法约有六要:"一曰新旧兼学:《四书》、《五经》、中国史学、政书、地图为旧学,西政、西艺、西史为新学。旧学为体、新学为用,不使偏废。""一曰政艺兼学:小学堂先艺而后政,大中学堂先政而后艺。西艺必专门,非十年不成;西政可兼通数事,三年可得要领。"②张之洞在《奏定学堂章程》中明确规定了办学宗旨:"无论何等学堂,均以忠孝为本,以中国经史之学为基,俾学生心术壹归于纯正,而后以西学瀹其知识,练其艺能,务期他日成才,各适实用。"③张之洞认为:"国文者,本国之文字语言,历古相传之书籍也。即间有时势变迁,不尽适用者,亦必存而传之,断不肯听其澌灭。"中文、中学向来义理精深,文词雅奥;因而,存古学堂应以国文为主,即宜注意研精中学,至于外国诸学,"只须令其略知世间有此各种切用学问,即足以开其腐陋,化其虚骄"。"盖西学之才智技能,日新不已,而中国之文字经史,万古不磨,新故相资,方为万全无弊。若中国之经史废,则中国之道德废;中国之文理词章废,则中国之经史废;国文既绝,而欲望国势之强、人才之盛,不甚难乎?"他主张"致力于中国经史词章之学,庶国文永存不废,可资以补救各学堂之所不足,而又略兼科学以开其普通知识,俾不致流为迂拘偏执,为谈新学者所诟病",认为存古学堂应"专力中学,

---

① 梁启超:《与林迪臣太守论浙中学堂课程应提倡实学书》。
② 张之洞:《劝学篇·设学第三》。
③ 舒新城编:《中国近代教育史资料》,人民教育出版社1961年版,第197页。

务造精深"，"能有余力，加以洋文，为将来考究西籍之资"。①

体用相依。严复反对"中学为体，西学为用""西政为本而西艺为末"等学说，他借用裴可桴孝廉之言"体用者，即一物而言之也。有牛之体则有负重之用，有马之体则有致远之用，未闻以牛为体以马为用者也"，认为"中学有中学之体用，西学有西学之体用，分之则两立，合之则两亡。""使所取以辅者与所之者绝不同物，将无异取骥之四蹄以附牛之项领，从而责千里焉，固不可得，而田陇之功又以废也。"他认为，"中国之智虑运于虚，西洋之聪明寄于实"，西洋之学"言学则先物理而后文词，重达用而薄藻饰"，而中土学术"徇高论而远事情"。一言以蔽之，"无用""无实"。西学格致"一理之明，一法之立，必验之物物事事而皆然，而后定之为不易"；而中学格致"以道眼观一切物，物物平等，本无大小久暂贵贱善恶之殊，庄生知之，故曰道在屎溺，每况愈下。王氏窗前格竹，七日病生之事，若与西洋植物学家言之，当不知几许轩渠，几人齿冷"②。因而主张"统新故而视其通，苞中外而计其全"。在学习材料上，主张学习西学应有直接吸收而不是转借同志国，"求之初地而后得其真"。他认为尊国与尊国语无直接关系，反对"以汉语教西学者"，主张以西文教西学，认为"中国所本无者，西学也，则西学为当务之急明矣。且既治西学，自必用西文西语而后得其真"。在中学堂，"课以西学，则一切皆用洋文授课，课中洋文功课居十之七，中文功课居十之三"。"不通语言，则出洋无益；不事科学，其观物必肤。"

中西相化。王国维主张超越中西界限，认为凡能解决宇宙、人生问题的知识，不管是出于中还是西，都是有价值的。即知识只要能满足人们求知的需要，减轻怀疑的困惑，中学、西学均有价值，均可相互借鉴，彼此推动。在他看来，学问、知识本无中无西，不可截然划界。"世界学问，不出科学、史学、文学。故中国之学，西国类皆有之，西国之学，我国亦类皆有之；所异者，广狭疏密耳。"③他要求人们"破中外之见"，不分"此土"与"彼土"，吸收西方学术以发达中国学术，甚至说"欲完全知此土之哲学，势不可不研究彼土之哲学"，即西学的学习与研究更有助于了解、认识中国学术之得失利弊。应

---

① 张之洞：《创立存古学堂折》。
② 严复：《救亡决论》。
③ 王国维：《国学丛刊序》，见《王国维遗书》第 4 集，上海古籍出版社 1983 年版，第 8 页。

该说,这是光大我国学术之前提,只有知此知彼,才能百战不殆。

难能可贵的是,王国维分析了中学、西学背后各自的思维方式及其文化特质,认为西方文化"即令一时输入,非与我中国固有之思想相化,决不能保持其势力"①。文化"相化"必须正视知识的思维方式,才能吸收其合理内核,把握其实质内容。他分析说:"我国人的特质,实际的也,通俗的也;西洋之特质,思辨的也,科学的也,长于抽象而精于分类,对于世界一切有形无形之事物,无往而不用综括(Generalization)及分析(Specification)之方法,故言语之多,自然之理也。吾国人之所长,宁在实践之方面,而于理论之方面则以具体的知识为满足,至分类之事,则除迫于实际需要外,殆不欲穷究之也。"②正是在此意义上,他批评严复:"严氏之学风,非哲学的,而宁科学的,此其所以不能感动吾国之思想界者也。"③王国维曾主编我国最早的教育刊物《教育世界》,并在该刊物发表系列文章,因此,他的知识主张对当时的课程改革产生了一定影响。他强调西方哲学的作用,认为西方独特的思维方式及其纯粹哲学恰好可补追求实际的中国伦理政治哲学。因此,必须正视知识的思维方式,才能吸收其合理内核,把握其实质内容。④只有西方文化与我国思想相化,才能保持其势力。

（二）新文化运动时期的中学西学观

新文化运动时期,出现了三种中西学说:激进的西化说,调和说如杜亚泉的"东西调和"说、梁启超的"文化化合"说,保守说如梁漱溟的"中西文化三路向"说。

激进说。陈独秀极力反对盲目尊孔,不允许封建时代的孔子去干涉和支配日新月异的现代生活。他说:"今之妄人强欲以不适今世之孔道,支配今世之社会国家,将为文明进化之大阻力也。"⑤他认为"三纲"之说为封建专制社会的产物,与共和政体势不两立。只有科学、民主才能驱除政治道德、学术思想上的黑暗,才能救治中国。李大钊指出,孔子只是"数千年前之残骸枯骨",认为随着寂静封闭的小农经济基础的动摇,孔教已属淘汰之列。

①③ 王国维:《论近年之学术界》,见《静庵文集》,上海古籍书店 1983 年版,第 97、94—95 页。

② ④ 王国维:《论新学语之输入》,见《静庵文集》,上海古籍书店 1983 年版,第 98 页。

⑤ 陈独秀:《复辟与尊孔》,见《陈独秀著作选》第 1 卷,上海人民出版社 1993 年版,第 339 页。

胡适批判袁世凯的"尊孔令",指出世上并无"亘古常新"的绝对真理,真理"不过是人的一种工具",仅具有相对的意义,深刻揭露了封建礼教吃人、杀人的本质,喊出了"打倒孔家店"的口号。陈独秀分析了东西文化差异,指出西方文化"自主""进步""进取""世界""实利""科学",而中国文化"奴隶""保守""退隐""锁国""虚文""想象",除了输入西方近代文明特别是科学、民主和个性精神外,中国文化别无出路。李大钊将中西文明概括为"静的文明"与"动的文明",强调以西方文明济东方文明,以革除东方文明的弊病。"将从来之静止的观念、怠惰的态度,根本扫荡,期与彼西洋之动的世界观相接近,与物质的生活相适应。"①鲁迅对封建社会"仁义道德"进行了无情的批判,他在《狂人日记》中写道:"我翻开历史一查,这历史没有年代,歪歪斜斜的每页上都写着'仁义道德'几个字,我横竖睡不着,仔细看了半夜,才从字缝里看出字来,满本都写着两个字'吃人'!"中国文化曾有过辉煌,但它自大、保守,正走向绝境。鲁迅在《文化偏至论》里说道:"中国既以自尊大昭闻天下,善诋諆者,或谓之顽固;且将抱守残阙,以底于灭亡。"只有掀翻"吃人的筵席","别求新声于异邦",才是中国文化发展的希望。他主张在理性分析基础上有机移植异邦文化。

调和说。杜亚泉提出"东西调和"观。1913年他撰文肯定中国固有之道德:"吾以为中国道德之大体,当然可以不变。不特今日不变,即再历千百年而亦可以不变。"②1916年,他发表《静的文明与动的文明》,指出东西文明各有风采:"两种文明,各现特殊之景趣与色彩,即动的文明,具都市的景趣,带繁复的色彩,而静的文明,具田野的景趣,带恬淡的色彩。"③他主张二者调和,但也认为东西文化"抱合调和"的前提"不可以静为基础"。因为"西洋人于物质上虽获成功,但致富强之效,而其精神上之烦闷殊甚。正如富翁,衣锦食肉,持筹握算,而愁眉百结,家室不安,身心交病"④。他强调以中国固有文明统整西洋文明,使其"融于吾固有文明之中"。梁启超在亲身游历欧洲

① 李大钊:《东西文明根本之异点》,见《向着新的理想社会——李大钊文选》,上海远东出版社1985年版,第136页。

②③ 杜亚泉:《国民今后之道德》,见《杜亚泉文选》,华东师范大学出版社1993年版,第114、245页。

④ 杜亚泉:《迷乱之现代人心》,见《杜亚泉文选》,华东师范大学出版社1993年版,第311页。

后，于 1920 年发表《欧游心影录》，细诉了西方物质文化的困境，指出西方近代人因科学发达，生出工业革命，外部生活变迁急剧，内部生活随而动摇，"欧洲人做了一场科学万能的大梦，到如今却叫起科学破产来"①，因此，中国应该输出东方文化，令西方文化有所调剂。

保守说。梁漱溟提出"文化三路向"。他认为文化是人类主观意欲的产物，民族意欲的不同构成了人类文化的不同类型。在他看来，西方的文化路向是"向前要求"，即遇到问题时奋斗进取，改造局面，满足欲望。中国的文化路向是"调和持中"，即遇到问题时不思进取，而是随遇而安，通过自我欲望的适当调和而自我满足。印度的文化路向是"反身向后"，遇到问题消极悲观。不同的文化路向决定了不同的生活态度。西洋生活是"直觉运用理智的"，中国生活是"理智运用直觉的"，印度生活是"理智运用现量的"。② 因此，东西文化及其生活态度不是程度的差异，而是性质的差异与路线的不同，无所谓中国赶上西方的问题。他十分赞赏西方科学。在他看来，正是凭借特有的"科学方法"，形成了西方的许多专门学问，而中国重术轻学，只有口传心授的"手艺""艺术"，却没有"学"。他称中国的学问方法是"玄学方法"，它只能产生主观的意见，而不能产生真切的知识。但梁漱溟基于文化路向的分析，认为西方的科学、民主非但学不来，而且贻误很大。因为，太强太盛的理智使西方在精神上、生活上遭受深度伤害，"那向前的路一味向外追求，完全抛荒了自己，丧失了精神；外面生活富丽，内里生活却贫乏至于零"③。他认为，知识教育只是教育的一个方面，情志教育则更为根本。"生活的本身全在情志方面，而知的一边——包括固有的智慧与后天的知识——只是生活之工具。"④ 显然，情志教育方面，西方不如中国。正是基于上述分析，梁漱溟认为，近代西方文化与教育已走到了尽头，只有转入"调和持中"第二路向，用儒家文化与教育的精神去弥补调适，才有出路。对于西方文化的学习，梁漱溟认为，固然要学，但一定要从根本上转变态度，在坚持孔家的人生理想上去学习。

梁漱溟批评当时不顾国情盲目仿效西方做法的都市化新式教育："乡间

---

① 梁启超：《欧游心影录》，见《五四前后东西文化问题论战文选》，陈崧编，中国社会科学出版社 1985 年版，第 362 页。

②③④ 梁漱溟：《东西方文化及其哲学》，见《梁漱溟文集》第 1 卷，山东人民出版社 1989 年版，第 485、505、494 页。

儿童到县城里入了高等小学以后,便对他旧日乡村简朴生活过不来……而乡村应具的知识能力,又一毫无有,代以学校里半生不熟不相干的英文、理化等学科知识;乡村的劳作一切不能作,代以体操、打球运动与手足不勤的游惰习惯;在小学已如此,再进一步而入中学,再进一步而入大学,则习惯之濡染一级一级,其所学之无裨实际,不合于社会需要,亦弥以愈远。"①贵族化教育与乡村为主体的中国社会格格不入,严重脱离中国社会生活的实际,它只能"使聪明的人变成愚钝,使有能力的人变为无能力的废物"②。他主张"乡村建设"从乡村着手,在老文化的基础上去创造新文化。乡村教育是乡村建设的核心。他提出《社会本位的教育系统草案》,试图建立起"村学、乡学、县学、省学"多阶层的教育体系,用"社会本位"的教育去纠正当时学制脱离生活实际的弊端。在乡学中设成人部、妇女部、儿童部等,施以其生活必需之教育,开设"精神讲话"公共课程,要求各乡村团体因地因时制宜开设功课,开展各种"短期的职业补习班或讲习班"。

　　中学与西学及其关系的不同观点与争论,从不同角度影响了当时学校教育的课程改革。尽管多种学说、主张难以分出明显的高低,但西学的影响在学校课程体系中逐渐加大,而中学在课程体系中的地位逐渐削弱,却成为一个不争的事实。西方科学乃至哲学、艺术的强势影响在今天的学校教育课程体系内仍然存在,以至于无论光复国学的声音多么响亮,无论国学热潮怎样与日俱增,西学在课程中的地位都难以动摇。可以说,中学与西学及其关系的讨论不仅对于 20 世纪的课程改革产生了影响,它对于今天的课程改革如何处理西方文化与中国文化的关系亦具有一定的启示意义。

59

二、马克思主义认识论与课程论

(一) 马克思主义认识理论

　　马克思主义反对唯心主义先验论、旧唯物主义反映论,将实践引入认识论,提出了辩证唯物主义认识论。它对认识的本质、来源、发展过程及其规律进行了自己的解答。它坚持从物质到意识的认识路线,认为认识从实践中产生,随实践而发展,认识的根本目的是为了实践,认识的真理性也只有

---

　　①② 梁漱溟:《抱歉——苦痛——一件有兴味的事》,见《梁漱溟文集》第 4 卷,山东人民出版社 1989 年版,第 837、836 页。

在实践中才能得到检验和证明；认识的发展过程是从感性认识到理性认识，再由理性认识到能动地改造客观世界的辩证过程；社会实践的无穷无尽决定了认识发展的永无止境。可以说，实践的观点是马克思主义认识论首要的和基本的观点。马克思主义认识论是建立在实践基础上的能动的革命的反映论，其知识观大致如下：

关于知识的性质。马克思主义认识论反对不可知论与怀疑论，认为世界是物质的，是可知的。知识是在实践基础上主体对客体能动反映的结果，真理是客观事物及其规律在人的意识中的正确反映。凡真理都是客观的，真理中包含着不以人的意志为转移的客观内容。一切科学定律、学说、理论之所以是真理，是因为它们符合客观事物及其规律。检验知识真理性的标准——社会实践亦是客观的。同时，真理又具有绝对性和相对性，是绝对性与相对性的统一。真理的绝对性指任何真理都标志着主观同客观的符合，都包含着不依赖人类的客观内容，都同谬误有着原则的界限。真理的相对性指人们在一定条件下对客观过程及其发展规律的认识总是有局限的、不完全的，真理是在一定时间、地点、条件下主观对客观的符合，它要受条件的制约，并随条件的变化而变化。离开具体的时间、地点和条件，真理就是抽象的、无意义的。

关于知识的形式。首先，关于知识的来源与发展，马克思主义批判了唯心主义先验论观点，又克服了旧唯物主义的直观反映论的缺陷，强调知识从实践中产生，随实践而发展，知识是主体在实践基础上对客观世界能动的创造性的反映。主体对客体的观念把握是一个从感性认识到理性认识，又从理性认识到实践的过程。由实践到认识，再由认识到实践，循环往复以至无穷。关于知识生产的思维方式问题，马克思主义特别强调唯物辩证法和辩证思维。可以说，唯物辩证法是基本的逻辑思维方法。辩证思维以知性思维的成果为基础，在知性思维所建立的有限规定的基础上寻求事物的本质，即从辩证逻辑的观点来看，世界上任何事物都是具体的，是多方面的统一。为了在思维中把握具体的对象，我们必须首先把完整的表象"蒸发"为抽象的规定，然后由抽象的规定在思维行程中导致具体的再现，①即从构成对象整体的简单要素出发，引出对象的全部复杂规定，达到思维的具体，获得对具体事物的真理性知识。其次，关于知识的检验，马克思主义认为，实践是

---

① 《马克思恩格斯选集》第 1 卷，人民出版社 1995 年版，第 18 页。

检验知识、真理的唯一标准。"人的思维是否具有客观的真理性,这并不是一个理论的问题,而是一个实践的问题。人应该在实践中证明自己思维的真理性,即自己思维的现实性和力量,亦即自己思维的此岸性。关于离开实践的思维是否具有现实性的争论,是一个纯粹经院哲学的问题。"①实践之所以是检验真理的唯一标准,是由真理的本性和实践的特点所决定的。真理是主观与客观的符合,主观是否符合客观以及符合的程度不能只在主观范围内兜圈子,客观世界本身也不能充当检验标准,只有实践才能实现主观和客观的沟通与联系。同时,实践具有物质性、直接现实性、主观能动性、社会历史性,正如列宁所说:"实践高于(理论的)认识,因为实践不仅有普遍性的优点,并且有直接的现实性的优点。"②当然,实践标准并不排斥人类理性和逻辑证明在检验真理过程中的作用。人类知识可分为感性认识与理性认识:感性认识是认识的低级阶段,其基础形式是感觉、知觉和表象;理性认识是认识的高级阶段,其基本形式为概念、判断和推理。

关于知识的旨趣与价值。马克思主义认识论不是书斋里的哲学,而是无产阶级行动和革命的指南。马克思主义认为,认识世界的根本目的在于改造世界,使人类获得愈来愈大的自由。"哲学家们只是用不同的方式解释世界,问题在于改变世界。"③认识的意义在于遵循物质的客观规律,充分发挥人的主观能动性,使之更好地改造自然、改造社会、为人类的生存发展服务。为此,认识必须透过现象,看到事物的本质,抓住事物的规律性,达到对客观事物的真理性认识。

(二)马克思主义课程理论

一些课程学者依据马克思主义认识论,探讨了学校课程改革的基本问题,尝试性地提出了学校课程编订和实施的认识论要求。例如,陈侠先生指出:"在我们社会主义国家,课程的编订要以辩证唯物主义的认识论为指导思想,无论课程的设置、课程标准的制定,特别是教科书的编写,都应如此。同时要说明在教材中如何渗透辩证唯物主义和历史唯物主义观点,为形成学生科学的世界观打好基础。"④

要教会学生正确认识世界。其主要观点有:要丰富学生的感性认识;要

---

①③《马克思恩格斯选集》第 1 卷,人民出版社 1995 年版,第 55、57 页。

②《列宁全集》第 38 卷,人民出版社 1974 年版,第 230 页。

④陈侠:《课程论》,人民教育出版社 1989 年版,第 276 页。

注意发展学生的思维能力；要加强课程中的实践环节；要教会学生努力吸收间接经验。

要引导学生善于改造世界。其主要观点有：要鼓励学生善于怀疑；要鼓励学生立志创造；要鼓励学生勇于革新。

要为学生形成科学的世界观打好基础。其主要观点有：要指导学生学会观察实验；要指导学生调查研究；要指导学生学会认识自己。

上述学校课程编订和实施的认识论要求，可以说是马克思主义认识论原理在课程领域的逻辑演绎。如，在阐述"要教会学生正确认识世界"中的"要丰富学生的感性认识"观点时，作者引用了列宁在1956年人民出版社出版的《哲学笔记》中的一段话："从生动的直观到抽象的思维，并从抽象的思维到实践，这就是认识真理、认识客观实在的辩证途径"，同时还引用了毛泽东在《实践论》中的相关论述，如"一切真知都是从直接经验发源的"，"认识的过程，第一步，是开始接触外界事情，属于感觉的阶段。第二步，是综合感觉的材料加以整理和改造，属于概念、判断和推理的阶段。只有感觉的材料十分丰富（不是零碎不全）和合乎实际（不是错觉），才能根据这样的材料造出正确的概念和论理来"。作者得出了下述论断："我们编订课程，不应当首先考虑给学生多少书本知识，而是首先考虑如何丰富学生的感性认识。这在小学课程的编订中尤其重要……直观性原则不仅是教学原则，也是教材编写的原则。所有的教材都要考虑到有无感性认识做基础。要尽量让学生在观察实物、参观现场、访问有关单位和人士，以及采集、制作、实验、实习、调查、研究等活动的过程中丰富自己的感性认识。我们在教材中应当列出这样的习题和作业。"[①]这样的话语在今天可能不再时髦，但对于20世纪80年代上大学的读者来说，这些阐述是那么熟悉而真切，它反映了那个时代以马克思主义认识论为理论依据的一种阐释课程编制的基本风貌，显示了一代课程学者课程理论建构的独特追求。

---

① 陈侠：《课程论》，人民教育出版社1989年版，第279页。

第二章

课程改革的知识论审视

课程改革主要为社会经济、政治发展状况与需要所驱动,但从深层次上讲,课程改革无不受知识理论的影响,知识概念、知识理论的变迁构成课程改革不可忽视的内在力量,影响课程改革的知识路线。本章通过 20 世纪美国与中国课程改革的历史回顾,试图说明知识"致知"对课程"致思"的潜在影响。

第一节 美国中小学课程改革及其知识论基础

一、第二次世界大战前美国中小学课程的历史演进

(一) 小学课程改革

早期美国的小学教育受宗主国的影响,课程包括阅读、写作、算术以及宗教常识,各种教科书充满了宗教思想和道德说教的内容,死记硬背、重复练习成为主要的教学方法,体罚盛行。独立战争后,伴随政治的解放,工业发展迅速,小学课程也得到应有的发展。到了 19 世纪末,宗教内容逐渐减少,课程领域不断拓展,与社会生活联系密切的内容增加,新增历史、缝纫、初等科学等课程。

20 世纪初期,随着社会的变化、科技的发展及进步主义运动的兴起,小学课程发生了新的变化。1896—1904 年,杜威率先在芝加哥大学创办实验学校(又称"杜威学校"),对传统的小学课程进行了大胆的革新。他认为,学校是一个雏形的社会,教育即生活,学校的课程安排应该从儿童的需要和兴

趣出发,而不是从各学科既有的真理出发,学校课程应当协调儿童心理发展与社会需要的关系。他主张把各门学科教材中的知识恢复到原初的经验,倡导"做中学",反对学科课程,强调通过基本的社会活动(主动作业)的形式加强各科目之间的联系,安排课程,如烹饪、缝纫、金工、木工、园艺、编织等。

杜威的课程实验及其做法,对美国小学课程设置产生了深刻的影响,在美国出现了声势浩大的进步主义教育运动,改变了传统课程的面貌,使小学课程具有了一些新的特质(尽管杜威后来对进步主义教育运动的一些做法并不满意,并对其进行了批判),带有浓厚的实用主义色彩,使得传统的读、写、算比例下降,音乐、图画、户外活动的比例显著增加,既加强课程同当代社会生活的联系,又考虑儿童身心发展的特点。

(二) 中学课程改革

19 世纪末,美国中学经历了拉丁文法学校、文实学校、公立中学三个阶段,课程的实用性逐渐增强。拉丁文法学校偏重古典语言及古典文化的学习;文实学校增加了与生活相关的实用内容,除了拉丁语、希腊语、数学、英语、法语、贸易及商务各科,一些学校还将缝纫、农业列入课程;公立中学在课程实用性方面又迈进一步。尽管如此,课程的重点仍是理论学科,学校的重点仍在培养学生升入大学。

为促进中学课程标准并确保大学入学条件的一致性,1892 年美国全国教育委员会组织成立了由哈佛大学校长查尔斯·埃利奥特(Charles Elliot)主持的中等教育"十人委员会",商讨提议按 9 门学术性学科组织中学课程:拉丁语、希腊语、英语、现代外语、数学、自然科学、自然发展史或生物学、社会科学、地理或气象学。这一课程计划对美国 20 世纪中学课程产生了直接的影响,虽然打破了古典语言的至尊地位,提升了英语、现代外语及科学的地位,但不重视艺术、音乐、体育及职业教育,忽视了课程与实际生活的联系。

1913 年,美国全国教育协会成立了"中等教育改组委员会",以克服、解决当时入学人数增加而中学却以升学教育为主的问题。经过大量的调研,该委员会于 1918 年发表了题为《中等教育基本原则》的著名报告。该报告主张面向全体青年,强调儿童的整体发展,强调中学课程的实用性、多样性,奠定了现代美国中学教育的基础,对促进美国中学课程结构优化起到了十分重要的作用。报告还提出了中学教育的两种功能:专门化与统一化,制定了中等教育应开设的学科门类:通用学科、选习课程、自由选修学科。①

　　1929 年爆发了席卷资本主义世界的经济危机,经济凋敝,失业人数激增,大量中学毕业生找不到工作,只能回到学校,而学生对传统的课程缺乏兴趣,中学担心影响学生升学也不敢对课程进行改革。在此背景下,进步主义教育协会成立了"中学与大学关系委员会",展开实验研究,300 所大学与30 所中学参与了研究。参与研究的大中学之间达成协议:研究期间中学可以完全不受大学入学条件的限制,抛弃传统的古典科目,自由实验各种新课程,同时建立一个独立的机构,负责对实验中学进入大学的学生情况进行评估。实验结果显示,大学生的学习成绩是相当独立的,不直接受其中学课程背景的影响。该研究长达八年,为中学开设实用性课程提供了事实依据。自此以后,美国中学课程彻底摆脱了学术性科目的藩篱,注重加强同当代生活的联系,注重考虑儿童背景、层次、兴趣的差异,从而走向多样化、职业化、技术化。其主要进展表现为:减少古典语言如拉丁语、希腊语等科目,增加新的实用科目如家政、消费教育、体育及健康教育、成人指导、性格及宗教教育;同时在学术性科目中增加新的内容,如英语包括演讲、新闻、辩论、戏剧、当代文学、广播、电视等。

二、第二次世界大战后美国中小学课程的历史发展

(一) 小学课程改革

　　二战后初期,美国小学课程内容广泛,各校均开设社会研究、语言艺术、健康体育、艺术、数学和科学。1957 年苏联人造卫星上天,为了占据科技领先地位,1958 年美国颁布《国防教育法》,联邦政府增拨教育经费,开展教育改革,以提高教育质量,培养科技精英。改革加强了基本概念、原理的教学,强调发现学习。在小学,逐渐强调读、写、算的基本教育,重视数学和理科的教育,开设外语,提高各科教学内容的要求,增加抽象的理论性的内容。

　　20 世纪 60 年代后期至 70 年代,美国社会各种矛盾日趋激烈,学生运动风起云涌,中小学提出"关联性课程"和"人文化课程"的主张。课程目标在发展学生智力的同时,注重培养情感和态度,课程内容更加接近学生的兴趣,更加面向实际。一些政府资助的教育计划——残障儿童教育计划、处境

---

　　① 瞿堡奎主编:《教育学文集·美国教育改革》,人民教育出版社 1990 年版,第 32 页。

不利儿童教育计划、职业教育计划、天才教育计划等纷纷出台，环境教育、性教育内容也被列入小学课程之中。

20世纪80年代，国际竞争异常激烈。1981年8月26日，美国成立了国家教育优异委员会，调查本国教育质量。一年半后委员会递交著名报告《国家在危险中：教育改革势在必行》，掀起了一场全国性的教育改革运动，即"高质量教育"运动。改革的核心是加强中小学的学术基础课程，切实提高中小学的学术质量，进而增强美国的国际竞争力。在高质量教育运动中，小学发生了很多变化。据卡潘（Kappan）教育基金会的调查，其变化主要表现为：学校更多地注重学生的学术成就；公众愈加关心教育；学校减少了那些非教学性活动；学生学到了更多的知识；考试对课程的影响比以往任何时候都明显；课程越来越以课本为中心；等等。[1]

进入20世纪90年代，"高质量教育"运动所倡导的加强中小学学术基础的课程改革仍在继续。一些国家级教育文件一再强调加强中小学核心科目的教学，以提高学生的学业成绩。现行美国小学课程受20世纪80年代以来高质量教育改革的影响，倡导以学术为中心，重视基础知识、基本技能的教学，强调发展学生的思维能力；课程类型以综合课为主，设有语言艺术（英语）、社会、数学、科学、体育和保健、音乐和艺术教育。

（二）中学课程改革

二战后初期，美国中学入学人数进一步增加，师资短缺，"生活适应教育运动"（Life-Adjustment Education Movement）与《为了所有美国青年的教育》（*Education for American Youth*）的报告影响了中学课程结构。

"生活适应教育"由查尔斯·A·普罗瑟（Charles A. Prosser）1945年在美国联邦教育局会议上提出，1947年美国成立了"青年生活适应教育全国委员会"。"生活适应教育"主张中学教育的办学目标不应仅限于学术方面，而应满足学生社会的、职业的各种需要；反对统一、固定的课程，采取多样化的课程以满足学生及社会的各种需要；衡量学生的进步不限于抽象概念的掌握，还应包括参与家庭、工作及各种公民活动所获得的各种技能。"实用技艺、家庭生活、卫生和身体健康、公民活动等领域的功能性经验，在打算满足

---

① Will W. Wayson. *Up From Excellence：the Impact of the Excellence Moment on School*，Phi Delta Kappan Educational Foundation，1988. p. 143.

今天青年需要的任何计划中,都是基本的。"①

1944 年,"全国教育协会教育政策委员会"发表了著名报告《为了所有美国青年的教育》。报告指出,教育必须满足青年发展的十大迫切需要:经济及职业技能、健康的体魄、社区及公民责任、家庭责任、消费技能、科学技能、文学艺术及音乐技能、消费活动、道德价值、推理能力。

1. 二战后初期的中学课程改革

20 世纪 50 年代末,美国开始了一场自上而下的全国范围的教育改革运动,中学课程成为本次改革的核心。1957 年,苏联卫星上天;1958 年,美国国会通过《国防教育法》,规定加强数学、自然科学、外语"新三艺"的教学,以培养科技尖端人才。"卫星挑战对美国中等教育的全面影响在于重视提高教育质量,加强基础学术性学科。"②

1959 年,哈佛大学校长康南特(J. B. Conant)出版《今日美国中学》(即《康南特报告》),集中论述了中等教育制度和中学课程改革问题,对美国中学教育产生了极为深刻的影响,加快了课程改革的步伐。改革后中学课程结构的特点如下:必修、选修结合,同时为升学、就业服务;确立必修的学术性课程的主体地位,强调必修的学术性课程。学术性科目的比例较大,利于培养天才学生;但是,由于过分强调学术性学科及智力发展,教材偏深偏难,忽视了与社会生活的联系。

2. 20 世纪 60 年代中叶到 70 年代中叶的中学课程改革

随着社会政治、经济形势的变化(如反越战运动、黑人民权运动等),鉴于教育自身的问题(如 20 世纪 50 年代末开始的课程改革忽视了情感教育、道德教育和职业教育),20 世纪 60 年代中叶美国开始第二次大规模改革。查尔斯·希尔伯曼(Charles E. Silberman)在其报告《教室里的危机》中尖锐地指出:"由于成人对学校过于想当然,学校被动、压抑、扼杀孩子的灵魂,是一个毫无兴趣、毫无生机的地方。"③这一时期发表了众多改革报告,提出了很多具体建议,如"中等教育研究委员会"主席威廉·范蒂(Willian Can Til)

67

---

① 瞿堡奎主编:《教育学文集·美国教育改革》,人民教育出版社 1990 年版,第 82 页。

② S. Lindley, J. & others. *Secondary Education in the United States*, New York, 1963. p. 9.

③ *The Seventy-Fifth Yearbook of the National Society for the Study of Education*: Issues Secondary Education, Chieayo, 1976, p. 4.

提出中学课程计划，计划包括 14 个方面的知识：战争、和平及国际关系，人口过剩，污染及能源，不同文化之间的关系，世界观，娱乐和闲暇，艺术及美学，自我理解和个人发展，家庭、伙伴及学校，健康，社区生活，职业，交流，对紊乱的多种选择。上述知识可以通过学科或跨学科的综合课而获得。

这一时期课程的特点：必修课的比例下降，特别是那些传统的学术性学科内容减少，而与生活密切相关的实用科目增加较快；选修课比例上升，选修课的内容极为广泛，有为升学做准备的学术性课程，但大部分则是非学术的职业课程或与日常生活相关的科目，如婚姻及家庭指导、药物教育、性教育等；职业课程大幅度增加，个别学校达到 47%。改革加强了课程与生活的联系，提倡尊重儿童个性，扩大了中学的课程范围，但又走向另一个极端——无限制增加选修课程，中学课程失去中心，导致教育质量下降。

3. 20 世纪 70 年代中后期至 80 年代的课程改革

本阶段体现为两大运动："恢复基础运动"和"高质量运动"。20 世纪 60 年代中期以来的改革使中学教育质量每况愈下，公众不满情绪高涨，呼吁进行扎扎实实的基础教育。"恢复基础运动"旨在恢复学术教育在中学教育中的主体地位，加强学术教育，提高学术质量。在课程方面，取消"社会性服务"，恢复学校为严格的学术中心，强化学术教育在中学课程中的地位，取消大量选修课，停止讲授华而不实的非学术性课程，限制职业课程数目，增加必修课，把大部分时间用于英语、科学、数学、历史等学术性科目上，课程内容以基本的事实、概念、原理为主。该运动对于改变美国公立中学的混乱局面、加强学术教育的中心地位，起到了一定的积极作用。

1983 年 4 月，高质量教育委员会发表著名报告《国家在危险中：教育改革势在必行》，揭开了二战后第三次改革浪潮的序幕。随后多份报告共同的主题就是提高所有学生的学术成就。如贝内特（Bennett）部长提交里根（Ronald Wilson Reagan）总统的报告《改革中的美国教育》中明确指出："改革的第一目标是用均衡、学术内容充实的课程替代那些浅薄的、'自助餐式'的课程。"《国家在危险中：教育改革势在必行》在指陈中学课程的诸多弊端后提出了一套改革中学课程的具体思路及方案：加强中学的学术教育，制定"新基础课程"，即提高州和地方中学毕业生的学术标准；要取得高中毕业文凭，必须在中学 4 年时间内学习 4 年英语、3 年数学、3 年科学、3 年社会研究、半年计算机科学，这五项新基础课程是学生离校后获得成功的基础。

"高质量运动"对综合中学课程结构的影响较大：首先，恢复和确立了学术性学科在课程结构中的主体地位。据卡潘（Kappan）教育基金会 1988 年所作的取样调查，1984 年，100％的学校提高了数学、科学、英语的要求。其次，加强了课程结构的统一性，减少了差异性。古德莱德在《一个被称为学校的地方》一书中称选修课只占高中教学计划的 10％。"高质量运动"的开展对提高教育质量起到了积极的推动作用，不仅提高了学生的学术成绩，而且增加了公众对教育的信心。

1990 年 2 月，布什（George Walker Bush）总统签署了美国州长协会通过的《全美教育目标》报告，提出了六大教育目标，确定了五门关键学科：英语、数学、科学、历史、地理。1993 年 4 月，克林顿（Bill Clinton）政府发布了题为《2000 年目标：美国教育法》的全国性教育改革计划，编订了全国性的中学课程标准。由此可以看出，中学课程结构将继续强调学术性科目，加强课程的统一性，以提高学生的学术成绩。

三、美国课程改革的知识论透析

美国 20 世纪的课程一直处于不断的变革之中，且在"基础学术教育与生活适应教育、统一要求与灵活多样、提高教育质量与实现教育平等这三对矛盾"[1]之间摇摆不定，常常此消彼长，"你方唱罢我登场"，陷入"钟摆现象"的困境，令人费解。表面上看，课程频繁的改革、变动为外部社会需要、政治经济发展需要所推动，是学校面对社会急剧发展的一种自动调适。但如果细究，便会发现，种种革新背后往往隐含着深刻的知识论原因，不同的知识假设、知识理想影响并支配着课程改革的演进，知识论立场的对立导致课程改革主张与观点的分歧。课程改革的知识论争论主要体现为永恒主义与进步主义，要素主义与进步主义，以及永恒主义、要素主义与进步主义、改造主义之间的论争。其中，进步主义者成为众矢之的，他们不得不参与各种论争，回应各种质疑与挑战，但不能否认的是，进步主义对美国课程改革产生了深刻影响。分析课程改革的知识论基础，有助于我们深入理解、全面把握美国课程改革的路径与特征。

69

---

① 汪霞主编：《国外中小学课程演变》，山东教育出版社 1998 年版，第 53 页。

（一）永恒主义与进步主义的论争及其对课程改革的影响

在认识论上，宗教派永恒主义维护罗马天主教对永恒主义学说的权威解释，世俗派永恒主义则强调西方历史悠久的人文主义传统的恢复。二者的共同之处在于：均相信永恒的真、善、美原则的存在，以古希腊、古罗马为典范，注重经典讲授。永恒主义强调永恒的学科特别是古典文科的重要价值，其知识论基础是相信普遍真理的存在。它以一种不变的真理、知识、人性、美、善的观点为基础，接受了柏拉图的"理念"与亚里士多德的"形式"，重视理性，贬低经验，认为教育就是人的理性的陶冶，就是人的塑造。"在认识论方面，永恒主义者认为，认识要经历从全然无知到经验的和意见的水平，再到理性和精神的水平。"[①]而进步主义强调经验，以实用主义哲学经验论为基础。实用主义强调现世、日常，观照世事，只论事功，不问真假，反对固定不变的原则，主张采用从经验出发的、实验的或工具的方法。在他们看来，实在不是独立自存的、永恒的，实在是变化的，它有待人们去发现。除了经验，我们什么也不能谈，我们所知道的最后实在是经验。经验是主观与客观的相互作用，是有机体与环境的相互作用。经验是我们所拥有的东西，它具有公众性，能为大家公开检验。由于实在是变化的，知识亦不例外，它是暂时的、试验性的，而不是静止不变的，它最终要受经验的支配。知识起源于经验过程中，是有机体与环境的"交互作用"。求知的目的在于解决人们生活过程中的疑难问题。人在经验的时候，提出各种假设、猜想，如果行动后能获得预期的结果，那么这种假设、猜想就是正确的，就可以被称为知识。人只有在经验的过程中，在活动中才能获得真知，真理是由我们自己创造出来的。当然，永恒主义与进步主义一样，均承认变化的事实，主张变化与改善。二者的不同在于：永恒主义认为，在变化的现象中存在着一种永恒不变的模式或形式，进步主义认为在变化后面没有固定的预设的模式。永恒主义者从根本上否定经验的作用，认为无论是个人的经验还是种族的经验都是不可靠的，只有人的理性才是可靠的。

在对待科学与知识的态度上，永恒主义认为，科学固然可以确定事实，给人以力量，但不能告诉我们发展的目标，科学本身无法认识人、知识、道德的价值，它无法发现生活的真理。生活的真理并不体现在实验科学中，实验科学可以帮助我们决定事实，但它不能确定目的，只有哲学、宗教才能确定

---

① 陆有铨：《现代西方教育哲学》，河南教育出版社 1993 年版，第 156 页。

目的。因此,宗教应该置于科学之上。赫钦斯说:"科学能回答的是一些关于物质世界之事实的问题。它们处理的是存在的物质条件。那些被称为社会科学的东西不能告诉我们应该建立什么类型的社会……物理科学的伟大成就也不能使我们对它的局限性视而不见。我们从科学和技术那里学会怎样造桥,或许我们也能从社会科学那里知道造桥将会产生的社会的、政治的及经济的效果。然而,这些结果是好还是不好,则既不是物理科学也不是社会科学的问题。"①在他看来,科学技术的发展以及人们对科学的崇拜,导致物欲的增长,造成社会上的物质主义和教育上的"商业主义"与"职业主义",人成为技术的奴隶,失去自我。而进步主义却十分赞赏科学技术的发展及其对历史进步的积极影响,杜威对科技的发展前景及其对教育的影响持乐观的态度。

　　进步主义知识观在杜威那里得到充分的体现,他在批评传统知识论的基础上吸收科学研究的新成就,阐述了自己的知识理论。他认为,传统的知识理论以"实有"为对象,以发现先在的实体作为知识的职能,旨在揭示"实在"本身、"有"本身及其属性。在他看来,传统哲学是二元论的,将知识与实践分离开来,认为知识领域与实践动作领域没有联系,实践领域是一个变化的领域,而变化总是偶然的,知识有别于意见、信仰,它与真实的实在领域相适应,因此,知识总是必然的、确切的。他视传统知识理论为"旁观者式的认识论",在这种理论中,"实在的对象固定不变,高高在上,好像是任何观光的心灵都可以瞻仰的帝王一样"②。在近代实验科学中,行动进入知识的核心地带,关于自然的知识依赖于行动,而不是推论。"近代知识史上重要的事情就是利用工具、器械和仪器以加强主动的动作,希望揭示原来并不明显的关系。"③长度概念包括一套决定长度的操作手续,物理是按我们实际遇见它们时的认识方式来界说的。"物理学研究的唯一方法就是有意引进一种变化以窥视它产生了什么其他的变化;这些变化之间的相互关系,经过一系列的测量运算,便构成了明确的和合意的知识对象。"④在杜威看来,古希腊将知识对象视为一种固定完备的实在,知识独立于探索动作,实践活动被黜逐

---

　　①〔美〕赫钦斯:《教育中的冲突》,见《现代西方教育哲学》,陆有铨著,河南教育出版社 1993 年版,第 170 页。

　　②③④〔美〕杜威:《确定性的寻求》,傅统先译,上海人民出版社 2004 年版,第 21、81、222 页。

到一个低级实在的世界,以寻求认识上的确定性、稳定性,从而获得心理上的安全。他主张在行动的结果中主动地求得安全,"知识的准绳在于用来获得后果的方法而不在于对实在的性质具有形而上学的概念"①。

对于知识的存在形式与检验,宗教派永恒主义者认为,名著之中潜藏着西方伟大的传统和智慧,它们为人类提供永恒的真理,引导我们解决眼前社会存在的问题,避免错误和混乱。这些人类生活的基本真理,控制着宇宙的永恒法则,它们最终是不证自明的,好像是书写在天空中的法则一样。从某种意义上讲,人们只能通过直觉来把握它们。而进步主义者如杜威、克伯屈等则认为,过去的历史、名著可以作为解决今天问题的参考,它们只能看作是解决眼前问题的尝试性建议,决不能当作固定不变的终极真理,不能代替目前的思维。进步主义重视效果与经验检验,认为人们尝试地提出并付诸行动的那些假设和猜测是否真正"有用",主要取决于它们能否解决我们面临的困难并获得我们希望的结果。

总之,传统取向的永恒主义认为,知识是对实在的反映,是教师可以堆积到学生头脑中的抽象物;进步主义则认为,知识是解决生活中问题的工具,要使知识有意义,必须要用知识来做某些事。在奥恩斯坦(Ornstein)看来,与永恒主义关注知识内容相比,进步主义更关注知识方法。"理想的教学方法不是要学习者学会思考什么问题,而是要教他怎样进行批判性思考。教学与其说是解释的过程不如说是探索的过程。方法比学科内容重要得多。"②

在教育观上,永恒主义与进步主义彼此对抗。永恒主义一致认为:"(1)自然主义的、实用主义的和科学的哲学以及学校中居支配地位的教育实践,是不适当的。(2)学校需要有来源于自然主义哲学和实用主义学说之外的指导价值和标准。(3)我们所需要的这些价值和标准可以在希腊、希伯来和西方世界的基督教传统中找到。"③进步主义教育协会在1920年宣布了"七点原则声明":"(1)学生有自然发展的自由。(2)兴趣是全部活动的动

---

① 〔美〕杜威:《确定性的寻求》,傅统先译,上海人民出版社2004年版,第222页。

② 〔美〕奥恩斯坦等:《课程:基础、原理和问题》,柯森主译,江苏教育出版社2002年版,第41页。

③ 〔美〕罗伯特·梅逊:《西方当代教育理论》,陆有铨译,文化教育出版社1984年版,第27页。

机。(3)教师是一个指导者而不是一个布置作业的监工。(4)进行有关学生发展的科学研究。(5)对于儿童身体的发展给予很大的注意。(6)适应儿童生活的需要,加强学校与家庭之间的合作。(7)在教育运动中,进步学校是一个领导。"①

在课程设计方面,进步主义与传统教育的争论主要集中在是以活动为中心还是以教材为中心编制课程。杜威主张根据儿童的活动组织课程,其基本方式是主动作业。他认为,各个学科的知识是他人经验的抽象,是前人经验的总结,保留了一般性,而舍弃了丰富性、生动性、特殊性,可能与儿童的经验世界相分离。同时,世界变动不居,科学发展迅速,已没有普遍永恒的真理。"真理不是在某个地方等待人们去发现",知识不过是人们进一步探索世界、适应环境、改造经验的工具、假设,"只有已经组织到我们心理倾向中的那种知识,使我们能让环境适应我们的需要,并使我们的目的和愿望适应我们所处的情境,才是真正的知识"②。杜威指出,在传统的二元论哲学支配之下,经验性知识与理性知识是分离的。"在教育的沉淀物中,学生一方面应该学习大量孤立的专门知识,另一方面又应该熟悉一定数量的法则和一般关系。"③只有在社会活动中,他人知识与个人经验才能融为一体,对学生而言,他人知识才不再是僵死的、令人窒息的教条,而变得富有生气、充满活力。课程教材不再是异己的力量,不再是外在的压迫学生的东西,而成为儿童成长的资源。在主动作业中,儿童既习得了经验,又增强了指导后来经验的进程的能力。杜威反对那种"作为某种外部的、主观的、精神的东西的知识"与"作为某种纯内部的、主观的、精神的东西的知识"相分离的二元知识哲学。前者意味着,学问就是书本和学者传下来的知识的总和,它是外部的东西,是被认识的事物的积累,好像人们把商品储存在仓库一样;后者意味着,学问即学生学习时所做的某种事情,它是一个主动的、亲自进行的事情。他主张教材与方法的统一,教材不再是事先编制好了的、远离儿童现实经验的学科知识结论构成的体系,它应是儿童化的、活动化的、有待展开的材料;它不再是儿童记忆、理解、掌握的对象,而是儿童经验持续生长的资

① 赵祥麟主编:《外国教育史》,华东师范大学出版社1987年版,第58页。
②③〔美〕杜威:《民主主义与教育》,王承绪译,人民教育出版社1990年版,第360、350页。

源、手段；它不再外在于儿童，而是在儿童主动作业过程中展开。教法亦不再是教材的执行，而是组织学生开展活动、陈设情境、产生问题、假设验证、解决问题的过程（问题教学法）。教法的重心不再是既有知识的传递，而是围绕学生成长组织资源，指导方法，解决困惑。相对于学生而言，学习超越了对现成知识的记诵，超越了教材的转化、内化，而成为一种行动、实践，成为一种经验的扩充和生命意义的丰富过程，"做中学"实现了教材与方法的统一。由此看来，与强调对事实和某种观点的掌握、发展人的理性、主张依据学科组织课程内容的永恒主义不同，进步主义强调课程内容应当是跨学科的，而不是单一的学科或单纯的学科组合，强调问题的解决与科学方法的使用。上述争论后来演变为对教材的逻辑组织与心理组织的争论。①

总之，在课程问题上，永恒主义重视人类文化遗产，强调学科中心与名著学习，而进步主义反对学科中心，主张活动中心与经验学习。永恒主义重视文化遗产，提出"百本名著"（the Great Books）计划。除了在芝加哥大学，1937 年，赫钦斯在马里兰州成立"圣约翰学院"，由巴尔、布南坎进行复活"七艺"的实验。1942 年开始，该学院全部学生都执行名著计划。1985 年，阿德勒发表《派地亚建议》一文，发展了永恒主义思想。进步主义的主要代表杜威认为，以学科为中心，将导致课程与儿童的生活脱节，与社会生活需要分离。杜威的《儿童与课程》对传统课程进行了批评。② 在杜威看来，以社会文化为本位的传统课程与儿童经验是背离的，没有考虑到儿童经验的意义，学科中心课程破坏了儿童生活的统一性与完整性。早期的进步主义者帕克（Francis Wayland Parker）在昆西的实践中，打破了传统学科之间的逻辑组织的界限，把阅读作为获得历史、科学知识的手段，而不是作为一门独立的学科。杜威在芝加哥大学实验学校中，实践了以烹饪、缝纫、木工等活动为中心的课程。20 世纪初，许多进步学校完全抛弃了传统学校长期袭用的教材，而主要由观察、游戏、故事和手工作业来组成课程。

永恒主义与进步主义的争论一直持续到二战以后，并对美国的教育实践、教育改革产生了深刻的影响。杜威的实用主义知识理论、课程主张与实践直接支配与推动了美国进步主义改革运动（尽管杜威后来撰文说进步主

① 陆有铨：《现代西方教育哲学》，河南教育出版社 1993 年版，第 59 页
② 赵祥麟等编译：《杜威教育论著选》，人民教育出版社 1981 年版，第 76—78 页。

义教育误解了他的思想），其影响在"八年研究"中也得以体现。进步主义作为一种运动虽已衰退，但它或隐或显地出现在后来的课程主张与改革中，如20世纪70年代的生计课程、适切性课程、课程个性化及多样化的实践。而永恒主义的抗争在很大程度上遏止了进步主义教育的消极方面，保持了教育的活力与适当平衡，避免了进步主义教育极端发展可能带来的灾难。正是从这个意义上讲，永恒主义的历史作用不可低估。

（二）要素主义与进步主义的论争及其对课程改革的影响

要素主义有两个来源：观念论与实在论。前者强调文化遗产、文化要素，认为知识是理想的产物；后者强调事实、数学与科学，认为真理是发现的。其共同点是，认为知识就是思想与事实的符合，知识获得是一个理性的过程，是人们用自己的智慧对一些零星的片断的事实与经验加以反思、整理的过程。进步主义强调反省思维，强调对行动的反思。要素主义承认普遍真理的存在，主张传授真理与文化遗产；而进步主义认为真理是相对的，主张根据儿童兴趣进行教学。

要素主义知识理论是在批判实用主义知识理论的过程中产生的，是作为进步主义运动的对立面发展起来的。巴格莱为哥伦比亚大学师范学院教授，1938年发表了一篇题为《一个要素主义者促进美国教育的纲领》的文章，揭开了要素主义的思想运动序幕。他反对对儿童个人经验的过分强调，认为进步主义教育"轻视学习的系统性和循序性，并断然否认学习材料中逻辑的、按年代顺序的和因果联系的任何价值，甚至否认按学习中的这些联系学完的可能性……它主张只有当一个人把那些事实和原则应用于在他看来似乎是当前值得解决的主要问题中，从而熟悉它们，那么他才能真正把这些事实和原则学到。关于熟练的技巧方面，如语言、测量和计算的基本技能的掌握，要尽可能地等到人们需要它们时再学"①。在他看来，活动运动和由此产生的"活动计划""活动课程"倾向于"以这些活动代替系统和顺序的学习，并且甚至进一步把活动本身当作自足的目的，而不问通过这种活动能否学到什么东西"②。他认为，记录、计算、测量的技术曾经是有组织的教育的首要任务，每个文明的社会都建筑在这些技术上。当这些技术丧失了，文明就一

①② 华东师范大学教育系等编译：《现代西方资产阶级教育思想流派论著选》，人民教育出版社1980年版，第151、152页。

定不可避免地崩溃。他主张，超越个人直接经验之外的知识应当构成普通教育的要素。"多少熟悉的人类的过去以及人们自己国家的历史，早已在普通学校的教学计划里有所规定，这也决不是偶然的。如果要使公民免于受到地方性和直接性的错误信息的侵袭，开拓空间的视野和延伸时间的展望是必不可少的。"①要素主义指责进步主义教育的课程改革"削弱基础知识，夸大薄弱的东西，贬低顺序性和系统性，而且还加重了较低级学校的弱点和缺乏效能"②。要素主义主张正式学习与严格要求，反对伴随学习，认为非正式的学习除了在低年级可适当占优势地位外，应是补充性的，而不是核心。

基于上述认识，二者在课程问题上的分歧集中表现在对教材价值及其重要性的争论上。要素主义认为课程内容即文化要素，强调种族经验，因为它具有永久的价值，稳定的课程包含着人类文化的精华，崇尚传统的价值标准。巴格莱强调初级学校内容的系统性、顺序性，强调基础知识的教学与基本技能的训练，主张学生要系统而连贯地掌握各门课程，更重视教师的指导作用与学生学习的努力，更强调内容而不是过程。进步主义反对使用系统的教材，认为系统教材忽视了儿童经验的特点，将成人的文化凌驾于儿童之上；要素主义批评进步主义过分强调儿童兴趣与个体经验，失却了长远目标。关于课程内容的组织，存在着逻辑组织与经验组织的争论。要素主义强调分化的知识，重视教材的逻辑组织、教材的作用与专业知识的价值。进步主义的课程改革重视未分化的经验，主张心理组织（永恒主义认为这是对儿童的纵容），主张经验的、活动的课程组织方式。前者强调心智训练、知识掌握、记忆与意志，后者强调兴趣原则。

要素主义知识理论对进步主义教育运动坚决抵制，在克服其极端性和偏颇性方面有着重要的现实意义。同时，要素主义教育思想影响了美国的教育实践，如 20 世纪 50 年代末、60 年代初的课程改革运动，70 年代的"回到基础"运动和 80 年代的有关提高教育质量、实施优质教育的系列改革。

需要指出的是，永恒主义与要素主义有着密切的联系，但二者也有一定的差别。二者均主张教育要传递西方的伟大传统，保存西方文化中的共同要素，强调基础，重视学科。永恒主义认为，正确的教材是保存在西方文明

---

①② 华东师范大学教育系等编译：《现代西方资产阶级教育思想流派论著选》，人民教育出版社 1980 年版，第 158、155 页。

的名著杰作中的那些永恒真理,应从传统中发现普遍的、永恒的真理,并用它们来改造现存的文化模式。永恒主义重视传统的宗旨在于保护与加强现存的政治经济制度。永恒主义的作用是"恢复"过去的文化,要素主义的作用在于传递现代文化。与永恒主义一味面向过去不同,要素主义更加关注现在,永恒主义比要素主义更保守。"永恒主义以传统为体,而要素主义以传统为用。"①此外,就人类知识的共同要素而言,要素主义者十分重视自然科学的教学。巴格莱更重视自然科学,而对日益加重的"社会科目"深感忧虑。他认为,社会科学不能与自然科学等同,因为社会科学的概括是只在少数的情况下和只在有限的程度上被认为能作出可靠的预测。"当人的因素参与进去的时候,不稳定性也就参与进去。"换言之,自然科学知识是确定的、普遍的,能做出可靠的预测,而社会科学具有较大的不确定性。这可能是斯诺所说的"两种文化"的知识论根源,也为学校教育中的文科课程与理科课程提供了不同的知识论辩护。

(三)改造主义与进步主义的分歧及其对课程改革的影响

改造主义本是进步主义的一支,后来从进步主义中分离出来。它更多的是考虑社会的需要,进步主义则更多地考虑儿童的兴趣。1889 年,珍尼·亚当斯在芝加哥创办赫尔贫民习艺所(Hull House),参与当地社会改革活动。1927 年,哥伦比亚大学成立了以克伯屈为组长的"讨论小组",讨论教育的社会基础。布拉梅尔德(Theodove Brameld)在《急需一个改造的教育哲学》中说,改造主义借用了多个流派的观点,各流派都有自己的价值。

在知识基础上,与进步主义相比,改造主义重视团体的经验而不是个体的经验。因为,个人从属于团体。在布拉梅尔德看来,团体经验是一种文化实在。改造主义认为,知识来源于经验(与杜威相似),没有绝对的终极真理。布拉梅尔德认为,进步主义只适用于稳定的文化,当文化处于急剧变动的危机时代时,人们必须明白我们向何处去。改造主义不仅要改变现存的文化,甚至还想改变现存的社会制度。对于知识的获得,改造主义认为,进步主义的实验方法和"解决问题"的方法有其缺陷。拉格认为,实验和反省思维的方法不能适用于混乱和复杂的情境,需要创造和设计的方法。布拉梅尔德提出"社会一致"的探索真理的方法。他不涉及如何认识某一事实的

---

① 陆有铨:《现代西方教育哲学》,河南教育出版社 1993 年版,第 166 页。

过程问题,只涉及如何规定未来的理想社会问题。他要求团体的成员对提出的未来目标加以证实,提出证据。证据可以是个人的直接经验,也可以是科学或历史的间接经验。团体证实分为四个阶段:(1)每个人都提出合乎需要的社会目标的证据;(2)在公开的讨论中交流;(3)通过交流、探讨取得团体的一致同意;(4)在社会中对有计划的行动加以检验。① 因此,真理取决于是否取得团体内尽可能多的成员的同意以及是否按这种同意行动。可见在知识观上,改造主义与作为进步主义哲学基础的实用主义经验论不同,它坚持协商论的知识观。

在课程问题上,改造主义对永恒主义与进步主义都进行了批评,认为课程应包括各种社会问题。拉格认为,当时流行的课程迷恋过去,无视现存的问题,而且无力解决未来的社会问题。他提出,今后的学校课程应该关心主要社会问题,如人口过剩、无计划的城市化、不受控制的技术的增长、民族主义、生态公害,以及世界贸易和文化的相互依赖。布拉梅尔德批评当时课程内容过分强调技术,忽视美学、道德、社会和人文方面,主张课程乃是实现未来社会变化的工具。他认为,课程目标要统一到社会改造的意义上来。他设计了不同学段的课程,其中中等教育 4 年的课程结构——轮状课程(the "wheel" curriculum)中每学年的课程设计围绕一个核心和中心问题展开,四年学习的一个中心主题是:我们能有一个什么样的世界,我们想要一个什么样的世界。②改造主义主张学生应尽可能多地参与到社会中去,因为社会是学生寻求解决问题方法的实验室。传统课堂教学固然有其价值,但重要的是要使学生将其所学运用于社会。学校课程应关心社会问题,以广泛的社会问题为中心,不能回避当代严重的问题。教学方法和过程应有助于发展学生分析、批判及作出决定的能力。布拉梅尔德提出"正当的定见"原则:教师一方面不能对学生采取灌输的教育方法,另一方面又有责任坚持自己的"正当的定见"。

针对进步主义只重视过程而忽视目的的问题,改造主义认为必须明确目的。目的的寻求成为改造主义的一个重要问题。学校教育的过程应该成为民主实践的过程,通过"社会一致"的学习活动,即通过证据的学习、交流的学习、

①② 陆有铨:《现代西方教育哲学》,河南教育出版社 1993 年版,第 233、246—247页。

行动的学习,从学习者的经验开始,通过各种学习达到"一致"的意见。

由于改造主义的极端理想化,其课程思想对美国的课程改革无实际的影响,但也不能因此否认其积极意义,它对社会问题的强烈关注以及对学校在改善社会、重塑社会秩序与文化方面的强调,对美国的课程思想的发展与课程流派的形成产生了重要的影响,从而间接地影响了美国的课程改革。

第二节 我国中小学课程改革及其知识论基础

我国近代意义上的课程设置始自教会学校,接着清政府设立洋务学堂,维新派创办新式学校,均进行了不同程度的课程改革。

一、清末民初课程改革及其知识论透析

(一) 近代学制建立前的课程改革

在我国,近代意义上的课程始自来华传教士所办的教会学校。鸦片战争之前,外国传教士开始来华办教会学校,如1818年英国基督教传教士罗伯特·马礼逊(R. Morrison)在马六甲开设一所英华学院,1839年美国传教士布朗(S. R. Brown)在广州开设马礼逊学校,1844年英国爱尔得赛女士(Miss Aldersey)在宁波开设教会女子学校,1864年美国北长老会传教士狄考文(Calvin Wilson Mateer)创办山东登州文会馆。1873年,山东登州文会馆增设高等科(相当于中学,学制六年),高等科的课程设置如下:①

第一年——天道溯源,书经,诗经,论语,代数备旨。

第二年——天路历程,书经,礼记,孟子,形学备旨,圆锥曲线,万国通鉴。

第三年——救世之妙,礼记,诗经,学庸,八线备旨,测绘学,格物,省身指掌。

第四年——天道溯源,礼记,经书,左传,赋文,量地法,航海法。格物:声、化、电、地石学。

第五年——罗马书,礼记,左传,赋文,代形合参,物理测算,化学,动物

---

① 王元德、刘玉峰:《文会馆志》,潍县广文学堂印行,1913年,第28—31页。

植物,二十一史约编。

第六年——心灵学,是非学,富国策,易经,系辞,读文,微积学,化学辨质,天文揭要。

可见,除了宗教、儒家经典,一些自然科学课程进入了课表。1881年美国监理公会林乐知在上海创办中西书院,为了吸引生源,开设了较为广泛的西学课程。尽管这些教会学校的课程具有浓厚的宗教色彩和文化侵略的性质,但它客观上影响了我国近代教育体制的改革,对课程改革发挥了某种催化剂的作用,开辟了西方科学技术进入我国的途径。

鸦片战争时期,一些有识之士开始认识到,旧的教育已经不能适应时代发展的需要了,先进的知识分子如魏源等人首先向人们阐述了向西方学习、改革旧教育、培养经世人才的意义。他抨击封建教育的空疏无用,指陈当时的学校教育内容"上不足制国用,外不足靖疆圉,下不足苏民困",并由此提出在四书五经之外,增加西方先进的科技知识,特别是军事技术方面的内容,以达到"师夷长技以制夷"的目的。太平天国删改儒家经典四书五经,重新编写《三字经》《幼学诗》等读物,革新文风。资产阶级维新派早期人物冯桂芬发表文章,呼吁改科举、采西学。

洋务运动时期,洋务派在"中体西用"方针的指导下,开设很多新型学校,其中著名的有京师同文馆(1862年)、上海广文方言馆(1863年)、广州同文馆(1864年)、湖北自强学堂(1893年)等。除了外国语学校,还有一批专业技术学校(主要是电报、铁路、军工和医学技术学校)和军事学校。此外,还向美国派遣留美幼童。据统计,同光年间(1862—1908年),清政府先后创办的洋务学堂达23所。洋务学堂是中国人自办的最早的新型学校,与旧式学校不同的是,课程设置除了原有的儒家经典,特别增加了西文与西艺课程,即外国语言文字和西方自然科学知识。京师同文馆开设了较多的外国语文和科学课程,这从总教习丁韪良拟定的课程设置计划中可见一斑。其八年制课程设置如下:①

首年:识字写字、浅解词句、讲解浅书。

二年:讲解浅书、练习文法、翻译条子。

三年:讲各国地图、读各国史略、翻译选编。

---

① 朱有瓛主编:《中国近代学制史料》第1辑,华东师范大学出版社1983年版,第71—73页。

四年：数理启蒙、代数学、翻译公文。

五年：讲求格物、几何原本、平三角、弧三角、练习译书。

六年：讲求机器、微分积分、航海测算、练习译书。

七年：讲求化学、天文测算、万国公法、练习译书。

八年：天文测算、地理金石、富国策、练习译书。

上述课程内容已不再限于外国语课程，科学课程内容广泛，可谓真正意义上的近代学堂。倭仁与奕诉围绕天文算学与立国的关系展开了激烈的争论。倭仁从封建社会传统价值观的维护着眼，强调人心道德，而奕诉从当时时局形势出发，指责倭仁空言无补于实际，最后以洋务派的胜利而结束。这场论争实质上是所谓礼义之学与技艺之学的论争，对传统的价值观念产生了强烈冲击。关于"中体西用"，张之洞认为，中体西用的课程可以使学生"既免迂陋无用之讥，亦杜离经叛道之弊……令守道之儒，兼为识时之俊"[1]。关于近代学堂的课程与教学，当时在广文方言馆就读的张君劢后来回忆说：

我们当时都是四天读英文，三天读国文……在四天读英文的时间，并不完全读英文。每一科都好像读四书五经似的，全要读熟。以上是指的在四天的上午。至于下午，先生就改课本（指作业），学生就自修，或者上体操。三天读国文，就由先生指导看三《通考》，弄点掌故，作论文等功课。[2]

维新运动期间，废八股、变科举、改书院、兴学堂成为一种潮流，最终导致近代课程在我国的确立。梁启超在《学校总论》中批评洋务教育"言艺之事多，言政之事少"。他还在《学校余论》中明确指出："今日为学，当以政学为主义，以艺学为附庸……今日中国不思自强则已，苟犹思之，其必自兴政学始。"在梁启超等人所主办的时务学堂里，除了中学课程如四子书、《左传》、《战国策》等，还有很多西学课程如外国语、算学、格致、西史、天文、地舆和操演、步武等。

在清末书院发生变革的同时，各地也兴办了一些新型的普通学堂，开设了众多课程，逐渐形成我国普通中小学课程的雏形。以1895年盛宣怀创办的天津中西学堂为例，该学堂分头等学堂和二等学堂，二等学堂的学制为四年，除中学课程，还开设了较多的西学课程。

---

① 张之洞：《两湖、经心两书院改照学堂办法片》。

② 王世瑛：《张君劢先生年谱》。

表 2-1 天津中西学堂二等学堂课程(1896)①

第一年	第二年	第三年	第四年
英文初学浅言	英文文法	英文讲解文法	各国史鉴
英文功课书	英文字拼法	各国史鉴	坡鲁伯斯
英文拼法	朗读书课	地舆学	格物书
朗读书课	英文尺牍	英文官商尺牍	英文尺牍
数学	翻译英文	翻译英文	翻译英文
	数学并量法启蒙	代数学	平面量地法

(二)近代学制建立后的课程改革

1902 年,清政府颁布《钦定学堂章程》(亦称《壬寅学制》),虽未执行,但它是一个比较完整的学校系统。1903 年,清政府颁布了由张之洞主持制订的《奏定学堂章程》(即《癸卯学制》),它是我国第一个正式颁布并在全国范围内推行的学制。该学制规定:初等小学五年,教授科目有"修身、读经讲经、中国文学、算术、历史、地理、格致、体操"八门,其中,读经讲经占总课时的 40%;高等小学堂两年,除上述科目,增加图画,共九门;中学修业五年,学科十二门:修身、读经讲经、中国文学、外国语、历史、地理、算学、博物、物理及化学、法制及理财、图画、体操。其中,读经讲经课时最多,体现了"中学为体,西学为用"的精神。正如《奏定学堂章程》所言:"无论何等学堂,均以忠孝为本,以中国经史之学为基,俾学生心术壹归纯正,而后以西学瀹其智识,练其艺能。"总之,新教育制度的建立,标志着中国几千年封建传统教育的瓦解,资产阶级新教育制度在形式上正式确立。

表 2-2 《癸卯学制》规定的中学堂课程及周课时(1904)

	修身	读经讲经	中国文学	外国语	历史	地理	算学	博物	物理及化学	法制及理财	图画	体操	合计
第一年	1	9	4	8	3	2	4	2	0	0	1	2	36
第二年	1	9	4	8	2	3	4	2	0	0	1	2	36
第三年	1	9	5	8	2	2	4	2	0	0	1	2	36

① 盛宣怀:《拟设天津中西学堂禀(附章程、功课)》。

（续表）

	修身	读经讲经	中国文学	外国语	历史	地理	算学	博物	物理及化学	法制及理财	图画	体操	合计
第四年	1	9	3	6	2	2	4	2	4	0	1	2	36
第五年	1	9	3	6	2	2	4	0	4	3	0	2	36
五年周课时合计	5	45	19	36	11	11	20	8	8	3	4	10	180
约占百分比	3	25	11	20	8	6	11	3	8	2	2	5	100
课时分量顺序	10	1	4	2	5	5	3	8	8	12	11	7	

《奏定学堂章程》颁布后，一些地方根据规定设置课程，其课程与《奏定学堂章程》规定大致相同，这说明《奏定学堂章程》能基本落实。

表2-3　江宁府中学堂课程与《奏定学堂章程》对照①

	年代	课程											
奏定学堂章程	1903—1904	修身	读经讲经	中国文学	外国语	历史	地理	算学	博物	物理及化学	法制及理财	图画	体操
官立暨南学堂	1908	√	√	√	√	√	√	√	理科			√	√
官立中学堂	1908	√	√	√	√	√	√	√	生理	√	法制	√	琴歌
公立钟英中学堂	1908	√	√	√	√	√	√	√	√	√		√	乐歌
公立达材中学堂	1908	√	√	√	√	√	√	√	√	√	法政	√	琴歌
培光中学堂	1908	√	√	√	√	√	√	√	√	√		√	

（"√"表示与《奏定学堂章程》规定的相应课程相同）

1912年1月，辛亥革命成功，成立中华民国，结束了两千多年的封建帝制。资产阶级革命派在革命过程中和建立政权后进行了具有资产阶级性质

---

① 吕达:《中国近代课程史论》,人民教育出版社1994年版,第177页。

的教育改革,孙中山等人著文反对"尊孔""读经",提倡学习西方资产阶级政治经济学说和自然科学,兴办革命学校。如 1902 年蔡元培等人在上海创办爱国学社、爱国女社。爱国学社的课程"重精神教育以自由独立为主",主要有数学、国文、历史、地理、理科、英文、经济、政治、法理、体育等;爱国女社的课程有外语、理化、代数、几何、法国革命史等。

　　1912 年 1 月 19 日,中华民国成立教育部,全面改造旧教育,并发布《普通教育暂行办法通令》《普通教育暂行课程之标准》及课程表。《普通教育暂行课程之标准》共十一条,其中规定初等小学校、高等小学校、中学校和师范学校应开设的课程,以及各学年每周各科教授时数,同时还附有初小、高小和师范学校的课程表。是年 2 月公布教育宗旨:"注重道德教育,以实利主义教育、军国民教育辅之,更以美感教育完成其道德。"[①]废止了清政府忠君、尊孔、尚公、尚武、尚实的教育宗旨。1912 年颁布《学校系统令》,1913 年陆续颁布各级各类学校令,逐步形成一个新的学制系统("壬子癸卯学制")。小学教育"以留意儿童身心发育,培育国民道德之基础,并授以生活所需之知识技能为宗旨"。初等小学课程有修身、国文、算术、手工、图画、唱歌、体操,女子增加缝纫课。高小除上述课程,还增加了本国历史、地理、理科,共十种,男子增加农业。中学校"以充足普通教育、造成健全国民为宗旨",开设十四种学科:修身、国文、外国语、历史、地理、数学、博物、理化、法制、经济、图画、手工、音乐、体操。本次课程改革,取消了忠君、尊孔的课程,增加了自然科学课程和生产技能训练,改进了实施方法,强调适合儿童身心特点,联系儿童实际,其进步意义不可估量。

表 2—4　民国初年普通中学教学计划(暂行)表[②]

	一年级	二年级	三年级	四年级
修身	1	1	1	1
国文	8	8	5	5
外国语	6	6	6	6
历史、地理	3	3	2+2	2+2

---

① 舒新城编:《中国近代教育史资料》,人民教育出版社 1961 年版,第 226 页。
② 吕达:《中国近代课程史论》,人民教育出版社 1994 年版,第 244 页。

	一年级	二年级	三年级	四年级
数学	4	4	4	4
博物	3	3		
理化			4	4
法制、经济			2	2
家政			女2	女2
缝纫	女2	女2	女2	女2
图画	1	1	1	1
手工	男2女2	男2女2	男2女2	男2女2
音乐	1	1	1	1
体操	男3女2	男3女2	男3女2	男3女2

1912年4月,孙中山解除临时大总统职务,临时政府迁至北京,袁世凯篡夺了革命政权,建立了北洋军阀政府,大力推行复古教育。1915年,袁世凯颁定了"教育宗旨":爱国,尚武,尚实,法孔孟,重自治,戒贪争,戒躁进。1913年6月,袁世凯发布命令,恢复学校祀孔典礼,出现了教育上的大倒退。袁世凯的复辟倒退受到进步人士的抨击。1915年,以《新青年》杂志的创刊为标志,文化教育领域兴起了一场新的文化革新运动,李大钊、鲁迅、陈独秀等人高举"科学""民主"大旗,与封建主义展开了殊死搏斗,捍卫和发展了辛亥革命中反封建教育的成果,掀开了五四运动时期教育的思想序幕。

（三）清末民初课程改革的知识论分析

鸦片战争的爆发使中国遭遇到"数千年未有之强敌",一批先进的知识分子放眼看世界,开始介绍西方文化科学,主张学习西方科学技术,"师夷长技以制夷"。为了"御夷"和"剿贼"(太平天国运动与义和团运动),洋务派兴起了以兴办军事工业为主导的洋务自强运动,提出"中体西用"的口号。19世纪60年代,洋务派设京师同文馆,随后创设实业学堂,培养人才,并派遣留学生。甲午战争失败后康有为、谭嗣同、严复等人开始突破"中体西用"的思维模式,强调学习西政,企图依靠皇帝力量进行自上而下的政治改革,但改革归于失败。为了缓和国内矛盾,清政府宣布实施"新政",1902年任命张百熙为管学大臣,主持拟定学堂章程。这个章程规定,中学堂读经每周3小时,外国文学课每周 9 小时。它适应了当时向西方学习的需要,但引起清政府的不满。《钦定学堂章程》名存实亡,清政府增派荣庆为管学大臣,并调遣湖广总督张之洞入京主持修订学堂章程。1903 年,清政府颁布了新的学堂章程《癸卯学制》。该学制从颁布之日起,一直延用到 1911 年,对当时乃至后来我国学校制度与课程影响很大。这个章程及《学务纲要》集中体现了张之洞的"中学为体,西学为用"思想,"中体西用"思想对清末学堂的课程设置和课程内容影响至深。

张之洞认为,在学校课程方面要注意三点:一曰幼学不可废经书,二曰不可早习洋文,三曰不可讲泰西哲学。① 这三个要义体现了其课程思想,并在《奏定学堂章程》中得到体现,即中学堂讲经读经每周课时为 9 小时,占总课时的 25％,外国语仅仅每周 3 小时。

对于"幼学不可废经书",张之洞指出:"若学堂不读经书,则是尧禹汤文武周公之道,所谓三纲五常者尽行废绝,中国必不能立国。""若学童经书未曾多读……则立身之趣向必不端,爱国之心必不笃。"因此,《奏定学堂章程》明文规定:"学堂不得废弃中国文辞,以便读古来经籍。"中国文学课程则要求安排学生"诵读有益德性风化之古诗歌,以代外国学堂之唱歌音乐"。

86

对于"不可早习洋文",张之洞指出:"近日少年习气,每喜于文字间袭用外国名词谚语",不利于"存国文,端士风"。他担心青少年、儿童年龄太小,容易浮薄忘本,因此,《奏定学堂章程》规定,一是必须"戒袭外国无谓名词",二是"小学堂勿庸兼习洋文","万不准减少读经讲经,及中国文字功课钟点","以免抛荒中学根柢"。当然,"中学堂以上各学堂必勤习洋文",以应游学、游历、外交之要。

对于"不可讲泰西哲学",《奏定学堂章程》规定,不准外国教师讲宗教,在延聘西学教师时,合同应定明:"凡讲授科学,不得借宣讲涉及宗教之语,违者应辞退。"这有其合理性,但为了遏制西方民权思想的传播,章程强调"参考西国政治法律宜看全文",如果"学堂内讲习政治之课程",必须"中西兼考,择善而从"。章程甚至规定,私学堂"注重普通实业两途"即可,"概不准讲习政治法律专科,以防空谈妄论之弊"。总之,"内篇务本,以正人心;外篇务通,以开风气"。

---

① 《前鄂督张鄂抚端奏陈筹办湖北各学堂折》,载《教育世界》(48 号),1903 年 4 月。

张之洞上述课程主张以其"中体西用"知识观为基础。他在《奏定学堂章程》中明确规定了他的办学宗旨:"无论何等学堂,均以忠孝为本,以中国经史之学为基,俾学生心术壹归于纯正,而后以西学瀹其知识,练其艺能,务期他日成才,各适其用。"①他认为:"国文者,本国之文字语言,历古相传之书籍也。即间有时势变迁,不尽适用者,亦必存而传之,断不肯听其澌灭。"他认为中文、中学向来义理精深,文词雅奥,因而存古学堂应以国文为主,即宜注意研精中学。至于外国诸学,"只须令其略知世间有此各种切用学问,即足以开其腐陋,化其虚骄",每星期各讲一点钟即可。"盖西学之才智技能,日新不已,而中国之文字经史,万古不磨,新故相资,方为万全无弊。若中国之经史废,则中国之道德废;中国之文理词章废,则中国之经史废;国文既绝,而欲望国势之强,人才之盛,不其难乎?""致力于中国经史词章之学,庶国文永存不废,可资以补救各学堂之所不足,而又略兼科学以开其普通知识,俾不致流为迂拘偏执,为谈新学者所诟病。"他认为存古学堂应重在保持国粹,学生"能有余力,加以洋文,为将来考究西籍之资"。

清末民初,在学校教育中,对于如何处理旧学课程与新学课程的关系问题,存在一些争论。当时的一些有识之士已经看到,旧学与新学之间存在矛盾。如吴汝纶认为,一是旧学与新学同时兼学,造成课程过多,学制过长,二是"新旧二学恐难两存","欲求两全,转至两失"。吴汝纶在与当时的日本学者的笔谈中也提到,如果"益以汉文,则幼童无此脑力;若暂去汉文,则吾国国学岂可废去?"他担心"西学未兴,吾学先亡"。因此,吴汝纶在致张百熙的信中认为,要取得教育的实效,必须减少功课。如何减呢? 他提出:"减课之法,于西学,则宜以博物、理化、算术为要,而外国译文从缓;中学则国朝史为要,古文次之,经又次之。经先论语,次孟子,次左传,他经从缓。"②这实际上是根据中学、西学的各自价值进行的课程抉择,明确了不同内容在课程体系中的地位。上述看法,对晚清普通中学堂的课程设置不无影响。

1912 年中华民国的建立,推翻了中国长达两千年的封建帝制,建立了资产阶级民主政体。但是革命的成果很快被军阀袁世凯等人窃取。为了政治上的需要,袁世凯政权大肆宣扬孔教,实施教育复古。1914 年袁世凯发布《祭孔告令》说:"孔子之道,亘古常新,与天无极。"1915 年初袁政府公布《颁

---

① 舒新城编:《中国近代教育史资料》,人民教育出版社 1961 年版,第 197 页。
② 吕达:《中国近代课程史论》,人民教育出版社 1994 年版,第 201 页。

定教育要旨》和《特定教育纲要》，规定"中小学校均加读经一科，按照经书及学校程度分别讲读，由教育部编入课程"，并详细规定了中小学必读经书的目录。恢复读经固然与政治上的需要直接相关，但也不能完全否定知识论的不同立场，即强调国学的教育价值。《教育部整理教育方案草案》指出："惟是圣贤微言大义，散见群经，经数千年之硕学名儒讨论，蔚然成为国学；发挥光大，后起之责，又未便废弃弗讲，贻讥忘祖。查欧洲大学，神学且列为专科，何况吾国经学义旨渊博，炳若日星乎？"①这些话在复兴国学的今天，读起来仍不无道理。其知识论基础具有美国永恒主义的味道，似乎古典的国学经典具有永恒的教育价值。

二、20 世纪二三十年代课程改革及其知识论透析

（一）课程改革概况

五四运动是一场反帝反封建的运动，在文学革命的推动下学校教学采用国语和白话文。1920 年，教育部训令全国各国民学校将一、二年级的国文改为语体文。1922 年以后国民小学教材一律改为语体文，推进了教育的普及。在新文化运动的推动下，全国建立了不少教育团体，如"全国教育会联合会"（1915）、"中华职业教育社"（1917）、"中华教育改进社"（1921）、"中华平民教育促进会"（1923）等。在这些团体的推动下，教育思想异常活跃，教育改革蓬勃开展。其中，1922 年的学制改革最为引人注目。

1922 年的"新学制"提出七项标准：适应社会进化之需要；发挥平民教育精神；谋个性之发展；注意国民经济力；注意生活教育；使教育易于普及；多留各地伸缩余地。以儿童为中心，采用弹性制、选科制。1923 年公布的《中小学课程纲要》要求，小学设国语、算术、卫生、公民、历史、地理（后四科初小合称"社会科"）、自然园艺、工用艺术、形象艺术、体育、音乐等。中学采用分科制：初中必修科目有公民（6 学分）、历史（8 学分）、地理（8 学分）、国语（32 学分）、外国语（36 学分）、算学（30 学分）、自然（16 学分）、图画手工（共 12 学分）、音乐（4 学分）、生理卫生体育（共 12 学分），同时，要求选修他种科目（主要是职业科目），也可补习必修科目；高中分设普通科和职业科，普通科分为文理两组，文科组注重文学和社会科学，理科组注重数学和自然科学，职业科包括师范科、商业科、工业科、农业科、家事科及其他。高中公共必修课有

---

① 舒新城编：《中国近代教育史资料》，人民教育出版社 1961 年版，第 235—236 页。

国语、外国语、人生哲学、社会问题、文化史、科学概论、体育（卫生法、健身法、其他运动），文科专修科目有特设国文、心理学初步、伦理学初步、社会学之一种、自然科学或数学之一种，理科专修科目有三角、高中几何、高中代数、解析几何、用器画、物理、化学、生物（后三科选习两科）。此外，还设有纯粹选修科目，即由学校按照地方情形酌定，由学生根据自己的情况进行选择。总之，1922年学制和课程改革，结束了袁世凯执政时期的混乱局面，对以后的学校教育制度和课程改革产生了深远的影响。

表 2－5　高级中学普通科第一组课程表①

科目			学分	
（一）公共必修科目	国语		16	64
	外国语		16	
	人生哲学		4	
	社会问题		6	
	文化史		6	
	科学概论		6	
	体育	卫生法	10	
		健身法		
		其他运动		
（二）分科专修科目	（甲）必修	特设国文	8	56左右
		心理学初步	3	
		伦理学初步	3	
		社会学之一种	4（至少）	
		自然科学或数学之一种	6（至少）	
	（乙）选修		32（或更多）	
（三）纯粹选修科目			30（或更少）	
毕业学分总额			150	

表 2-6　高级中学普通科第二组课程表①

科目			学分	
（一）公共必修科目	国语		16	64
	外国语		16	
	人生哲学		4	
	社会问题		6	
	文化史		6	
	科学概论		6	
	体育	卫生法	10	
		健身法		
		其他运动		
（二）分科专修科目	（甲）必修	三角	3	57左右
		几何	6	
		代数	6	
		解析几何	3	
		用器画	4	
	物理 化学 生物	选习二科 每科 6 学分	12（至少）	
	（乙）选修		23（或更多）	
（三）纯粹选修科目			30（或更少）	
毕业学分总额			150 左右	

　　1927 年 4 月，国民党反动派叛变革命，在南京成立"国民政府"，一些资产阶级教育家在杜威实用主义教育思想影响下，开展教育改革与实验，乡村教育运动在 20 年代后期到 30 年代初达到高潮。与此同时，中国共产党举行南昌起义和秋收起义，开始建立农村革命根据地，将新民主主义推进到一个新的阶段。以下概述根据地教育改革和国统区教育改革：

---

　　① 吕达：《中国近代课程史论》，人民教育出版社 1994 年版，第 305 页。

1. 小学课程改革

在苏区革命根据地,中央人民政府十分重视教育,干部教育与群众教育得到较快发展。在群众教育中,青年教育和儿童教育的主要内容为政治教育和初步的读写算,没有设立普通中学。1934年10月,中央教育人民委员部发布《小学课程与教则大纲》,规定初小课程为国语、算术、游艺,高小课程为国语、社会常识、算术、科学常识、游艺、劳作及社会工作,还提出教学三原则:小学教育与政治斗争的联系,小学教育与生产劳动的联系,小学教育及儿童创造性的发展。在抗日民主根据地,所有小学非常重视抗日的政治教育,编印适合抗战的教材,增加军事训练、政治常识,减少或取消一些不必要的科目,组织学生参加各种社会活动,如站岗、放哨、查路条、送信、募集慰问品等。1939年8月,《陕甘宁边区小学规程》规定了初小课程为国语、算术、常识、美术、劳作、体育、音乐等七门,高小课程为国语、政治、算术、自然、历史、地理、美术、劳作、音乐、体育等十门。社会活动、生产劳动也列入正式课程。小学课本统一由边区政府教育行政部门编写。新课本普遍地突出了统一战线教育和抗战的政治教育,缺乏有关儿童德育和日常生活知识的内容。1944年4月,陕甘宁边区政府规定,民办小学的课程设置可以参考群众的意见,废除一些暂时不急需的科目,如果群众不愿用政府编的课本,也可以与群众商量自编、改编或主编。

在国统区,自1927年至1949年的23年间,小学课程历经6次变革,确立以"三民主义"为指导思想,加强政治教育,小学课程呈现大一统状况。1928年教育部颁布《小学暂行条例》,规定小学课程有三民主义、公民、国语、算术、历史、地理、卫生、自然、乐歌、体育、党童子军、国画、手工等,高小加授职业科目。1929年8月颁布《小学课程暂行标准》,把原有课程中的公民、卫生、历史、地理合并为社会,三民主义改为党义,图画、手工扩大范围改称美术、工作,高小职业科目取消。1932年10月修正暂时标准,颁布《小学课程标准》,将党义教材融化于国语、社会、自然等科中,不再单设,另加公民训练,实施训育,社会、自然两科中的卫生划出,增设卫生科,工作改为劳作,并将教材分为家事、校事、农事、工艺四项。1936年7月,教育部又修正标准,颁布《修正小学课程标准》,将初级小学的社会、自然合并为工作科,体育、音乐合并为唱游科;卫生一科取消,相关内容归并到公民训练、初小的常识和高小的自然科中。

2. 中学课程改革

中等教育方面，在晋察冀根据地，1941 年 3 月华北联合大学成立中学部，设初中班和高中班，课程有国文、数学、物理、化学、历史、地理、生物、外语等。① 干部性质的边区中等学校，重视政治理论和生产技能的课程学习。

在国统区，1929 年颁布《中学暂行课程标准》，将初中课程设置为党义、国文、历史、地理、算学、自然、生理卫生、图画、音乐、体育、工艺，另设职业科学、党童军（课外时间教学，不计学分）；高中课程有党义、国文、外国语、算学、本国历史、外国历史、本国地理、外国地理、物理、化学、生物学、军事训练、体育、选修科目。1932 年颁布《中学正式课程标准》，规定初中有公民、体育、童子军、国文、英语、算学、植物、动物、物理、化学、历史、地理、劳作、图画、音乐等课程，高中开设公民、体育、卫生、军训、国文、英语、算学、生物学、化学、物理、本国历史、外国历史、本国地理、外国地理、伦理、图画、音乐等课程。1936 年修正中学课程标准，初中有公民、体育、童子军、国文、英语、算学、生理卫生、植物、动物、物理、化学、历史、地理、劳作、图画、音乐等课程，高中开设公民、体育、军训、国文、伦理、英语、生物学、化学、物理、本国历史、外国历史、本国地理、外国地理、图画、音乐等课程。

需要指出的是，20 世纪 40 年代后，国民政府又对课程标准进行了修订，大的修订有两次。1942 年 1 月，教育部公布《小学课程修订标准》，规定调整相关科目及其内容，规定初级小学科目为团体训练、音乐、体育、国语、算术、常识、图画、劳作等八科，高小科目为团体训练、音乐、体育、国语、算术、社会、自然、劳作、图画。1948 年颁布《小学课程二次修订标准》，调整内容，提高标准，将团体训练改为公民训练，图画改为美术，原来分科教学的初小一、二年级的音乐与体育、美术与劳作合并，改为混合教学原则。在中学课程方面，1940 年重新修正中学课程标准，初中有公民、体育、童子军、国文、算学、博物、生理及卫生、化学、物理、历史、地理、劳作、图画、音乐等课程，高中有公民、体育（军事训练或军事看护）、国文、外国语、算学、生物、矿物、化学、物理、历史、地理、劳作、图画、音乐等课程。1948 年修订中学课程标准，初中有国文、英语、公民、历史、地理、数学、理化、博物、生理及卫生、体育、音乐、美术、劳作、童子军等课程，高中设国文、英语（他种外国语）、公民、历史、地理、

---

① 成仿吾：《战火中的大学》，人民教育出版社 1982 年版，第 111 页。

数学、物理、化学、生物、体育(女生体育)、音乐、美术、劳作(女生家事)等课程。

当然,战争环境中的学校大多处于维持状态,抗战时期和解放战争时期的课程改革几乎停顿,修订的课程标准未能很好地实施。

(二)课程改革的知识论分析

20世纪的20、30年代,我国掀起了一股课程改革的热潮,既有政府主导的课程改革,如1922年的学制改革及1923年制定的课程标准纲要,也有许多教育家个人投身的教育改革与实验,他们在课程改革方面进行了一些新的探索与实践。在政府主导的课程改革方面,1922年的学制改革与课程标准制定过程与清末民初均有很大不同,"它不是自上而下颁布推行的,而是自下而上酝酿成熟而产生的。它是新文化运动和五四运动的一个综合成果,是中国新的阶级力量——民族资产阶级成长和发展在教育上的反映"①。在知识论基础方面,课程改革过程(包括课程内容)均受到西方思潮与知识观点的显著影响,对于西学价值的质疑声音微弱,西方的科学知识、民主观点开始广泛传播,逐渐成为国人主导的知识价值取向。

下面以陶行知的课程改革及其知识论基础为例作一些剖析。

陶行知在批评当时的学校教育时指出:"现在一般学校里所注重的是闻知,几乎以闻知概括一切知识。亲知是几乎完全被挥之门外的。说知也被忽略,最多也不过是闻知里推想出来的罢了。"他认为行是知之始,亲知为一切知识之根本,闻知与说知必须安根于亲知里面方能发生效力。为此,他提出了一个内容十分广阔的课程主张,并进行了实践。他在《晓庄试验乡村师范学校创校旨趣》中说:"我们的实际生活,就是我们的全部的课程,我们的课程,就是我们的实际生活。我们每天早晨五时有一个十分钟到十五分钟的寅会,策划每天应进行的工作,是取一日之计在于寅的意义。寅会毕,即武术。本校无体操课,即以武术代。上午大部分时间读书。所读之书,一为学校规定者,一为随各个人自己性之所好者。下午工作有农事及简单仪器制造、到民间去等。晚上有平民夜校及做笔记、日记等。"②他的课程主张还可从他制定的三年晓庄课程计划中窥见一斑③:

中心小学、中心幼稚园、学生、建筑、田地、教育设施、事业

---

① 吕达:《中国近代课程史论》,人民教育出版社1994年版,第306页。
②③《陶行知全集》第2卷,四川教育出版社1991年版,第356、139页。

十六年春,红十字会、乡村医院、乡村教育先锋团、《乡村通讯》

十六年秋,民众夜校、到民间去、提倡乡村公共卫生、推广农业新知识

十七年春,修路、中心木匠店、中心茶园、民众运动场、民众戏台、乡村医药卫生、印厂、织布厂、晓庄救火会、联合农人研究村自治

十七年秋,修路

十八年春,设立苗圃、提倡造林

十八年秋,开办合作社

陶行知在《教学做合一之教科书》一文中提出"教学做合一"指导编写的三种标准:看它有没有引导人动作的力量,看它有没有引导人思想的力量,看它有没有引导生产新价值的力量。①

关于知识学习。陶行知主张"在劳力上劳心""教的法子依据学的法子,学的法子依据做的法子",主张"知识是要自己像开矿一样去取来的。取便是行……先知后行学说的土壤里,长不出科学的树,开不出科学的花,结不出科学的果"。"我们要以自己的经验做根,以这经验所发生的知识做枝,然后别人的知识方才可以接上去,别人的知识方才成为我们知识的一个有机部分。这样一来,别人的知识在我们的经验里活着,我们的经验也就生长到别人知识里去开花结果,至此,别人的知识便成了我们的真知识。"②他在《晓庄三岁敬告同志书》中以革命乐观主义的笔墨描述了当时的学堂:"学堂是有的,不过和别的学堂不同。他头上顶着青天,脚下踏着大地,东南西北是他的围墙,大千世界是他的课堂,万物是他的教科书,太阳月亮照耀他工作,一切人,老的、壮的,少的、幼的,男的、女的都是他的先生,也都是他的学生。"他吸收了杜威的思想,提出了一个类似杜威五步教学法的教学过程理论,即"行动生困难,困难生疑问,疑问生假设,假设生试验,试验生断语,断语又生行动,如此演进于无穷"③。

陶行知的教育改革有其清晰的知行论基础,尽管其知识论是中国传统知行学说与美国实用主义知识论的糅合。

关于知识本质。陶行知反对王阳明的"知是行之始,行是知之成"。他认为,"行是知之始,知是行之成","真知识是思想与行动结合而产生的知

---

①《陶行知全集》第1卷,四川教育出版社1991年版,第662页。

②③《陶行知全集》第2卷,四川教育出版社1991年版,第355、558、139页。

识，真知识是安根在经验里的"，"真知灼见是跟着智慧走的"。①

关于知识形式。陶行知将知识分为闻知、说知和亲知三种形式，认为"亲知是一切知识的基础。没有亲知做基础，闻知和说知皆不可能"。知识还可分为真知识与伪知识。真知识主要指产生于自身经验的知识，也包括在自己经验的基础上，同嫁接树枝一样接上去的他人的知识。"人家的真知识，接在我们素有的经验上，也可变为自己的真知识。若自己一些经验没有，就是他人真的知识也接不上去。"伪知识也可分为两种：根本上错误的，不符合事实的；强不知以为知，实在不知。人家告诉他，可是他自己一点儿经验没有，对于别人所说的话并不了解，也属于伪知识。总之，"只有从经验里发生出来的文字才是真的文字知识，凡不是从经验里发生出来的文字都是伪的文字知识。"②他还指出，文字仅仅是一种符号，必须与生活相联系，并与生活打成一片，才具有真实的意义。

关于知识价值。陶行知主要论述了书本的价值及其使用问题。他对当时流行的教科书进行了批评，指出："三十年前中国的教科书是以文字做中心，到现在中国的教科书还是以文字做中心……这些书使您觉得读到胡子白也不能叫您得着丝毫驾御自然的力量。这些教科书不教您利用自然认识自然。它们不教您创造，它们只能把您造成一个自然科学的书呆子。"他检讨说："中国教育所以弄到山穷水尽，没得路走，是因为大家专靠文字、书本做唯一无二的工具，并且把文字、书本这个工具用错了。"因此，他主张，书和铜子、锄头一样，只是一种工具，都是给人用的。他甚至认为"书是一种工具，只能用，不可读"。他将社会划分为健康生活、劳动生活、科学生活、艺术生活、社会改造生活五大领域，提出："过什么生活用什么书……做什么事用什么书……书是一种工具，一种生活的工具，一种做的工具……遇到一本书，我们必须问：您能帮助我把这件事做得好些吗？您能帮助我过一过更丰富的生活吗？"③他主张书为人所用，而非人为书所役，强调用书增进人的生活能力，"用书如用刀，不快就要磨。呆磨不切菜，怎能见婆婆"④。可见，陶行知十分重视书的使用价值，今天看来显然有些偏激，但在当时非常具有进

---

①②《陶行知全集》，四川教育出版社1991年版，第1卷第22、141—142、145页，第2卷第15页。

③④《陶行知全集》，四川教育出版社1991年版，第2卷第653、115、652页，第3卷第609页。

步意义。

陶行知的课程主张在其生活教育实践中得以充分展现，为我们今天的课程与教学改革留下一笔丰富的遗产，值得我们学习与研究。

三、共和国课程改革及其知识论分析

（一）新中国课程改革概览

中华人民共和国的成立，揭开中国教育新的一页。共和国教育发展的历史就是一部改革的历史，60多年来大的课程改革共有八次。

第一次改革（1949—1952）：建国后，新中国实行了全国统一的教学计划、教学大纲、教科书，制定了统一的课程政策、相应的教学大纲和教材。

1949年9月通过了《中国人民政治协商会议共同纲领》，提出"有计划、有步骤地改造旧的教育制度、教育内容和教学方法"。以此为指导，教育部1950年8月颁发了《小学各科课程暂行标准（草案）》和《中学暂行教学计划（草案）》，设置以下科目：政治、语文、数学、自然、生物、化学、物理、历史、地理、外语、体育、音乐、美术、制图。1951年3月，教育部召开全国中等教育工作会议，提出了普通中学的宗旨和教育目标，并通过了《中学暂行规程》（1952年3月颁布）以及中学政治等7个学科的课程标准草案。1951年8月，教育部召开第一次全国初等教育及师范教育会议，通过了《小学暂行规程》（1952年3月颁布），并制定了新中国第一个《小学教学计划》。1951年10月，中央人民政府政务院颁布了《关于改革学制的决定》，对各级各类教育学制作出了新的规定。1952年2月教育部颁发了《四二旧制小学暂行教学计划》，供未改行五年一贯制的小学执行。1951年人民教育出版社成立，开始修订或重编中小学通用教材，出版了新中国第一套中小学全国通用教材。1952年制定《小学教学计划》，设置课程有语文、算术、自然、地理、体育、语汇、音乐。1952年对中学教学计划进行修订，将政治课改为中国革命常识、社会科学基础知识、共同纲领和时事政策。

第二次改革（1953—1957）：1953年3月，教育部颁布了《中小学教学大纲（草案）》，学习苏联经验，参照苏联大纲的模式，制定了小学算术、中学数学、物理、化学、生物等主要学科的教学大纲，放弃了自1951年开始的学制和课程体系，小学采用四二学制。1953年以后的计划增加了生产技术教育的手工劳动课和农业常识课。1953年颁布《中学教学计划（修订草案）》，增设

了工农业基础知识课。1955 年颁布《小学教学计划》。1957 年 6 月，颁发《1957—1958 学年度中学教学计划》，其中包括三个授课时数表，规定授课时数。1956 年发行了建国后第二套中小学各科教科书。1953—1957 年，课程改革加强了劳动教育课，减少了基础文化课的教学。

第三次改革(1958—1965)：1958 年 9 月，以党中央、国务院颁布的《关于教育工作的指示》为标记，中小学课程改革的主要特征是缩短学制、大炼钢铁、强调教育与生产劳动相结合。

为了适应"大跃进"的发展形势，1958 年教育部颁发了《1958—1959 学年度中学教学计划》。教学计划中增设了社会主义教育课、生产劳动课和体力劳动课，但忽视了基础知识的教学。为了克服 1958 年各地自编教材存在的问题，保证全国必要的统一性和应有的教学质量，同时配合当时把中小学十二年缩短为十年的学制改革实验，教育部组织力量从 1960 年开始编辑出版十年制中小学实验教材。该套教材为全国第三套十年制中小学通用教材（实验教材）。1963 年，教育部颁布《全日制中小学教学计划（草案）》，对文化课、品德课、生产知识课，对教学、生产劳动和假期工作都作了统一安排，调整了不同科目的课时比重，较大地增加了语文、数学、外语、物理、化学时数，同时减少历史、地理课时，纠正了"重文轻理"的倾向。教材内容注重基础知识和基本技能的训练，突出知识的系统性，该计划一直沿用到"文化大革命"开始。1964 年，根据中央宣传部领导的意见，遵循"加强教材的思想性，注意理论联系实际，贯彻'少而精'原则，减轻学生负担"的精神，对实验教材进行调整、删改、精简，出版了十二年制中小学教材，这套教材是新中国成立后第四套全国通用中小学教材。遗憾的是，由于"文化大革命"的爆发，这套教材未能全面使用。"大跃进"的"教育革命"颇为激烈，下面是广西黎塘中学一位干部在 1958 年 12 月 28 日给教育部写的信。该信详述了从 9 月开学到年底劳动与教学的情况：

"这个学期是 9 月 18 日开学的。开学初的一个星期，上午上课，下午搞自己的农业劳动。不久，上级即指示办工厂，我们准备大搞一两周，把工厂建起来。刚搞了几天，校长到专区开会拍回一个紧急电报，要求在国庆节前炼出几吨生铁。""一声通知，全部师生集中到广竹山去挖矿石、运料、炼铁，和公社一起搞。苦战了十七昼夜，任务基本完成回校。随即接到通知，全部人力去搬运木材。苦战了四天，又接通知，上山采摘树种。于是背上行李，到三四十里外的崇山峻岭去搞了四天，于 11 月 4 日回到了学校，庆功、处理生活问题，又用去了两天。回校后继续搞自己的工厂农场，上午上两三节课，下午全部劳动。""团委书记到县开会，打回紧急电话，要苦战一晚，每人写几封慰问信给钢铁战士。""镇委又来紧急通知，苦战一周，做好了 5000 件棉衣（每人平均要做 8 件多），送给钢铁前方战士。又不得不分头出击，苦战。几天后，上面又来通知，要集中力量，上山采集树种两万斤。""又来紧急电话：你校七百人，全部到××大队支援秋收"，"县生产办公室，又布置苦战五天，种下四百亩亚麻"，"这两天县里又布置了文艺大放卫星，体育大放卫星，苦战三天，实现劳卫制一级，苦战四天，通过二级，军事训练提出年底前射击满堂红。镇委又来了个全面动员，突出中心工作——深耕、水利、积肥，学校师生，半放学状态，苦战 20 天……我们这学期就是这样过去的"。①

第四次改革（1966—1976）：1966 年 5 月 7 日，毛泽东在一封信中提到："学生也是这样，以学为主，兼学别样，即不但学文，也要学工、学农、学军，也要批判资产阶级。学制要缩短，教育要革命，资产阶级知识分子统治我们学校的现象，再也不能继续下去了。"这就是著名的"五七指示"，它成为"文革"期间教育革命的指导方针和重要依据。"文革"中缩短学制，改变课程教材，大搞"开门办学"。1969 年后，各地自行编订教学计划、教学大纲和教材，尤为强调突出政治，联系工农业生产实际，取消了外语课，把数学、物理合并为工业基础课，内容主要为"三机一泵"（拖拉机、柴油机、电动机、水泵）和土地测量，把生物、化学、农业基础归并为农业基础课，把语文、音乐、美术纳入生产系统，合并为革命文艺课，有的则把政治、语文、历史三科合并，以毛泽东著作作为基本教材，有的把大批判稿选入课本，历史教材成了农民战争史、儒法斗争史，学科体系被打乱，以适应工农业生产与革命形势的需要。1969 年 5 月 12 日，《人民日报》发表的吉林省梨树县《农村中小学大纲（草案）》提出：小学设政治语文、算术、革命文艺、军事体育、劳动五门课；中学设毛泽东思想教育、农业基础、革命文艺、军事体育、劳动五门课。文化基础知识课程的削减，大大地动摇了基础知识的地位，严重地降低了教学质量。

第五次改革（1977—1985）：1976 年后，教育阵线"拨乱反正"。1978 年，

① 毛礼锐、沈灌群主编：《中国教育通史》第 1 卷，山东教育出版社 1989 年版，第 142—143 页。

教育部颁布了《全日制中小学教学计划（试行草案）》和《全日制十年制学校中小学各科教学大纲（试行草案）》，强调教学要为实现我国四个现代化培养又红又专的人才打好基础，提出教材编写要精选基础知识，加强"双基"，注重智力培养。课程门类上保留了农业基础课程，初中只学中国史。课程改革关注思想政治与文化科学知识、传统内容与现代科学知识、理论与实践关系的问题。1977—1980年教育部组织专家编写出版了中小学各科教材，这是共和国第五套全国通用教材。1981年，教育部制定了《全日制小学和重点中学教学计划》，组织编写出版了第六套全国通用教材（1981—1985年）。此间小学设思想品德、语文、数学、外语、地理、历史、体育、音乐、美术和劳动等课程，中学增加历史、地理、生物的教学时数，首次开设劳动技术课。从课程内容看，理科课程课时比重有大幅度增加，"重理轻文"明显，且理科教科书存在着深、难、重的问题，学生负担较重，此后进行了适当修订，以降低要求。1985年，中共中央颁布《中共中央关于教育体制改革的决定》，进行简政放权、分级管理的改革探索。

第六次改革（1986—1991）：1986年，国家教委（原教育部）颁布《中华人民共和国义务教育法》。1988年，国家教委颁发《义务教育全日制小学、初级中学教学计划（试行草案）》（包括六三制和五四制两种）和24个学科的教学大纲，同时对小学的培养目标，学生的基本能力、良好习惯等方面提出了明确的要求。该计划改革了课程结构，调整了各学科比例，增加了课程的灵活性和多样性，成为当时编写义务教育教学大纲的依据。1986年起，国家教委开始规划义务教育教材的编写工作。1988年春，国家教委颁发了九年义务教育全日制小学和初级中学各科教学大纲初审稿，作为编写义务教育教材的依据。九年义务教育教材编写的一个突出特点是"一纲多本"，即在国家规定的教育方针和教学大纲基本要求的基础上，鼓励各地提出自己的编写计划。

第七次改革（1992—1999）：1992年8月，国家教委为贯彻《中华人民共和国义务教育法》，正式颁发《九年义务教育全日制小学、初级中学课程方案（试行）》。该方案将教学计划改为课程计划，将小学和初中的课程统一设计，把全部课程分为学科类和活动类，还留有地方课程，改变了仅有必修课程的单一的课程结构。此外，1992年还颁发了24个学科教学大纲，于1993年秋起在全国逐步试行。1996年，国家教委颁发了与九年义务教育课程计划相衔接的《全日制普通高级中学课程计划（试验）》，明确提出，普通高中课程结构由学科类课程和活动类课程组成。普通高中学科类课程分为必修、限定选修和任意选修三种方式。1997年秋起，国家教委统一安排和部署，在江西、山西、天津开展了普通高中新课程方案试验。2000年教育部颁发的《全日制普通高级中学课程计划（试验修订稿）》，强化了课程结构的多样性，在选修课中加大了地方和学校的作用。1992年计划将活动课程列入其中，推动了活动课程的改革与实施。一些地区组织制定了小学活动课程指导纲要，推动活动课程的实施。如天津河西区教育局的活动指导纲要①，内容十分丰富。

思想品德类主要有：晨会活动指导纲要，班队活动（含校传统活动）指导纲要，社会实践活动指导纲要，少年警校活动指导纲要，少年警校活动指导纲要。

学科类主要有：阅读活动指导纲要，书法活动指导纲要，口才训练活动指导纲要，数学活动指导纲要，英语乐园活动指导纲要，动植物标本制作活动指导纲要。

科技类主要有：计算机活动指导纲要，气象活动指导纲要，海、陆、空模型制作活动指导纲要，航空模型活动指导纲要，环境保护活动指导纲要。

文艺类主要有：工艺美术活动指导纲要，美术活动指导纲要，国画活动指导纲要，孔版画活动指导纲要，合唱活动指导纲要，手风琴活动指导纲要，电子琴活动指导纲要，腰鼓队活动指导纲要，舞蹈活动指导纲要，鼓号队活动指导纲要，铜管乐队活动指导纲要，中西混合小乐队活动计划。

体卫类主要有：红十字活动指导纲要，足球活动指导纲要，排球活动指导纲要，乒乓球活动指导纲要，毽球活动指导纲要，武术活动指导纲要，田径竞赛训练计划，艺术体操活动指导纲要，三项棋类活动指导纲要。

劳技类主要有：园艺活动指导纲要，刺绣活动指导纲要，缝纫活动指导纲要，"小巧手"活动指导纲要，烹饪活动指导纲要，摄影活动指导纲要。

经过前七次课程改革，初步实行了一纲多本的教材多样化政策，打破了单一的课程结构，课程内容关注学生全面发展的经验，全面发展教育、素质教育日益得到重视并逐步走进课堂，课程管理模式打破了过于集中的格局。但课程教材体系不能适应全面推进素质教育的要求，依然存在着教育观念滞后、课程内容偏难偏繁、德育缺乏针对性和实效性、课程结构单一、课程评

①天津河西区教育局：《小学活动课程指导纲要》，载《人民教育》1994年第7—8期。

价过于强调学业成绩和甄别选拔功能、课程管理强调统一和人文学科比重过低等问题。针对旧课程中一系列的问题，国家于2001年正式启动了新一轮的基础教育课程改革。

第八次改革（2001— ）：1999年，国务院颁发《中共中央国务院关于深化教育改革全面推进素质教育的决定》，2001年颁发《国务院关于基础教育课程改革与发展的决定》。2001年6月，教育部颁发《基础教育课程改革纲要（试行）》，第八次基础教育课程改革正式启动，中国教育进入一个新纪元。从2001年9月起，全国27个省（自治区、直辖市）的38个国家实验区（以县区为单位）开始了基础教育课程改革实验。2004年秋季，新一轮的高中课程改革首先在山东、广东、海南和宁夏四省区进行实验，2005年增加了江苏，2006年又增加了天津、浙江、福建、安徽和辽宁。2010年，全国全面实施新课改。本次课程改革是一次全方位的改革，从课程理念到课程开发、课程管理均进行了一系列深刻的变革，掀起了地方课程、校本课程以及综合实践活动的热潮。下面以校本课程开发与综合实践活动为例，说明课程改革的状况。

江苏省无锡市锡山高级中学将学校课程分为国家课程与校本课程两大类，除了国家课程，还开设了多个系列的校本课程。①

表2—7 江苏省锡山高中课程计划（部分）

			高一	高二	高三	课时合计
国家课程（从略）						
校本课程	限选课	阅读技能	1	1		
		英语会话	1	1		
		心理辅导	0.5			
		研究性学习方法	0.5			
	任选课	人文素养类 科学素养类 身心健康类 生活职业技能类	任选课			

① 朱士雄、唐江澎主编：《校本课程开发：省锡山高中案例研究》（内部资料），2001年，第47、63页。

表 2-8　江苏省锡山高中 2001—2002 学年上学期高二年级任选类校本课程目录(部分)

类别	课程代码	课名	人数限额	学分	总课时	任课教师
科学素养类	XRK301	数学学法指导与交流	54	1	16	
	XRK303	化学竞赛辅导	40	4	64	
	XRK309	物理在生活中的应用		1	16	
	XRK311	生物实验				
	XRK319	人口资源与环境				
人文素养类	XRW301	英语口语	30	1	16	
	XRW303	历史人物与性格		4	16	
	XRW304	军事史话		1	16	
	XRW315	走遍五大洲		1	16	
	XRW317	中国古代儒道音乐美学思想研究		1	16	
	XRW328	现当代小说鉴赏		1	16	
生活职业技能类	XRY301	CDIDA 网页制作	50	1	16	
	XRY305	曲艺表演	30	1	16	
	XRY306	形体与舞蹈	30	1	16	
	XRY309	电脑平面设计	50	1	16	
	XRY310	电视节目制作	20	1	16	

　　许多地方与学校大力推行综合实践活动,着重培养学生的创新精神和实践能力。例如:

　　浙江湖州市经过探索,逐步完善综合实践活动课程,形成了五种操作模型:(1)课题研究型,教师指导模式、学生自主研究模式以及师生合作研究模式;(2)学科结合型,即结合学科内容,将活动内容与学科教学结合起来,从学科学习中寻找活动内容,如安吉高级中学将语文综合实践活动分为语言学习专题(包括春联、婚联、丧联等楹联的收集整理,现代流行语、网络语的收集整理,广告语言与现代流行语的收集整理,安吉方言土语研究)、文化研究专题(包括收集民间故事、民间传说,收集民间谚语、俚语、俗语等,收集孝文化的民间传说,研究"孝丰"古地名的由来,安吉文化名人研究,安吉地方民俗文化研究)、社会实践专题(包括研究安吉生态旅游的文化内涵,黄浦江源安吉龙王山生态考察,"中国竹乡"竹文化研究,"竹产品开发现状"调查研究,安吉茶文化研究);(3) 创意实践型,如每年举办中小学创新大赛;(4) 社团活动型,即根据学生的个人爱好和个性特长,自主组合成各种学生社团,并自主地开展活动;(5) 社区服务型,根据社会生活中的实际问题或配合社会各部门的中心工作所展开的活动,市教育局每年组织全市中小学生开展寒暑假"五个一"活动,各校开展了社区环境保洁工作、绿化维护、居民消费趋势调查、与孤寡老人结对献真情、社区青少年假期课业辅导等活动。①

（二）新中国课程改革的知识论分析

1. 毛泽东的课程主张及其知识理论基础

共和国成立以来的基础教育课程历经多次改革,作为共和国缔造者的毛泽东的知识观对教育改革(课程改革)产生了重要影响。分析毛泽东的知识观有助于理解我国课程改革的基本特征。

毛泽东在长期的革命实践中提出了自己的教育思想与课程主张,并在不同时期进行了一定的实践探索。

毛泽东早在 1917 年的《体育之研究》中就指出:"课程密如牛毛,虽成年之身,顽强之身,犹莫能举,况未成年者乎?"1921 年,毛泽东在《湖南自修大学创立宣言》里指出旧学校"钟点过多,课程过繁。终日埋头上课,几不知上课以外还有天地,学生往往神昏意怠","坏的总根,在使学生立于被动,消磨个性,灭掉性灵。庸懦的随俗沉浮,高才的陷于裹足"。② 建国伊始,数次指示教育部门和大中学校,砍去一些课程,课程内容宜"少而精",以免学生负担过重,影响健康。1964 年 2 月 23 日,他在春节座谈会上的谈话中,针对当时的教育实际情况指出:"现在的课程多,害死人。""课程讲得太多,是烦琐哲学,烦琐哲学总是要灭亡的。"考试方法要改变,答得很出色,"有创建,可以打一百分";全部答对了,"但是平平淡淡,没有创见的,给五十分、六十分"。课程要适当,讲授要得法。1964 年 8 月 29 日,在接见尼泊尔教育代表团时,毛泽东尖锐地批评了我国当时教育脱离实际的状况:"教学不能从课本到课本,从概念到概念;理工科学生不仅要有书本知识,还要会做工,文科

---

① 《全国基础教育课程改革经验交流会会议材料（二）》,南京,2009 年 10 月,第 42 页。

② 蒋伟杰、万喜生主编:《学习和研究毛泽东教育思想》,湖南教育出版社 1991 年版,第 134 页。

学生要把整个社会作为自己的'工厂'；师生都应该接触工人、农民和工农业生产。"①1966年，他强调：各行各业都要以本业为主，学生则以学习文化科学知识为主，兼学工、学农、学军等等。②

毛泽东不仅阐发自己的教育观点，还身体力行，大胆实践。1920年秋至1921年冬，他在湖南一师担任附属小学主事（相当于校长）和师范部国文教员。他在附小设置了国语、算术、社会、自然、手工、图画、音乐、体育，共8科15门课程；主张学生参加生产劳动，并身体力行，实施教育与生产劳动相结合。1921年8月至1923年11月，他创办湖南自修大学，附设补习学校与湘江学校。课程为农民问题、农业经济、农村社会学、栽培常识、农村小学教育、农村行政组织、农业实习等。1925年至1927年，他在韶山、广东、武昌主办农民夜校、农讲所，主讲农民问题、农村教育。他讲求实用，强调课程教材为经济发展、为战争服务，提倡启发式，反对注入式。③ 在他的指示下，陕甘宁边区政府规定在边区各中小学和师范学校增设边区建设、生产知识、医药知识三门课程，加强知识与生产生活的联系。

毛泽东的课程主张与实践，有其知识理论基础。他在探讨感性和理性、直接经验和间接经验、理论和实践等的关系时，论述了知识的本质属性、基础、发展、价值，阐述了自己的知识观念。毛泽东在1937年完成《实践论》，阐释了马克思主义的知行观即认识论，强调认识对实践的依赖关系，指出"实践的观点是辩证唯物论的认识论之第一的和基本的观点"。他论证了认识的全过程，指出"实践、认识、再实践、再认识，这种形式，循环往复以至无穷，而实践和认识之每一循环的内容，都比较地进到了高一级的程度"。

关于知识本质。毛泽东认为，只有感觉的材料十分丰富（不是零碎不全）和合于实际（不是错觉），才能根据这样的材料造出正确的概念和理论来。"理性认识依赖于感性认识，感性认识有待于发展到理性认识，这就是辩证唯物论。"即，知识是经验的总结与概括，是在丰富的感觉材料的基础上经过思考作用，加以去粗取精、去伪存真、由此及彼、由表及里的改造制作功夫，造成的概念和理论系统。"一个正确的认识，往往需要经过由物质到精

---

①②《中华人民共和国教育大事记（1949—1982）》，教育科学出版社1984年版，第366—367、399页。

③ 孟湘砥主编：《毛泽东教育思想探源》，湖南教育出版社1993年版，第158页。

神,由精神到物质,即由实践到认识,由认识到实践这样多次的反复,才能够完成。"在他看来,知识总是相对的,这是因为,社会实践中的发生、发展的过程是无穷的,人的认识的发生、发展的过程也是无穷的。人类对自然、社会的认识、知识,伴随着社会生产活动的发展一步一步地由低级向高级发展。客观现实世界的变化运动永远没有完结,认识也便没有完结,是不断发展的。他描述了人的认识、知识的发展过程。人在实践过程中,首先看到的是事物的现象,即事物的各个片面以及这些事物的外部联系。随着社会实践的继续,人们在实践中获得的感觉和印象多次反复,产生了概念,抓住了事物的本质、事物的全体、事物的内部联系。"在绝对真理的长河中,人们对于在各个一定发展阶段上的具体过程的认识只具有相对的真理性。无数相对的真理之总和,就是绝对的真理。"①

关于知识形式。毛泽东将知识划分为不同的类型与形式,如感性与理性。感性知识是对事物现象的认识,理性知识是对事物规律的认识。感性和理性二者的性质不同,"只有感觉到了的东西才能更深刻地理解它,只有理解了的东西才能更深刻地感觉它。感觉只解决现象问题,理论才能解决本质问题"。但二者又不是互相分离的,它们在实践的基础上统一起来。他还将人类知识分为三种形式:"自从有阶级的社会存在以来,世界上的知识只有两门,一门叫做生产斗争知识,一门叫做阶级斗争知识。自然科学、社会科学,就是这两门知识的结晶,哲学则是关于自然知识和社会知识的概括和总结。"此外,在对待中外知识上,他提倡社会主义的内容、民族的形式。"文化上对外国的东西一概排斥,或者全盘吸收,都是错误的。"对于"中学为体,西学为用",毛泽东认为,"'学'是指基本理论,这是中外一致的,不应该分东西。""应该是在中国的基础上面,吸取外国的东西。应该交配起来,有机地结合。"②

关于知识检验。毛泽东探讨了真正的知识即完全知识的标准问题。"真正的理论在世界上只有一种,就是从客观实际抽出来又在客观实际中得到了证明的理论,没有任何别的东西可以称得起我们所讲的理论。"他指出有两种不完全的知识:"一种是现成书本上的知识,一种是偏于感性和局部的知识,这二者都有片面性。只有使二者互相结合,才会产生好的比较完

①②《毛泽东论著选读》,人民出版社1986年版,第125、130、752、840页。

的知识。"即无论是书本知识还是经验知识都不是完全的知识。他分析了完全知识的构成问题，指出："一切比较完全的知识都是由两个阶段构成的：第一阶段是感性知识，第二阶段是理性知识，理性知识是感性知识的高级发展阶段。"①他特别指出，学生的书本知识不是他们自己亲自得来的知识，对于他们来说还是片面的，最重要的是让学生学会将这些知识应用到生活和实际中去。1957年3月12日，他在全国宣传工作会议上谆谆告诫：从书本得来的知识在没有同实践结合时，是不完全或很不完全的知识。"知识分子接受前人的经验，主要是靠读书……但是光读书，还不能解决问题。一定要研究当前的情况，研究实际的经验和材料，要和工人农民交朋友。"

毛泽东十分强调知识的实践基础，剖析了知识的实践性质。毛泽东认为，知识来源于实践。"人的知识，主要地依赖于物质生产活动，逐渐地了解自然的现象、自然的性质、人和自然的关系；而且经过生产劳动，也在各种不同程度上逐渐地认识人和人的一定的相互关系。一切这些知识，离开生产活动是不能得到的。"实践出真知，"无论何人要认识什么事物，除了同那个事物接触，即生活于（实践于）那个事物的环境中，是没法子解决的。""你要有知识，你就得参加变革现实的实践。你要知道梨子的滋味，你就得变革梨子，亲口吃一吃。你要知道原子的组织同性质，你就要实行物理和化学的实验，变革原子的情况。你要知道革命的理论和方法，你就得参加革命。一切真知识都是从直接经验发源的。"总之，"人的正确思想，只能从社会实践中来，只能从社会的生产斗争、阶级斗争和科学实验这三项实践中来。人们的社会存在，决定人们的思想"。②

当然，毛泽东并不忽视理性知识的作用，相反，他认为理性知识比感性知识更深刻，他看到理论对实践的指导作用。"如果有了正确的理论，只是把它空谈一阵，束之高阁，并不实行，那么，这种理论再好也是没有意义的。认识从实践始，经过实践得到了理论的认识，还必须再回到实践去。认识的能动作用，不但表现于从感性的认识到理性的认识之能动的飞跃，更重要的还须表现于从理性的认识到革命的实践这一个飞跃。"他强调各种知识的互动。"有书本知识的人向实际方面发展，然后才可以不停止在书本上，才可以不犯教条主义的错误。有工作经验的人，要向理论方面学习，要认真读

①②《毛泽东论著选读》，人民出版社1986年版，第120—126、492、494—495、839页。

书,然后才可以使经验带上条理性、综合性,上升成为理论,然后才可以不把局部经验误认为即是普遍真理,才可以不犯经验主义的错误。"①

毛泽东基于上述知识理论,对教育的现状进行批判,阐发了自己的课程观与教学观。他强调知识的实践基础,批评片面重视书本知识、忽视实践的错误做法,反对不问时事,闭门读书,强调关注社会实践,研究社会问题,参与社会变革,特别重视理论与实践相结合、教育与生产劳动相结合,对我国很长一段时期的课程与教学改革起到了直接的指导作用,提供了知识论依据。但也不可否认,毛泽东关于"学生既要学工、学农、学军,又要批判资产阶级"的指示矫枉过正,忽视了基础知识的教学,降低了基础教育的质量。

2. 建构主义(constructivism)的认识论

新一轮课程改革是以建构主义认识论为基础的改革,建构主义知识理论为课程改革提供了重要的理论基础。同时,建构主义概念在教育领域的运用,向传统的教育观念提出了严峻的挑战,引发了对学习观、教学观、课程观的反思与重建。

建构主义是当代认知主义的进一步发展,其思想渊源可追溯到皮亚杰的有关学说。皮亚杰(Piaget)认为,儿童是在与周围环境相互作用的过程中建构关于外部世界的知识,从而使自己的认识得到发展的。他描述了儿童认知结构(认知图式)发展的内在机制:儿童将外部信息纳入已有的认知结构(同化),或重组认知结构以吸收新的信息(顺应),不断地建立认知结构与外部刺激的平衡。在皮亚杰看来,儿童关于现实的概念不是"发现"而是"发明",概念、知识既不预在于内,也不预成于外,儿童必须在动作、活动中通过内化与外化的双重建构去构造概念与知识。在皮亚杰学说的基础上,科尔伯格(Kohlberg)研究了认知结构的性质和发展条件,斯滕伯格(Sternberg)探讨了个体建构认知结构的主动性问题。此外,维果斯基和布鲁纳的理论也对建构主义思想的发展起到极大的推动作用。维果斯基(Vygotsky)强调社会文化历史的作用,特别强调活动和社会交往在人的高级心理发展中的主导作用。此外,维柯(Vico)的"历史"概念、康德(Kant)的"为自然立法"、杜威的经验自然主义等理论都对建构主义有一定的影响。

关于知识的性质。建构主义有多种类型,不同的建构主义者对"知识"

107

----

① 《毛泽东论著选读》,人民出版社 1986 年版,第 131、495 页。

的理解也不尽相同。激进的观点(如激进建构主义、社会性建构论)认为,知识不是对客观事物本来面目的揭示,它是个体适应的结果。知识是由个体主动建构起来的,属于个人的经验,不能简单传递。温和的观点(如信息加工建构主义)既承认知识的客观性和可靠性,又强调实际情境的复杂性和变化性,主张对知识进行深加工,使新旧知识、经验相互作用,新知识获得意义,旧知识得到改造。几乎所有的建构主义者均赞成知识是由学习者从内部生成的观点,强调知识是主体与客体相互作用的结果。知识不是对现实的准确反映,它只是一种合理的解释和可靠的假设,不是问题的最终答案,会随着人类的进步不断发展、更新。知识不能精确地概括世界的法则,需要我们针对具体情境进行再创造。换言之,知识被看作是临时性的,不是绝对的,知识被视为个人和社会的建构。①

关于知识的探究形式。知识的探究即知识意义的建构,不是对外部世界内在本质和规律的揭示。但知识的意义建构并不是凭空产生的,它是以丰富的学习情境作为载体,在一定的情境中建构、再构与创造知识意义的过程。意义建构不是简单的信息积累,不是简单的信息输入、存储和提取,是新旧知识经验之间双向的相互作用的过程。它是一个同化过程和顺应过程的动态平衡,通过同化和顺应,学习者的认知结构不断丰富、完善。知识探究的情境可以直接来源于现实世界,也可以由教师精心设计,让学生在实际的环境或模拟的环境中去实现知识的意义建构。

关于知识的存在形式。建构主义认为,知识不可能以实体的形式存在于具体个体之外,它只能由个体基于自己的经验背景建构起来。外在的知识不过是一些抽象的符号,没有确定的意义,缺乏实质意义的存在。即知识只能存在于学习者的头脑之中,并由此而获得意义。

关于知识的检验形式。知识不是绝对准确无误的对世界法则的唯一概括,在具体的问题解决中,知识需要进行再加工和再创造。知识检验即学习者之间的协作、交流和会话,是学生与学习环境的交互作用,通过协作、交流和会话,扩展各自对知识的理解,矫正各自的看法,丰富知识的意义。因此,知识检验没有确定的标准,它随着情境的变化而变化,即知识检验具有情境

---

① 陈琦、张建伟:《建构主义学习观要义评析》,载《华东师范大学学报》(教育科学版)1998年第1期。

性、不确定性。换言之,重要的不是对知识的真理性进行检验,而是对知识的意义进行丰富、发展。

关于知识的旨趣与价值。知识不是对现实的纯粹客观的反映,它只不过是人们对客观世界的一种解释、假设或假说;它也不是问题的最终答案,随着人们认识程度的深入必将不断出现新的解释和假设。知识是一种关于世界的解释、假设,是解决问题的工具,是激发我们思考与进行意义创造的材料与工具。知识是对世界的探索与意义赋予,每一种理论与法则的建立都隐含着科学家们的科学探索精神和科学方法的运用,即隐含着知识的建构过程。因此,知识的意义在于了解知识是怎样发生变化的,进而获得与掌握、运用探索世界的精神与方法,创造与建构知识的丰富意义。

3. 建构主义认识论对课程改革的渗透

我国基础教育课程改革的理论框架是在统整多种建构主义理论、吸取各派学说合理内核的基础上来构建的。通过对《基础教育课程改革纲要(试行)》(以下简称《纲要》)的分析,我们不难看出其中隐含的建构主义思想。①

课程目标中的建构主义。与生物进化论的适应性观点相类似,建构主义认为,认识是一种适应性活动,它超越生存目标,扩展到我们体验世界时所追求的高一级的概念组织目标。如果概念、模式理论能证明它们对于自身被创造出来的情境脉络是适宜的,那么它们便具有生存力。因此,《纲要》在关于课程改革的目标中提出,使学生在获得基础知识与基本技能的同时能够学习和形成正确的价值观。例如在科学研究中,除了解决具体问题的目标之外,还有一个目标就是建构一个尽可能与经验相一致的模式。

课程结构中的建构主义。建构主义认为,教育运作应与实际应用环境尽可能紧密结合,它要求削减被奉为经典的学科本位课程,因为在这些课程中只有极少数内容直接与实际的应用语境相关,而且这些课程的内容通常只有在被纯化、被限定的教育系统的氛围里才能予以理解和应用。当然,建构主义也并不排斥学科本位课程的学习,因为学生学习的这些课程是其他课程的前提。因此,《纲要》提出整体设置九年一贯的课程门类和课时比例,开设选修课程,设置综合课程,体现课程结构的均衡性、综合性和选择性。

---

① 唐德斌、王孝红:《基础教育课程改革中的建构主义理念》,载《江西社会科学》2004年第6期。

倡导学生与教师一起决定对他们具有实际意义的主题,采用综合课或选修课的形式最大限度地使学生参加有意义的活动。

课程实施中的建构主义。建构主义认为,课程实施不仅仅是教师与文本、教师与教师之间建构知识的意义,也是师生共同建构知识意义、促进师生共同发展的过程。教学的作用仅仅在于给学生提供活动机会,帮助、促进学生组织自己的经验,建构自己的知识,而不是去发现本体论意义上的客观现实及其内在规律。因此,教师要转变教学方式,改变把学生作为知识的"容器"进行灌输的"填鸭式"教学方式,应将学生纳入知识意义的建构过程。通过学生与情境、学生与教师、学生与学生之间的对话、协商、行动,生成知识新的意义与价值。教师应组织学生合作学习,指导学生展开交流讨论、相互协商。在教学过程中,教师要善于营造合作学习的环境,让整个学习群体(包括老师和每一位学生)共同完成知识的意义建构。

学生学习方式转变中的建构主义。建构主义认为,学习不是由教师把知识简单地传递给学生,而是由学生自己建构知识的过程;学习不是被动接收信息刺激,而是主动地建构意义,是根据自己的经验背景,对外部信息进行主动的选择、加工和处理,从而获得自己的意义的过程;学习意义的获得,是每个学习者以自己原有的知识经验为基础,对新信息重新认识和编码,建构自己的理解。在知识的学习过程中,"产生"比"发现"更重要,创造的过程比发现的过程更重要,特别强调形成性的或建构性的活动。因此,《纲要》提出应促进学生在教师指导下主动地富有个性地学习,引导学生质疑、调查、探究。要凸现学习过程中的发现、研究等认识活动,引导学生主动参与、乐于探究、勤于动手,使学生的学习过程更多地成为发现问题、提出问题、解决问题的过程,培养学生运用知识、自学探究、合作交流和规划人生的能力。

教材开发与管理中的建构主义。在建构主义看来,教材的研制者和实施者其实都是在不同层次上参与教材的开发与利用,进行知识意义建构的活动。学校、教师和学生都必然要参与教材的开发与利用,以促进教材意义的多向建构。任何教材只有通过学生才能发挥应有的作用,教材开发尤其要利用学生在日常生活中以及在实现目标过程中的各种资源,包括知识与技能、生活经验和阅历、教和学的方式与方法、情感态度与价值观等,以促进学生对教材的意义建构。因此,《纲要》指出要积极开发并合理利用校内外各种课程资源,特别是教材的开发与管理。教材内容的选择要体现学生身心发展的特点,反映社会、政治、经济、科技的发展需求,并要有利于学生探究。

　　课程评价中的建构主义。建构主义认为,课程评价是评价者与被评价者、教师与学生共同建构意义的过程。评价要以知识、经验的建构为标准,评价活动应源于真实、复杂而富有意义的情境。同时,注意将评价与有效教学整合,鼓励学习者积极参与知识的建构,开展过程性、发展性评价。因此,《纲要》提出要建立促进学生全面发展的评价体系,评价不仅要关注学生的学业成绩,而且要发现和发展学生多方面的素质。

　　总之,正是在建构主义知识理论的引导下,基础教育课程改革强调增强知识的弹性、拓展学习的时空、丰富学生的经验、活化教学的过程、提倡形成性评价等教育理念。

第三章

科学知识与课程改革

第一节　科学知识的性质与课程

一、科学知识对象

科学知识以自然为对象,研究自然现象,揭示其规律。自然的特点决定了科学知识的性质,把握自然现象、事物、过程及其特点是把握自然科学知识内容特性的基本前提。自然现象包括物理现象、化学现象、生物现象、天文现象、地质现象等,它们以研究自然界中某一领域、某一层面的问题为对象,在研究对象上有一定的差异,如天文现象比物理现象更宏观,而物理现象又比化学现象更宏观。尽管如此,作为对自然的研究,它们又有一些共同的、普遍的特点。

(一) 自在性

自然现象自产生以来,其运动、变化便不以人的主观意志为转移,它自在地存在,自在地运行,自在地演变,特别是对于宏观的自然现象,如天文现象、气候现象、地质现象,自产生以后便按自身的法则运转,不是人的意志所能涉足的领域。又如,不管人们接不接受,喜不喜欢,太阳每天总是"东升西落",物体总是作"自由落体运动",海水定期"潮起潮落",人类的努力无法改变这一事实。对于微观的自然现象如化学变化,尽管人类可以创设一定条件,使其人为地发生,使其符合人的需要、愿望,但不能改变其方向,只能加速其进程。与人参与其中、追求某种特定目的的社会现象不同,自然现象外在于人,可以与人面对面,人只能去适应它的内在法则,而不能建立新的法则,或改变自然自身的法则。人文社会现象是一种自为的现象,人的活动目的、旨趣与追求构成人文社会现象的内在要素,并直接驱动人文社会现象的产生和发展,没有人的目的与追求,人文社会世界亦失却了自身存在的价值与意义。换言之,人文社会现象是人为的,是人的创造与实践;而自然现象则不同,它的产生先于人类,并按自己的法则运行着,即使没有人类,宇宙、自然仍运转不误,它不会在某个时刻、地点停止下来。固然,人可以改造自然,征服自然,使自然为人服务,或创造"人化自然",但人不能改变自然法则,只能在遵循自然规律、适应自然法则的基础上进行某种改变,如果超越了某个"度",则可能遭受自然的报复。人类对自然资源如矿山、水资源的过度开发会引发生态危机、环境污染,最终危及人的生存。更可怕的是,对自然包括人的生理自然的改变可能导致意想不到的后果,人类技术在解决某些问题的同时可能打破自然原有的平衡,引发新的问题与生态灾难。总之,自然现象具有自在性,它的存在、演变、发展不以人的主观意志为转移。人类尽管可以利用自然,并在一定程度、范围内改变自然,但也必须以遵循自然的自在法则为基础和前提,自然科学的研究以揭示自然界固有的自在特性为己任,旨在揭去掩盖在自然现象上的面纱,发现其自在的、本来的"真实面目"。

(二)普遍性(同质性)

各类自然现象存在一定差异,同一自然现象也总是存在这样或那样的差异,由此构成了自然的丰富性与多样性,形成了多姿多彩、令人着迷的自然景观。然而,与人文社会现象相比,自然现象具有更多的普遍性、同质性,而不是特殊性、异质性。构成人文社会现象的要素——人是独特的个体,有着各自的家庭背景、人生阅历、知识经验,有着不同的价值理念、情感志趣和理想追求,由此形成不同的个性特征和千差万别的精神世界。"人之心理,各如其面",世界上没有完全相同的两片树叶,更没有完全相同的内心世界,人与人之间内心世界的差异不知要比树叶间的差异大多少倍。同时,构成人文社会现象的人际关系,即人们在生活、生产、劳动过程中结成的彼此联系亦有其独特性、异质性。具有不同个性、目标和精神世界的个体,在人际交往的关系、模式、风格方面常常各异其趣,千差万别,难以言传,这为文学描写、艺术创作留下了巨大的空间。如《战争与和平》《三国演义》《红楼梦》

等文学作品,展示了不同历史背景下不同人物的人生理想、情感世界和命运结局,揭示了人与人之间丰富、复杂而微妙的社会关系和延绵不断的矛盾、冲突与斗争,描绘了一幅幅生动感人、跌宕起伏的历史画卷。总之,人文现象、社会现象是异质的。相比而言,自然现象表现出的丰富性、个性化则不及人文、社会现象,它更多的是共性、一般特征。自然现象大多是同质的,如一个水分子由两个氢原子和一个氧原子构成,分子结构单一,水的形态不外乎气体、液体和固体,三态之间可相互转化。常压下,水的沸点为 100 摄氏度,凝固点为 0 摄氏度。无论大海里的水还是山川、湖泊中的水都呈现出上述特征,无多大差异。(当然,如果将水作为一种审美对象,用小说、诗歌,或音乐、绘画去表现它,赋予它以意义时,它就转化为一种人文对象)自然事物的这一特征普遍存在,凡物体均具有该特征,从古到今乃至未来不会有多少变化,这是自然的一种共性表现,其个性差异很小,小到几乎可以忽略不计。总之,自然现象是同质的,共性大于个性,这是自然对象区别于人文对象的一个重要特征。

（三）周期性

自然现象具有一定的节律,它周期性地发生,周而复始地运行,表现出较强的周期性特征。"周期性指事物在运动、发展中表现出的一种属性,它使事物沿时间轴的变化经过一定的时间(周期)以后,向其原来的出发点复归。"[1]如,恒星的演化经历了恒星—星际弥漫物质—新一代恒星的周期,海底地壳的演化经历了地壳—地幔—新的地壳的周期,而全球气候的演化经历着温暖期—寒冷期—温暖期的周期。又如,四季昼夜的更替、生物的世代繁衍、动物脉搏的周期性跳动、呼吸的节奏、植物的花开花落等,都是自然现象周期性变化的表现,是自然事物运动、发展、变化、存在的一种基本特征。人文社会现象如历史现象总是开放的、不可逆的,其周期性特征不够明显或没有周期性现象。例如,人类历史的发展不可能经历原始社会—奴隶社会—封建社会—资本主义社会—共产主义社会(社会主义社会为共产主义社会的初级阶段)的周期性重复。实际的历史发展总是充满冲突、斗争、曲折,既有前进又有退步。即使是同一历史事件,依据不同的判断标准,人们

---

① 国家教委社会科学研究与艺术教育司组编:《自然辩证法概论》,高等教育出版社1990 年版,第 83 页。

的评价也会有差异,有些人会认为它是进步的,有些人会认为它是退步的,还有人会认为它在某些方面是进步的,而在有的方面则退步了。循环的历史观是站不住脚的。人类的生活、生产固然有一定的周期,如一日三餐、上班下班、工作娱乐,但那不是自然意义上的周期性,而是人们的一种安排,是人为设计的结果,是人们为了方便而作出的决策。自然界中的周期性现象是自在的,不是自为的,人们不能改变它,只能适应它、利用它。当然,我们不能将自然界事物运动变化的周期性理解为机械的、一成不变的重复、更替、交替,不能将其理解为如匀速转动的车轮那样的周期性运行。事实上,因受多种因素的影响、干扰,自然事物的周期性是有变化的,一个周期与另一周期总有或多或少的不同,周期性仅仅是自然现象的一个基本特征。

(四) 价值无涉

自然现象是一种自在的存在,它自在地产生、发展、演变,不以人的目的、意志、活动为转移,它按自己的轨迹运转。宏观的自然现象如天体运动、地质变化,尤为如此,非人力所及。面对这样的自然现象、事件,人们只能旁观,惊叹,只能顺应它,而不能加以改变。换言之,它是一个价值无涉的领域。自然本身没有意志,它没有目标、情感与追求。自然是按自己的法则运行不息,有生有灭,正如达尔文所言,"物竞天择,适者生存",没有外在于自然的"上帝""神""玉皇""上苍"在安排自然的秩序,主宰自然的命运,操心自然的前途。所谓自然即自然而然、自自然然、"大道不言",一切依道而行。地震、海啸本身并不知道它们对人类造成的损失、灾难,也不因为它们可能造成的灾难而不发生,它们的发生与人的兴趣、愿望、爱好全无关系。该发生的还是会发生,不会发生的就不会发生,自然现象是价值无涉的,它们没有意识、目标和追求,不可能趋利避害,对于自然而言,也没有什么"利"与"害"可言。老子曾言:"天地不仁,以万物为刍狗。"人文社会现象则不然,人文世界、社会活动则充满着价值取舍,我们甚至可以说,没有价值便没有人文社会生活。人文社会世界本身是人参与其中、投身其内、不断追求、不断创造的世界,无论是人类的生产、生活、劳动、交往、娱乐,还是人们所创造的礼仪、文化、知识、技术,均是有特定意义的,总是为了追求特定的目的,满足特定的愿望,表达特定的情怀,实现特定的理想。换言之,人类的活动与文化总是自觉自愿的,有意识有目的的,是价值追求的过程与结果,是一种价值行为与努力。因此,人文世界才变得更加丰富、高尚,人类社会才趋向合理有序，人在人文活动、社会活动中才从自然界提升出来，成为人，并不断超越自我，走向完善，步向完美。当然，我们可以说人也是一种"自然"，或者说，人是自然进化的产物，是"万物之灵"，但自"人猿辑别"始，人已不同于一般的自然了。"天不生仲尼，万古如长夜"①，人的诞生开启了一个新的世界——人文社会世界，人文社会世界有着自身的特点。

对于微观的自然，尽管我们能根据自己的需要加以改造，使其符合人的需要，向人的愿望方面发展，使其成为"人化的自然"或"第二自然"；但这并没有改变自然"价值无涉"的特点，自然仍是那样的自然，它仍按自己的法则运行，只不过是人对其进行了过滤、选择，放大了或缩小了其某方面的作用，或加快了其生长速度。

二、科学知识内容

（一）客观性

科学知识是对自然的客观反映，它具有客观性特点。这首先是因为，自然是自在地存在、运行的，它不以人们的意志为转移，人可以与自然面对面，静观自然，或通过实验"拷问"自然，"迫使"自然道出自身的真相。这一点与人文社会知识大异其趣，人文社会世界是人参与其中、在其中活动并追求特定目的的世界，人难以与自己面对面。人文社会学科的研究对象不是外在于自身的他者，而是人自身、人类本身，是人对人、人对自身的研究，是人对自身主观世界、精神世界的研究，是人对人类包括自身的反思与价值引导、意义追求。由此，其研究结论的客观性难以达到自然科学水平上的客观性。其次，在研究方法上，自然科学主要采用客观的研究方法：观察与实验。自然科学意义上的观察是客观的观察，即观察者不能干扰研究对象，不能对研究对象产生影响。用肉眼、显微镜或望远镜对自然客体（从细胞的形态、结构到天体的运行轨迹）进行观察、记录，所获得的数据、事实、资料尽管在不同观察者那里存在一些差异，但最后结果大致相同，一般不会因人而异。自然科学中某些微观领域仍无法用设备观察，有时只能通过观察宏观现象，进行假设和思维模型推理得出结论；而且由于不同人对材料的选择角度会有差异，所以在不同观察者那里现象可能不尽相同，但正确的结论只有一个。

----

① 唐庚、强行父：《唐子西文录》。

而人文社会科学的观察大多是参与式观察，即研究者不是静观研究对象，而是要与研究对象对话、交流，甚至一起生活、工作、劳动，以走进研究对象的精神世界，把握他（她）的思想、情感、追求、志趣，获得关于研究对象的事实、信息。就实验方法而言，自然科学的实验是真实验，即能严格控制条件，人为地使某一现象发生，观察自变量和因变量的变化，探求它们之间的因果关系；而人文社会领域的实验由于其自身的复杂性、丰富性，无法严格控制条件，它只能是准实验，自变量与因变量之间的关系不可能是单一的决定关系，还可能是互动的关系，如霍桑实验呈现的效应那样，研究人员的介入影响了被研究者的态度。再者，客观性是自然科学研究的重要目标，科学研究就是为了寻找自然事件间的因果关系，以便对自然进行控制、改造和征服。而人文社会科学研究尽管也要强调研究结果的客观性，但它不是自然科学意义上的客观性，它更多的是为了了解、洞察人类行为、互动背后的主观动机、目的、意趣，在此基础上进行社会批判和价值引领，使社会互动更加合乎人性，使人的生活更有意义，更有情趣，使人的精神世界更充实、完善、高尚。因此，人文社会科学的客观性与自然科学的客观性不同，相比之下，自然科学更加客观，客观不仅是自然科学追求的目标，而且也是它的结果。

（二）确定性

自然科学内容具有较大的确定性，追求确实可靠的知识是人类求知的天性，形而上学的本体论追问便是其中最集中、突出的表现。古希腊本质主义、演绎路线执著知识确定性的追求，但导致普遍的怀疑主义。近代科学强调实验、实证，走的是一条经验主义、归纳的路线，如牛顿所言"我不构造假说"，但量子力学摧毁了牛顿力学的梦想，科学知识的确定性问题陷入深重的危机。那么，究竟应如何看待自然科学知识的确定性问题呢？我们认为，尽管对科学知识的确定性追求陷入这样或那样的知识论困境，但是与其他人类知识相比，科学知识还是有较大的确定性。因为，自然科学知识的对象具有较大的确定性，自然具有自在的特点，它自在地产生、发展、演变，按自己的轨迹运行，科学研究就是对这个自在的外在客体进行如实把握，揭露自然的本来面目，以获得确切的自然知识。自然知识要求排除价值取向、个人情绪与偏见，尽可能反映自然的实然状况，因而不存在多少纷争，易于达成一致。同时，自然科学研究的方法、手段、技术具有较大的确定性，自然科学研究强调研究的客观性、规范性和精确性，无论是客观观察还是科学实验，均有一套严格的规范可供操作,完整的技术手段可供运用,只要运用得当便可获得较为可靠的结论。自然现象的同质性、周期性使得科学研究可在类似的条件下重复进行,验证相应的结论,得到确定的知识,从而减少分歧。此外,自然科学知识的确定性还表现在知识的表述上。由于自然现象存在着明显的数量化特征和数量关系,所以可以对其进行定量的研究和说明,用数量关系描述其变化与发展,对其发生的机制进行精确、清晰的解释,并可作出准确的预测,如用牛顿的万有引力定律预测冥王星的存在。物理学的经典力学理论是自然科学知识确定性的最好例子,尽管量子力学出现以后对经典力学构成巨大挑战,但这并不表明经典力学已经失去确定性,对于低速、宏观物理现象的解释与说明,它仍是确定的、适当的,只不过其运用的范围受到限制。"科学认识具有确定性,作为真理性的认识,科学理论不仅仅有其自身的经验事实基础和客观内容,而且它与这种客观世界的经验事实之间具有严格的、确定的对应关系。这种确定性,突出地表现在科学理论的可检验性上。"[1]科学认识具有精确性。科学认识准确地反映了自然界及其事物的属性、本质和规律,它与其对象之间具有精确的符合关系。定量认识是一种高度精确化的认识,日常语言对落体现象的表述是"如果物体是重的,它就下落",而在伽利略(Galileo Galilei)的科学理论体系中,则表述为"一切物体都以同样的加速度下落到地面"。

(三) 普适性

相对于其他门类的知识,自然科学知识具有较大的普适性。自然现象是同质的,它没有多少个别差异,即使有一定的差异,也没有人文社会现象那样显著。人文社会现象比自然现象丰富、复杂,特别是文化现象,由于历史、传统、价值取向不同,世界各地的生活习俗、礼仪交往、道德伦理千差万别,很难找到两个文化完全相同的地方,即使是同一地区的文化也总是存在这样或那样的差异,这显示了文化的绚丽多彩。而自然现象如物理现象、化学现象,在各地总是相同的,没有什么变式,如物体之间总是相互吸引,水的存在形态有三种并在一定的条件下相互转化,这一现象在地球各处皆然,少有例外,因此,有关物理的、化学的知识可以解释某些自然现象(物理的、化学的),运用广泛,受环境的影响较小,具有普遍的解释力、预测力,属于一种

---

① 汪信砚:《科学价值论》,广西师范大学出版社1995年版,第62页。

普适性的知识。而人文社会知识则不同,它的解释力有限,具有较强的境域性,在某一情境下有说服力,并不意味着它能解释其他时期类似的事件,并且,同一历史事件可能在不同时代有着不同甚至截然相反的解释。也就是说,时代变迁、价值观念的变化使得同一事件在不同年代人们视野中会呈现出不同的面貌和意义。而科学知识则不同,"进化论""万有引力定律""胡克定律"具有广泛的运用和普遍的解释力,它不会因为政治环境的变化、文明时尚的改变而改变。自然知识是关于外在于人的自然的解释、理论,较少受到政府党派、价值观的影响,因而较为确定。只要揭示了自然本质与规律,自然知识便获得普遍性,能够广泛运用,且能作出较为准确的预言。这也与自然知识较多地反映了自然界的因果关系有关,自然知识不仅描述事件的现象、外部特征,还要探询"自然因",把握自然的果,执果问因,获得事物的因果关系,从而对自然现象作出普遍而适宜的解释与说明。

(四) 单维性

自然科学知识是关于"自然事实"的说明与解释,揭示的、描述的是人与自然的简单关系。自然科学知识探讨的是自然事实,它提出的问题为:自然是何样子? 它为何发生? 为什么是这样而不是那样? 影响自然现象发展变化的原因是什么? 即,自然科学要透过自然现象,揭示自然的特征、规律,它力求回答"自然的本来面目是什么",在自然的"本来面目"上进行探究,而对于自然的价值、意义等哲学范畴内的问题,自然科学关心甚少。自然科学对待自然的态度是客观的、价值中立的,力图避免主观的、情感的、价值的成分,惟恐被价值、意义、情绪所影响。而众所周知,人与自然的关系可能是极其多样的,除了事实的关系,还可能是情感的、审美的、艺术的甚至是伦理的关系,人们完全可以在多种层面上与自然相遇。如,哲学关心的是自然的形而上学问题,文学关心的是自然对于人的精神生活的意义、价值。在人文学科那里,自然有血有肉,有灵魂,有情感,是人的生活的有机组成部分,须臾不可分离;自然是多维的,它寄托着人的理想,展示着人的情愫,体现着人的追求与梦想;自然是多情而善感的,它可能善解人意,亲切可爱,也可能面目狰狞,令人憎恶。自然可能由于主人公的心境不同显示出不同的面貌、意义、色彩,如唐代诗人李商隐的诗句"感时花溅泪,恨别鸟惊心"中的"花""鸟"与"花容月貌""鸟语花香"中的"花""鸟"有着截然不同的意味。自然科学中的自然没有情感、个性,仅仅是科学家采用客观的手段、设备技术旁观、拷问、"逼供"的对象。自然科学中人与自然的关系仅仅是认识与被认识、改造与被改造的主客体关系，人仅仅是在物质的、实用的层面上与自然相遇。自然成为碎片，冷漠麻木，与人对峙，物我二分，边界清晰可辨，而不像人文学科中的"自然"那样与人交融，和谐共处，或达到"物我两忘""天人合一"的境界。陶渊明的"采菊东篱下，悠然见南山"与科学家视野中的"南山"有着全然不同的含义。自然科学视界中自然的单义性决定了自然科学知识内容的单维性。

科学知识还具有系统性与逻辑融贯性。科学知识不是简单的经验积累，也不是零碎知识的杂乱堆积，而是自成系统的有序整体，有自己的前提、论证和结论。同时，科学知识特别是科学理论具有严整的逻辑结构，各个命题与其所在的整个陈述系统或理论体系处于无矛盾状态。爱因斯坦（Albert Einstein）谈到广义相对论时说："这理论主要吸引人的地方在于逻辑上的完备性。从它推出的许多结论中，只要有一个被证明是错误的，它就必须被抛弃；要对它进行修改而不摧毁其整个结构，那些似乎是不可能的。"①

以上分析基本上是对科学知识的实在论分析，即将科学知识看成是对客观实在的反映、呈现。事实上科学知识亦具有建构的成分，是人对自然建构的产物，正如康德（Immanuel Kant）所言，"人为自然立法"。此外，科学知识的概念还具有一定的约定性，科学知识内容具有一定的不确定性。

三、科学知识的性质与科学课程改革

从知识论的观点看，关于科学知识是实在的反映还是主体对客体的主观建构，有实在论与反实在论两种对立的观点。科学实在论是关于科学知识本身存在的合法性的证明，它试图说明科学是对自然实在的反映、揭示，为科学知识的存在寻求存在的依据、前提，使科学知识得以成立，为科学知识奠基。实在论者主张，自然是客观存在的，不以人的认识、意志为转移。经验是对外界自然的反映、复写、临摹，自然的特征是科学知识产生的依据。科学知识不是主观自生的，也不是先天的，它是主体运用理性、工具、手段"逼供"自然获取的，是对自然因果关系、特征的接近。然而，实在论的证明本身是不完善的，因此遭到批判。反实在论正是不满足于实在论的论证，它

①《爱因斯坦文集》第 1 卷，许良英等译，商务印书馆 1976 年版，第 113 页。

指出实在论论证中的种种谬误、问题，开始从相反的方面进行说明，现代实在论也正是在反实在论的挑战、批判中不断修正自己、完善自己的。同时，传统的经验实在论正在向现代实在论转变，现代实在论表现出多种形态，如玛利奥·邦格(Marino Bunge)的物理实在论以及测量实在论等。反实在论主要出现在 20 世纪，反实在论有不同的主张，其基本观点是科学知识不是对客观实在的反映、临摹。反实在论的主要流派有现象主义、工具主义、约定主义、实用主义、逻辑经验主义、构造主义等，它们结成联盟，共同反对科学实在论，批判科学实在论的乐观主义，主张科学知识是人们的约定、构造，科学知识不是真理，仅仅是人们关于自然的假设，是人们认识自然的工具。反实在论有其哲学、科学史的根源。① 除了实在论与反实在论，还有一些不同程度的中间型理论。反实在论者指出了人类经验的局限和认识自然的困难所在，既显示出科学知识的局限性，又道出了科学知识的经验性、建构性、人为性、约定性、不确定性。实在论与反实在论的分歧表明了科学知识的丰富性与多维性，为人们理解科学知识提供了可供借鉴的参照。

科学知识既然是科学课程的重要来源、对象，对科学知识自身特性的分析、研究和把握应该是科学课程研究的基础性工作，对科学知识的理解也应该是科学课程设计、实施乃至评价的基础。然而，长期以来，我们的科学课程研究与编制往往从"科学知识的内容是正确的，是真理"这一假说出发，很少对科学知识内容本身的合法性进行追问、探询，既缺乏对科学知识内容的知识论分析，又对科学哲学研究的种种成果、学说置若罔闻。科学课程的研究仅仅从某一假设出发，缺乏深度的分析与说明，导致了科学课程编制的种种不足与缺憾。科学知识对于科学课程编制的意义似乎仅仅是科学知识的选择、学习、内化问题，科学知识一旦进入教材，似乎就是毋庸置疑、颠扑不破的，学生只能理解、掌握、消化、接受。于是，科学知识成为一种异己的东西驰骋于教育的场域，成为一种压抑人的力量，学生的自由、创造的天性对于科学知识而言只能处于"失语"状态；而事实上科学知识具有建构性、约定性，它并非是对客观自然的纯真反映。我们认为，让学生了解科学知识的多方面特征，可以在一定程度上"解放"学生，还学生一定的自由，可将异己的科学知识对学生的压抑、强制降低到最低限度。

---

① 郭贵春：《当代科学实在论》，科学出版社 1991 年版，第 220—221 页。

科学知识内容特征的课程论意义主要表现在以下几个方面：

就科学课程目标而言，既要让学生领会、掌握具体的科学知识，如科学的概念、原理、公式、定律的基本含义，又要让学生理解科学知识内容自身的特征，包括理解科学知识的研究对象、科学知识的来源、自然特征对科学研究及其结论的制约作用，认识到尊重自然、揭示自然的奥秘是科学研究及其结论的基本要求，实验、实践是检验科学知识的根本标准。科学知识不同于科学谎言、谬误，它是客观的、可重复的、可检验的。同时，又要理解科学知识内容自身的建构性质、经验性质、创造性质，认识到知识内容的局限性，如不确定性、发展性，将对科学知识具体内容的把握与对科学知识内容特性的理解统一起来。当然，对中小学生而言，前者是主要的、基本的，后者是次要的、附属的，是在伴随具体科学知识教学的过程中随机地、潜移默化地进行的，不可喧宾夺主。

就科学课程内容设计而言，可以在两个层面上进行：一个是显性的层面，依据一门科学知识内在的逻辑、体系、结构选择具体的材料，考虑学生认识的顺序和身心发展的水平，安排科学知识的序列、结构，确定科学课程的重点、难点，充分显示人类科学知识的主要成就，为学生日后的学习、生活、工作、研究提供基础；另一个层面是科学知识发展过程中涌现的知识论问题及其争论，这些科学史、科学哲学及其争论的内容主要体现在科学史、科学哲学中，可以适当选择，使典型事例、个案进入课程。作为学生学习科学的背景资料，它们既可以充实科学知识的学习过程，扩展视野，激发兴趣，又有助于学生形成合理的科学观，正确地看待科学知识的成就、问题、危机、挑战，学会对科学知识自身进行反思，在更高、更深的层次上去看待科学。如此，学生便既能掌握具体的科学知识内容，又能从具体内容中走出来，并居高临下地审视科学知识的具体内容。如在地理课程中大陆漂移说的介绍，不仅可使学生理解每种学说的基本含义，还可使学生了解该学说提出的过程、存在的问题以及寻找证据进行论证的方法，从而对科学知识的性质有更加深入、全面的认识与理解。

就课程实施而言，内容决定方法，科学知识内容的特点决定了科学知识的学习方式与教学方式。就科学知识的客观性、确定性而言，其学习与教学方式可以是讲授、接受、理解、内化，当然，学生必须具有一定的经验准备（或借助直观手段提供、补充相应的经验背景），它要求学生从外部加以掌握。

同时,科学知识是人对自然现象、过程的把握,它还具有建构性、约定性、不确定性、发展性、不可证实性。科学知识的上述特征要求科学知识的教学应正视那些不确定的内容,重视科学知识的条件性、使用范围,在教学方法上,可采用讨论的、对话的、辩论的方式,鼓励学生对已有的科学结论大胆质疑,以一种批判的态度对待科学知识,敢于对那些复杂的、不确定的科学难题进行猜想,提出假说,检验、修正、完善或推翻假说,将科学探究的过程引入教学活动。

就科学课程的评价而言,科学知识内容的特点也影响课程与教学评价方法的选择。由于科学知识的确定性、客观性诉求,科学知识的学习可以从外部以客观的方式学习与掌握。科学课程学习的评价相对客观、准确,可以采用客观的方法进行准确评价,如用填空题、判断题、选择题,判断学生是否记住、理解、消化科学知识的基本内容,是否已将科学知识体系转化为相应的认知结构,等等。同时,当代知识论既肯定知识的确定性,又承认知识的动态发展性和自主建构性,而知识建构并不是主体对客体的简单掌握,它是一个主动的、不断深化的且伴随着学习者个人情绪情感的探究过程。因此,学习的任务不仅包括接受确定性的知识,还需要学习者大胆质疑,勇于创新,自觉补充、完善知识。课程评价除了应评价学生对确定性知识的掌握程度,还应对他们在学习过程中表现出的惊奇、兴奋和喜悦以及痛苦、茫然、焦虑与挫折给予充分的关注,以激励他们独立判断、自主创新的勇气,增强其在学习过程中形成的效能感和自信心。①

第二节 科学知识的形式与课程

一、科学知识的探究形式

科学认识有别于艺术认识、哲学认识与宗教认识。艺术认识,是以典型形象反映外部世界的认识形式,主要满足人的审美需要。哲学认识,满足人

---

① 李太平:《现代主义课程范式批判》,载《教育研究》2010 年第 11 期。

对整个世界的认识和理解的需要，为认识提供最一般的方法原则。宗教认识，是对现实世界的一种虚幻的超自然的反映。科学知识探究的基本形式是因果说明，其思维方式是主客分离。

（一）因果说明

不同于人文学科探究人之现象的方式——理解、阐释，自然科学对自然的探究方式是说明、解释，它着力回答自然原本是什么、何以如此存在，它力求客观地描述自然事件、现象、过程，解释其产生、发展的原因，揭示其内在的机理。如牛顿（Newton）当年在苹果树下发问："为什么苹果总是向下坠落，而不是抛向天空？"试图寻找苹果下落的原因，最后他发现物质之间相互吸引，具有一种相互吸引的力量，这种力量存在于一切物体之间，称为"万有引力"。这种引力甚至存在于整个宇宙，可以解释天体的运行，回答为什么地球绕太阳运转，而月球又为什么绕地球运转。那么，为什么是苹果落在大地上，而不是地球落在苹果上？后来人们发现，这是因为地球的质量太大，因而其引力十分巨大，使得质量小的物体向它运动。寻求自然现象之间的因果说明是自然科学探究的基本方式。自然科学所使用的方法，无论是观察还是实验都是为此服务的，都是在执果索因，据果寻因。其深层的假设是，有果必有因，果是由因造成的，并且不管是因还是果都是客观存在的，不是人为的杜撰。自然科学的使命在于发现果得以发生、持续的客观原因、依据，找出因与果的内在联系，从而揭示自然事物的内在规律。（当然，量子力学的产生改变了上述观点，它认为微观自然界中存在着大量的偶然、随机现象，以至于根本无法发现其因果关系，自然界中没有固定的因果关系，只有因素间的互动关系）自然科学因果说明的探究模式对人文社会科学产生了强劲的影响，亦成为社会科学的知识标准与思维方式。而事实上，人文社会现象由具有主观意志、目标追求、情绪情感的人参与其中，人文社会现象之果是人们自主设计、追求的结果，它本来不是社会固有的，是人们选择、创造、奋斗的结果，蕴涵着人类的理想情怀、向往追求。如果说有因果关系的话，那不是因果关系，而是动机、理由、意义与结果的关系。（当然，动机、理由、意义也可以视为一种原因，但显然不是自然科学意义上的自在的、客观的原因）人文社会科学研究与其说是在寻找人文社会现象之果的客观原因，不如说是在理解其背后的动因，阐释其内在的意义与价值追求。自然科学探索的是客观说明、因果解释，从而把握自然真相；而社会科学的探索进行的是主观理解、意义阐释、价值引领，以使人文社会更为合情合理，它追求的是幸福、愉悦、公平、正义。休谟否认自然中因果关系的客观性，在他看来，因果关系不过是对时间上先后发生事件的心理联结而已。我们认为，自然中存在因果关系。

（二）主客体分离

对自然的研究以主体与客体的对峙、分离为前提，自然被视为与人分离的、自在的对象，人被视为有感觉、知觉、思维、推理的主体，具有理性、智慧，能通达自然，人被排除在自然之外。（尽管人是自然演化的产物，但有意识、智慧的人一旦出现，人便开始从自然中脱离出来，高高在上，"背叛"他曾经受惠至今仍在受惠的自然，对它进行"逼供"，要它道出"真相"。只有人文科学还保持与自然的天然关系，力图不断接近、亲近自然，倾听自然的声音，领会和欣赏自然的神奇和奥秘）当然，人类产生之初，便不断遭受来自自然的威胁，匍匐在自然的脚下，视它为神，希望得到它的保护。后来，随着主体能力的增强、自然科学的发展，自然成为人类认识、改造的对象，自然祛魅了，成为人们可以改造的对象。

自然科学的思维是一种对象化的思维，在自然科学的视野中，自然与人相异，自然是完全有别于人的东西。自然科学认识的前提就是将作为主体的人与作为客体的研究对象严格区分，人从旁观者的角度对自然进行审视、考察，自然没有意识、思想、情感，研究者也不能将自己的情感、信念、个性带入研究过程，而是力求保持一种客观的态度。科学便是对客体的自然特征、属性及其过程、联系进行探究，把握它的本来特征，揭示其内在规律。如，自然科学的观察属于非参与式的观察，是冷眼静观对象的客观过程，通常采用客观的手段如照相、摄影，来获取客观资料。自然科学的实验尽管多采用实验技术、物质手段人为地制造某一自然现象，但自然现象一旦发生，人所做的就是使其自然而然地运动，人只能在旁边静观、记录，而不能干预其过程，否则便不符合科学的标准。自然科学探究严格遵循主客体分离的原则，将研究对象客观化，以揭示客观自然的特征，发现其规律。人文社会科学特别是人文科学的探究尽管也以区别研究者与研究对象为基本前提，以揭示研究对象的特点、思想动机为重要任务，但在探究方式上，它更多地强调"走进"而不是"旁观"，即走进研究对象的精神世界、情感世界，与研究对象亲切对话、交流，进而理解研究对象，与研究对象产生共鸣。对于人文科学工作者来说,研究对象与自己同类,他们应得到尊重、关心、爱护,是服务的对象,而不是认识、改造、利用的对象。研究对象不仅是手段,也是目的。有时,研究者与研究对象融为一体,难舍难分,从而达到物我两忘、天人合一的境界。总之,自然科学探究主体之外的世界,而人文社会科学探究的是主体自身的世界,前者主客分离,后者主客密切相关。

(三) 客观的方法

自然科学探究使用的方法是客观的方法,如观察法与实验法①。这类方法强调的是认识的客观性,运用目的在于揭示自然的客观特征、描述自然的客观联系、发现客观规律。客观方法强调探究的目的、过程、手段,资料的收集、处理以及结论均应保持客观性,以总结出自然的客观知识。

二、科学知识的表达形式

(一) 科学概念的操作性

科学探究的成果要借助概念进行表达,概念是科学知识的外在形式,知识的成果首先凝结为概念,以概念为载体进行表述、储存、传达,并通过概念的革新得以发展、完善。由于科学概念是在长期的观察、实验的基础上产生并发展起来的,而观察、实验具有较多的操作性,因而科学概念大多为一些操作性定义。操作性概念表述明确、清晰,歧义较少,可以通过观察、实验加以感知、把握。科学概念能借助符号加以表达,确定下来的符号一旦为人们接受、认可,就会成为一种通用的科学语言。如物理学中用英文字母 F 表示力,用 s 表示路程,用 t 表示时间,用 v 表示速度,用 g 表示克,用 m 表示米;化学中的元素,也通常用英文字母或英文字母组合表示,如用 Fe、Ca、Cu、H、O、N、C 分别表示铁、钙、铜、氢、氧、氮、碳。而人文社会科学的概念一般较为模糊、抽象,不够具体、明确,如幸福、公平、民主、自由、正义、效率、美丽、城

① 观察法在认识论上存在争论。传统的观点认为,观察是客观的,观察要排除主观因素,而事实上,正如汉森、波普尔所言,观察渗透着理论,任何观察都不能排除观察者的理论假设、预期和观察框架的影响,换言之,观察存在着心理建构。实验法在认识论上也存在争论。传统的观点认为,实验是客观的,可以重复,实验要尽可能排除无关因素的干扰,保持客观性。而测不准定理表明,如果没有主体的介入,实验不可能发生,而主体一旦介入,我们所发现和描述的就不再是客体的特征,而是主体客体的相关性质,是主客关联性。

府、老练、价值、意义等，很难用准确的语言加以界定，其具体含义可能因使用者的不同而有所不同，即使是同一使用者在不同场景的使用亦有所不同。而且，这些概念在不同的文化背景、不同国家、不同民族中可能具有完全不同的含义，即使在同一国家、同一民族，随着时代的发展、历史的演进，不同时期同一概念的内涵与外延也不尽相同。当然，这不是说人文社会知识的概念没有基本的定义、内涵，而是说，与自然科学的知识概念不同，人文社会知识的概念更丰富多姿，有着更大的弹性空间，具有语境性、时代性、文化性。这是因为，人文社会现象与自然现象相比充满着价值判断，是价值关涉的，不可能像自然科学概念那样价值无涉。因此，自然科学家所做的研究大多是在既有的概念基础上进行，在稳定的地基上建构科学知识的大厦；而人文社会科学学者则有所不同，他们时常要回到该学科最基本的一些概念，通过清理地基、澄清概念或赋予原有概念以新的含义，来发表自己的见解，阐述自己的观点，推动学术的进步与思想的发展。概念的更新与发展既是人文社会知识发展的基本手段，又是人文社会知识演进的目的，因为基本概念往往包含着该学科中最基础、最核心的思想、观点和理论。

（二）科学判断的数学化

判断是知识呈现的基本方式。如果将知识喻为一张网，概念则为这个网上的点，而判断则为这个网上的节，它们相互关联。科学知识的判断形式有定理、定律、定则、法则，其基本句式为肯定句、陈述句，一般简短、明确、清晰、具体，主要描述自然现象，说明自然现象中变量的确定关系。与人文社会科学的知识判断不同，自然科学的判断要反映自然现象（如物理现象、化学现象）中的确切关系，科学定律的表述往往要明确说明自然现象内部的数量关系。如压强与压力成正比，与作用面积成反比，其间的数量关系可用公式 $P=F/S$ 来表达。自然现象知识的数学表达为文艺复兴时代的伽利略最早倡导，他确信自然界存在着明显的数量关系，自然这本大书是用数学语言写成的。他认为，科学研究的任务就是去发现隐藏在其中的数量关系，并用数学语言加以表达。他的这一思想推动了科学发展的数学化、数量化进程，直到今天，人们还对自然的数学特征深信不疑，甚至将其作为知识形式的绝对、理想的标准，将知识是否数学化以及数量化程度作为一门学科成熟与否的根本标志。而人文社会科学则不然，由于人文社会科学具有精神性、价值性，这使得人文社会现象更加复杂、丰富，常常因人、因时、因地、因境而异，这给人文社会现象的定量研究和数学表达带来了相当大的困难。尽管一些学科如经济学、社会学在定量研究方面进行了卓有成效的探究，取得了一些可喜的成果，并用数学形式来表达经济活动、社会活动及其数量关系，但与复杂、丰富、变动不居的经济现象、社会现象相比，这些数据相形见绌。众所周知，对股市的预测常常使一些专家陷入尴尬的境地，因为影响股市行情的因素纷繁复杂又变化多端，难以一一考量，难以进行数量化处理。当然，尽管自然现象中也有复杂多变、难以预测的因素，如热学中的布朗运动（复杂性科学揭示了自然现象的复杂性），但与人文社会现象相比，还是可以进行适当的数学化处理。

（三）以归纳方式为主要推理形式

科学知识的表达除了概念、判断，还有推理。推理是判断之间的联系，使诸判断发生关系，最终形成结构化、条理化、层次化的认识成果。自然科学似乎并不是强调严格的逻辑推理与哲学论证，它来源于经验，经由实验加以验证（而不是逻辑论证），上升为定律、定理，定律、定理之间相互关联，形成科学知识体系。尽管科学判断相互联系，但它们并不存在明显的包含关系，每一判断具有较强的独立性，可以通过观察、实验概括出来。在这种意义上讲，自然科学似乎主要是通过观察、实验归纳而来，它不像人文社会知识是通过演绎，从一些基本的前提、命题推论出新的命题、结论。因此，自然科学家总是忙着做实验，通过实验去证实某一理论，揭示自然的内在机制。自然科学似乎不做许多假设，重要的是关注自然的事实、发现自然的规律。牛顿曾说："我从不做假设。"科学家仅仅尊重事实，借助观察与实验以发现事实背后的真相。（当然，有时一些科学家也做假设，分析科学知识的意义、结构，这时研究已上升到哲学的层次，另当别论）人文社会科学知识则不同，它虽然也源于经验，是对经验的总结概括，但更多是从某一假设出发进行演绎的结果。即人文社会知识大多是演绎而不是归纳的，如，从不同的人性假说推出道德哲学、伦理学的学说与知识体系。而人性问题不是一个简单的事实问题，不能通过经验的简单概括归纳，也不能借助几个实验就能证实，它是一个难以观察、实验的问题，不同的人性学说仅仅是一些假说的推论而已。整个哲学、伦理学知识乃至体系便是建立在这些假说的基础之上，人文社会科学知识就是基于某一假说而进行的论证及其结果，从不同的假说出发，经过论证、推理、阐释可能得出不同的观点、结论。正是由此，人文社会科学知识及其体系往往学派林立,观点不同甚至针锋相对,知识体系也往往差异很大。自然科学家通过观察、实验去发现、证实某一事实,人文学者通过论证、阐释去说明某一观点、道理;自然科学家的结论可能相同或接近,人文学者的讨论常常见仁见智,差异颇大。自然科学家醉心于实验,他们大多通过实验论文的形式报告自己的研究成果,从而得到科学界承认;而人文社会科学家精于论证、阐述,知识成果除了论文,还有著作、研究报告等形式,其中,专业著作是人文学者清晰、完整、系统地表达观点、阐释学说、建构理论的最佳形式。自然科学知识结论可能存在真理与谬误之分,而人文社会知识除了事实还有价值,各种理论、观点可能都有一定的合理性,未必一概荒谬。

三、科学知识的检验形式

科学知识检验是指对科学知识真伪的检验,其基本的检验形式有经验的、实验的与逻辑的三种。

(一)经验的检验

科学知识基于经验而产生,基于实验而发展,只有经得起经验检验的知识才能成立。如,物体热胀冷缩合乎人们的经验事实,能被广泛接受。凡与人们的基本经验相背离的知识则受到怀疑,也可能被视为谬误,但这种知识仍可能为真理。"地心说"关于太阳围绕地球运转的知识与人们的日常经验相符合,但它是错误的。太阳每天总是东升西落,似乎在围绕地球运转,这是观察者在地球上的经验推论,而当人走出地球,进入太空,在宇宙一角鸟瞰整个太阳系时,则会目睹地球围绕太阳公转、地球又在自转的壮丽景观。这表明经验与观察者所处的位置、视角有关,如果换一种角度观察同一现象,则可能获得截然不同的观点。众所周知,由于人的经验有着较大的局限,既有生理方面和心理方面的局限,又有文化方面的限制,人对自然的观察、认识以及对这种观察、认识所获经验的检验均存在这样或那样的困难。生理方面的局限主要表现为肉体组织、遗传解剖特征、体能的限制。心理方面的局限表现为感觉阈限、错觉、幻想、认识能力、记忆能力的限制。文化方面的局限主要表现为人们总是生活在一定的历史传统与文化背景之中,总是身处特定的种族经验和时代精神的境况之中,我们不可能"裸眼"看世界,总是基于自己的经验,带着"文化之镜"观察自然、审视自然,种族经验、时代精神、社会时尚的差异导致了人们自然经验的差异。观察渗透着理论。如果没有理论预设，外界现象对我们而言一片模糊，我们将成为"色盲"。个人关于自然的经验不可能外在于一定的文化背景，当然，这并不意味着完全否认经验对于科学知识检验的独特作用。这仅仅表明，经验是科学知识检验的一种方式而不是唯一方式，除了经验检验的方式，还有其他方式，我们在进行经验检验时，应正视它的局限性，对经验检验保持足够的自觉。

（二）实验的检验

除了主观的经验检验，科学知识的检验形式还有实验，实验既是科学知识生产的重要途径，又是科学知识检验的基本方式。自然现象周期性地发生，只要发生条件、环境相同，人们就可以制造环境，人为地使某一现象发生，并对其观察、测定、记录。因此，自然实验可以不断地重复进行，既发展科学知识，又检验科学知识的真理性。那些弄虚作假制造实验数据、编造结论的科学骗子在同行的重复实验面前最终会原形毕露，遭人唾弃。自然科学知识的实验检验与人文社会科学特别是社会科学知识的检验明显不同：自然科学知识的实验检验较为严格，即需要严格地选择实验因子，控制干扰变量或消除无关变量，通过对实验变量的操作，使自然现象人为地发生，并精确记录实验结果，从而检验实验变量与因变量的关系；而社会科学的实验只能是准实验，因为检验情境与社会科学知识产生的实验情境不可能完全相同，只能类似或近似，实验涉及因素太多，且各因素相互影响、相互作用，因变量、自变量有时难以准确区别（因变量有时也可能成为自变量）。当然，这并不意味着自然科学知识的实验检验就十分简单易行。事实上，要通过某一具体实验来完全地证实某一理论或推翻某一理论常常是困难的，即通过所谓判决性实验来宣判某一理论是否为真，并非易事。科学发展史表明，这种理想的判决性实验并不多见，常见的情形是，一些被视为绝对真理的科学实验及其知识结论，随着时间的推移、实验的深入及应用范围的拓展，显示出其局限性，进而或被修改、完善，或被限定范围。如，牛顿力学在爱因斯坦相对论问世之前被科学界公认为绝对的真理，千真万确。量子力学、相对论产生以后，人们才认识到牛顿理论的局限性——它仅仅适合于宏观物体的低速运动，而对高速的粒子世界则不再灵验。科学研究发现，科学实验需要不断完善，不存在什么一次性、判决性的实验，科学知识总是在不断更新。正是在此意义上，波普尔（Popper）提出"可证伪"与"确认度"的概念，他甚至把"可证伪性"作为科学知识与形而上学知识分野的重要标志，视"可证伪性"为科学知识优越于形而上学知识的关键所在。即,一种知识越是能被证伪,它便愈加科学,那些不能被证伪的知识(包括哲学、人文社会知识)是不科学的。不管是证实还是证伪,在一定程度上它都是一种对科学知识、理论的检验,并通过这种形式检验科学知识或发展科学知识。应该说,实验是检验科学知识的一种基本而有效的形式。但是,也应看到,不是任何科学知识都能完全通过实验进行生产和检验的。某些科学知识如爱因斯坦的"假如人与光速比赛……"是想象的产物,它带有理想化的成分(当然,也可称为思想实验),是选取一些因素而忽视相关因素而作出的推论。这种知识在现实生活中难以满足其实验条件,具有明显的理想化色彩,其知识的检验往往通过理想化实验或逻辑推理、构想进行检验。

(三)逻辑的检验

逻辑检验指运用思维、想象对科学知识进行检验。逻辑原子主义者试图在将世界还原为原子事实的基础上形成原子命题,然后通过逻辑运算或程序组成"复合命题"或"分子命题"。在他们看来,"一般命题"陈述的是"一般事实"(基本事实),复合命题陈述两个以上的原子事实,原子事实是构成世界的原始材料,科学和常识所论及的所有复杂现象都可以归纳为简单的原子事实,正如逻辑中所有命题都可归纳为简单的原子命题。他们宣称"对存在的世界作一完全的描述,不仅需要一份所有事物的清单,而且还要说明它们的一切属性和关系"①。但对于什么是原子事实,罗素认为,原子事实就是感觉材料,感觉材料是唯一实在的东西,事物只是逻辑的虚构。在这里,罗素否定了科学的客观基础。维特根斯坦(Wittgenstein)也认为,自然科学是一些关于感觉经验的命题或基本命题的总和,一个基本命题就是一幅原子事实的图画,世界即原子事实的总和。基本命题又组成复合命题,复合命题的真假取决于组成它的基本命题的真假。石里克(Moritz Schlick)把科学定义为"真理的追逐"。维也纳学派认为,一切命题可以分为两类——分析命题和综合命题。分析命题指谓词的含义包含在主词的含义中的命题,其真假检验是看它是否在逻辑上自相矛盾。综合命题是指谓词的含义超出主词含义的命题,其真假不能由分析它们的主谓词来判定,而必须依赖经验观察。自然科学的命题如物理、化学命题就属于综合命题。在逻辑实证主义

---

① 全增嘏主编:《西方哲学史》(下),上海人民出版社1985年版,第624页。

者看来,形而上学命题既不能被经验证实,也不能被逻辑证明,它们是无意义的"伪命题"。他们宣称:只有那些能够用逻辑分析和经验证实的方法确定真假的命题才是有意义的命题。换言之,命题是否有意义,是否科学,取决于能否被证实。为了贯彻意义标准和实证原则,逻辑实证主义者曾提出多种策略,其中比较重要的有:强的可证实性要求,弱的可证实性要求,可证伪性的要求。① 强实证要求一个命题必须是综合的,且能够在原则上用观察证据完全证实;但科学命题如物理定律、化学反应方程式所表述的自然规律使用的常常是全称命题,如"一切砒霜都是有毒的",难以逐一证实。面对此种困境,逻辑实证主义者提出弱的可实证性要求,即一个命题不是分析的又能够在原则上被观察经验部分地证实,它便是或然的真。但一个语句在何种程度上的证实才为足够,则缺乏明确的标准,即使增添适当的辅助假说进行推导,辅助假说的正当性也是问题。为了摆脱此种困难,逻辑实证主义者又提出可证伪性要求,即,虽然全称命题不能用归纳的方法完全证实,但可以用演绎的方法决定性地证伪,如只要我们看到有"非白的天鹅","一切天鹅都是白的"这一全称命题就被证伪了。但像"在有的星球上存在着比人还高级的生命"这样的存在命题,很难被证伪,而"对于每一种化合物来说都存在某种溶解它们的溶剂"这样的命题,既不能证实,也不能证伪。面对上述困境,奎因提出了实用标准。在他看来,分析命题与综合命题的区别是人为的,事实上分析命题也是经验的,也同样以经验为基础。科学是一个按离感觉经验的远近排列而成的力场,科学是一个多种理论组成的相互联系的整体。在这个整体之中,逻辑学和数学处于理论体系的中央,原子物理学处于内层,具体科学和应用科学处于外层,经验只能跟理论体系的边缘相接触,一旦发生冲突,就要调整理论体系内部的命题。这种调整以两种方式进行:一种方式就是修改有关的命题,使它与经验相适应;另一种方式是修改其他的命题,从而使原来与经验不相适应的命题变得与经验相适应了。理论体系外围命题的修正,往往会引起对处于理论体系内部命题的修正。总之,检验知识的意义单位应是整体科学体系,而不是单个陈述或单个名词,理论的好坏取决于理论的"实用性",即是否"有用""有效""简便",以实用标准取代"意义标准"和实证原则。

---

① 全增嘏主编:《西方哲学史》(下),上海人民出版社 1985 年版,第 638—643 页。

我们认为，尽管逻辑检验存在这样或那样的困难、问题，但它的确是科学知识检验的重要形式，因为，逻辑在某种程度上讲，它是经验、实践的"格"的内化，而科学知识必须遵循一定的"格"。

四、科学知识的形式与科学课程改革

（一）科学知识形式与科学课程的设计

知识通过一定的形式表现出来，知识形式承载着一定的知识内容，科学课程的设计不能仅仅关注科学知识的内容，也应对科学知识的探究形式、表达形式予以足够的关注，以作到科学知识内容与科学知识形式的统一。如何将科学知识形式纳入科学课程设计的视野之中，发挥科学知识形式的课程功能呢？我们认为，在课程目标设计上，应重视科学知识形式问题。新课程的三维目标将"过程与方法"作为维度之一，应该说与以往课程目标设计相比是一次大的进步，有助于改变过去轻视科学知识形式、过程与方法掌握的状况，使科学知识的学习不仅仅是一个科学内容的理解、习得的过程，同时也是一种科学探究能力的形成与发展过程。然而，"经历知识的形成过程"的提法容易将教学过程与科研过程、教学活动与科研活动等同，忽视二者的差异，极易导致为了过程而过程的弊端，致使教学活动表面化。我们认为，"经历知识的形成过程"仅仅是实现科学课程目标的手段，更为重要的是要在科学知识内容掌握的过程中理解、掌握科学知识的形式，包括科学知识的探究形式、科学知识的表达形式，"经历知识的形成过程"服务、服从于掌握科学知识的探究形式与表达形式。就科学知识的探究形式而言，它包括知识研究、获得的外显的活动形式与内隐的思维形式。外显的活动形式指科学观察、实验，内隐的思维形式指科学知识生产的形象思维方式与逻辑思维方式。只有既理解了科学知识的具体内容又习得了科学知识的探究形式特别是思维方式，才算真正掌握了科学知识本身；否则，科学知识的掌握将是片面的、肤浅的。此外，还必须理解科学知识的表达形式，如科学概念、判断、原理的表达方式，理解科学知识表达形式中的数学化倾向及其作用，看到数学式科学知识表达的简洁、完美、和谐等特征，克服形式与内容的分离，消除知识形式对于知识内容表现的障碍。在此意义上可以说，知识形式应成为科学课程的重要目标。学习科学不仅仅是掌握一门学科对于世界探究的结果，也包括掌握该门学科特有的探究世界的方式、思维及表达的形式。

只有如此，我们才能深刻地理解该学科。除此之外，还应适当了解科学知识的检验形式。

当然，知识形式的掌握并不是一句口号，它应潜移默化地渗透在知识内容的学习过程之中；否则，形式的掌握最终易流于形式。"知识形式的掌握"主要是知识学习活动的设计要丰富化、动态化，使静态的、隐含的知识形式动态化，外显为知识的掌握过程，从而积淀、固着到学生的知识结构之中。

在科学课程内容设计上，如何将科学知识形式设计为学习的内容呢？首先，通过科学知识内容的表达再现科学知识的形式，讲述科学知识的形成故事，如在化学课程设计中介绍凯库勒（Friedrich August Kekule）在苯的结构研究中的灵感。凯库勒执迷地探索苯的结构时，脑海中总是萦绕着原子、分子的形象。"日有所思，夜有所梦"，凯库勒最终从蛇相互咬住尾巴成环状的梦境中得到了重要的启示，顿悟得出苯的环状结构；他以丰富的化学事实为依据，以严肃的科学态度进行多方面的分析探讨并取得了成功。应让学生了解灵感在科学知识产生中的作用，将作为背景知识的科学家的故事、佚事纳入教学内容，以凸显其知识的探究形式与思维方式。其次，设计学生动手参与的科学活动、科学实验，让学生通过科学观察、实验经历科学知识的生产过程（问题—假设—验证—结论），或感悟、体会、尝试科学知识的研究方式和思维方式，从而理解科学知识的探究形式。第三，在介绍科学知识形式时，可以适当说明符号、公式对于科学知识表述的独特意义，让符号、公式说话，说明符号、公式对于科学知识内容的约定性。可将科学知识的思维形式、研究方法作为课程的基本内容，让学生了解认识科学知识的研究方法及其内在的思维方式，使科学知识中隐含的思维方式得以外显、张扬。在叙述人类科学知识的成就的同时介绍科学研究的方法，分析科学知识生产过程中的思维方式，使学生在吸收人类的科学成就的同时掌握人类探究自然的方法、方式，使内容与形式成为学习过程的两个方面，不顾此失彼，而是相互关联，相得益彰。将静态的知识内容动态化、过程化，在动态的过程中呈现仅靠静态陈述无法陈述或难以再现的东西——形式。如此，既能丰富学习过程，又能获得知识的形式。

（二）科学知识的形式与科学课程的实施

科学知识的形式特点要求课程实施必须顾及"知识形式"。科学知识是人对自然探究的结果，反映、体现着人对自然探究的方式、方法。客观的科学观察(非参与式)、实验是人们探究自然、揭示自然规律、获得自然知识的基本方法,这一方式蕴涵着主客体分离的思维方式,人作为研究主体从外部审视、考察自然对象,不将自己的主观意志、情感赋予自然事物。尽管研究主体有时要干扰研究对象(在实验中),但这种干扰是为了使研究对象显现自身的特征,研究者并不想将自己的愿望强加于研究对象,他只想通过改变环境、条件,获得有关研究对象更广泛、更深入、更客观的知识,更深刻地认识、把握研究对象。同时,科学知识的数学化趋势追求精确的、普遍的自然知识。因此,科学知识的表述往往使用操作性的清晰定义,简明的定理、法则,明晰、简明的公式,正如有的科学家所说的那样,"自然喜欢简单"。同时,科学知识的表述还有逻辑的要求,通过公理,推出定理,公式之间能相互推演,知识之间逻辑关系密切,众多的知识具有内在的联系,可相互沟通,彼此衔接,避免矛盾与不一致之处。这些形式上的要求也是科学知识的重要特征,它们对科学知识的学习具有重要的、不可低估的作用。

首先,科学知识的学习强调客观的把握,它要求学习者认识、了解客观自然自身的特性,不得随意注入个人的主观见解、意念。尽管科学知识的学习要基于一定的经验,但这些经验只能是理解科学知识的手段、基础,服务于科学知识的客观理解,学习者不能任意曲解。学习的过程是从外部加以掌握、理解的过程,而不是从内部加以创造的过程。

其次,科学知识的学习强调客观观察与科学的实验,在缺乏必要经验的情况下要借助观察获得相关经验,对事物间相互关系的理解、探究要运用实验,要查明产生某一结果的原因,揭示因果关系。因此,观察与实验不仅是科学知识探究的基本形式,也应是其学习的基本形式。同时,还要进行相应的思维活动,如分析与综合、抽象与概括、比较与分类。只有这样,才能"复演"知识形成的过程,获得知识内在的形式,并以这种形式作为进一步学习与研究的基础,才能从表层的内容理解进入到深层次的思维把握和"形式学习",从而获得科学知识的内在精髓。

再次,科学知识形式的精确、简明要求学习者具有一定的数学基础,善于进行数量化思考,从数量及其关系把握自然对象,要准确理解符号、公式的含义,善于运用符号、公式进行推理、论证,追求精确化、数量化的结论。尽管许多问题具体的解答方式、思路有所不同,但最终结论应该相同,正确答案有且仅有一个。因此,学习者必须进行恰当判断,严格推理,精确计算,才可能得出正确答案，学习者的思维必须是连贯的，一步一步地进行推导，不能跳越。

（三）科学知识形式与科学课程的评价

以往科学课程的评价侧重于考查学生对科学知识内容的掌握程度，尽管也关注学生的思维能力、创造能力，但往往以问题解决的最终结果为判断标准，缺乏对学生知识学习方式、思维方式的考查。虽然学习能力的差异反映了思维方式的差异，但它们不是同一概念。如何将知识内容的考查与知识形式的考查结合起来？我们认为，首先，要选择那些能较好地体现形式的内容，让学生在评价过程中，在回答问题的同时体现一定的思维方式，通过分析学生解题的过程、步骤剖析其思维方式。其次，考查学生对科学方法的掌握状况。如，将观察方法、实验方法列入考查范围，制定相应的评分标准，评估学生运用观察方法、实验方法的水平。第三，建立个人学习档案，指导学生反审自己的解题思路、思维方式，学会科学地思考，掌握知识内在的形式，并用这种形式去观察、研究自然现象，去学习现有科学知识的具体内容，提高科学知识学习的效率，学会学习。再次，给高年级学生开设科学方法讲座，系统地介绍科学知识探究的方式、过程、手段，让学生不仅掌握科学知识成就，而且理解科学知识的探究形式，提高学生学习科学知识的自觉性。此外，还可让学生评价一些成功的或失败的科学研究的案例，从中审视科学知识探究方式、形式的作用与意义，培养学生对"知识形式"的兴趣，使学生学会"科学"地思考、探究。

第三节　科学知识的意义与课程

一、科学知识的旨趣

科学旨趣反映科学想做什么，它是科学知识的理想、追求、目标，体现科学研究的动机所在。而科学功能指科学知识对社会、对人能做些什么，即科学知识具有什么样的作用、意义与价值。

科学研究作为一种人类活动，受其内在的目的、旨趣的导引，体现着一定的价值追求。科学旨趣可分为社会旨趣与个人旨趣，前者表现为使自然服从于人的需要，是人们基于对自然规律的理论认识使自然界服务于人类。科学是人类观念地掌握自然界的最高的、最有效的形式，通过观念地掌握自然，满足人类实践地改造自然的需要。就个人旨趣而言，科学能满足科学家自尊、成长、自我实现的需要以及道德理解、审美的需要。科学家是一些富有情感和想象力的人，有着自己独特的偏爱、兴趣和理想，科学研究过程渗透着社会以及科学家个人的认识、情感、表达和审美的需要。在爱因斯坦看来，真正的科学家从事科学研究是想以最适当的方式来画出一幅简化的和易领悟的世界图像，以自己和谐的世界体系来代替繁复的经验世界，并来征服它。[①] 科学的社会旨趣与个体旨趣是统一的，"社会对科学价值的追求只能经由科学家个体的价值追求来实现，科学家个体的价值追求的意义也并不仅仅局限于科学家本人，它可以直接或间接地为社会所共享"[②]。

在对象化的科学活动中，人使对象世界表现为他的作品，从而在所创造的世界中直观自身。科学知识蕴涵着人的内在尺度，诸如人的审美标准、伦理诉求，如牛顿的"节约原理"、马赫（Ernst Mach）的"思维经济"、爱因斯坦的"内在完备性"。科学知识的旨趣主要表现在：

（一）描述自然

科学知识为我们提供有关自然界及其事物"是什么"和"怎么样"的知识。科学知识首先是关于自然界的描述，不仅描述自然界的个别事物或某些事物的属性、结构、状态、关系及其过程，而且提供对自然的整体理解，描述一幅自然的图景。描绘统一的世界图景是科学知识的重要旨趣，"世界图景这一术语，常常是或者主要是在有关自然界形象的意义上来使用。例如，在物理学的世界图景中，一般认为有力学的世界图景、电动力学的世界图景、相对论的世界图景、量子力学的世界图景，还有生物学的世界图景，甚而可以一般地说有自然科学的世界图景等"。"自然图景具有由一定历史时期的自然科学及其主要领域的科学认识成果所赋予的基本特征。"[③]正是科学关于自然的描述，使人可以理解世界的纷繁复杂，产生内在的确定感，获得

---

① 《爱因斯坦文集》第1卷，许良英等译，商务印书馆1976年版，第101页。

② 汪信砚：《科学价值论》，广西师范大学出版社1995年版，第15页。

③ 〔日〕岩琦允胤、宫原将平：《科学认识论》，于书亭等译，黑龙江人民出版社1984年版，第454页。

137

内心的自由与宁静，如卡西尔（Cassirer）所言："正是科学给予我们对一个永恒世界的信念。对于科学，我们可以用阿基米德的话来说：给我一个支点，我就能推动宇宙。在变动不居的宇宙中，科学思想确立了支撑点，确立了不可动摇的支柱。在古希腊语中，甚至连科学（spisteme）这个词从词源学上说就是来源于一个意指坚固性和稳定性的词根。科学的进程导向一种稳定的平衡，导向我们的知觉和思想的稳定化和巩固化。"①

（二）解释自然

科学不仅回答"是什么""怎么样"的问题，而且还要解答"为什么"的问题。面对自然的千变万化、神秘莫测，人们总是渴望理解自然现象背后的原因。科学出现之前，已有一些理论开始解释自然现象的原因。如，灵魂论认为世界充满生命，云彩之所以移动是因为云彩有灵魂，云彩在行走并带来降雨。拟人说认为，之所以有雷电是因为人间的事情违背天意，雷电是上天在发怒，生病是恶魔附体。目的论认为草之所以生长是为了给牛吃，常常将自然现象按人类经验加以设想，用臆想的原因解释观察到的事实。与非科学解释不同，科学解释从自然界本身来说明自然现象的原因，阐明事物的因果联系和普遍效应。"我们对自然现象的理解过程就是：我们力图发现一般概念和自然规律。自然规律只是代表自然变化的一般概念……因此，当我们不能把自然现象追溯到某一规律时……理解这种现象的可能性就不存在。"②解释就是把某一事物、现象纳入某种概念和规则之下，"把可以看见的、仅仅是表面的运动归结为内部的现实的运动"③。总之，科学解释能有效消除人们头脑中的种种疑团，使人摆脱茫然无知的状态，满足人的求知欲和好奇心。我们用万有引力定律解释新星运动、彗星运动、月球运动、潮汐运动以及单摆运动，用广义相对论解释光线弯曲、光谱红移和水星近日点的运动等，以便让人获得内心的宁静。

（三）预测自然

科学不仅能描述、解释自然的现在和过去，还能在把握自然规律的基础上预见目前尚未发现的事物或事物的发展趋势，为人们提供自然界及其事物"将如何"的知识。它是从普遍的原理和先行条件中推导出来的关于未知事实的陈述。在科学中，"我们必须设法相当经常地提出这样的理论，它们

---

① ②〔德〕卡西尔：《人论》，甘阳译，上海译文出版社1985年版，第263—264、278页。
③《马克思恩格斯全集》第25卷，人民出版社1974年版，第349—350页。

产生新的预言,特别是具有新效应、新的可检验结果的预言"①。如,亚当斯和勒维列根据牛顿力学对海王星的预见,门捷列夫根据元素周期律对未知元素的预见等等。科学预见拓展了人们的思维空间,将人的认识推进到一个可能性的世界,增强了人类征服自然的信心与能力。

二、科学知识的价值

(一) 科学的认知价值

科学是人类各种认识形式中最成熟、最完美、最值得称道的,它堪为人类其他的认识形式的楷模和典范。爱因斯坦认为,科学知识增进了人的智慧,培养了人的理性精神,提升了人在宇宙中的地位,为人的自由和发展提供了广阔的前景。"科学的不朽的荣誉,在于它通过对人类心灵的作用,克服了人们在自己面前和在自然界面前的不安全感。"②

(二) 科学的道德价值

"科学使我们与比我们自己更伟大的某些事物保持恒定的联系;科学向我们展示日新月异的和浩瀚深远的景象,在科学向我们提供的伟大视野的背后,它引导我们猜测一些更伟大的东西,这种景象对我们来说是一种乐趣。正是在这种乐趣中,我们达到了忘我的境界,从而科学在道德上是最高尚的。"③科学知识能培养人的理性精神,使人客观地、实证地看待世界,看待人自身及其与外部世界的关系,并养成自我批判的精神。美国科学社会学家罗伯特·默顿(Robert King Merton)提出"科学的精神气质",它包括普遍性、公有性、无私利性和有条理的怀疑性。"科学的精神气质是一套有感情基调的约束科学家的价值和规范的综合。这些规范用命令、禁止、偏爱、赞同的形式来表示。它们借助于习俗的价值而获得合法地位。这些通过格言和例证来传达、通过法令而增强的规则在不同程度上被科学家内在化了,于是形成了他的科学良心,或者如果人们愿意用现代术语的话,也可以说形成了他的超我。"④科学还有助于培养人的勇敢精神,蔡元培指出:"研究学问,

139

---

① 〔英〕卡尔·波普尔:《猜想与反驳》,傅李重等译,上海译文出版社 1986 年版,第347 页。

② 《爱因斯坦文集》第 3 卷,许良英等译,商务印书馆 1979 年版,第 137 页。

③ 〔法〕彭加勒:《伦理与科学》,载《科学学译丛》1988 年第 2 期。

④ R. K. Merton. *The Sociology of Science*. Chicago:University of Chicago Press,1973,p. 256.

亦非有勇敢性质不可。而勇敢性质，即可于科学中养成之。大抵勇敢性有二：其一发明新理之时，排去种种之困难阻碍；其二，既发明之后，敢于持论，不惧世俗之非笑，凡此两端，均由科学所养成。"①总之，科学知识所蕴涵的创新、探索（如锲而不舍）、理性（如冲破对权威和个人经验的迷信）、献身、批判、求实等精神对人的道德具有重要的陶冶价值。②

（三）科学的审美价值

科学就是对普遍存在于自然界的和谐秩序的揭示和反映，揭示、反映潜存于色彩缤纷、斑驳陆离的自然现象之中的内在秩序。科学美就是洞察了自然规律而产生的情感上的愉悦。科学美不同于艺术美，是一种理性美，它不是直接打动人的感官的外在美，而是一种内在的、抽象的美。科学美的对象是大自然的规律及其反映形式，不懂科学的人是无法领略、欣赏科学之美的。如，许多科学巨匠曾沉醉在欧几里德的平面几何体系那迷人的美的光芒之中。罗素回忆道："我在 11 岁开始学欧几里德几何……这是我一生中的一件大事，象初恋一样使人眩惑。我想不到世界上有什么东西会这样有趣味。"而诗人埃德娜·圣·文森·米莱（Edna St. Vincent Millay）则说"只有欧几里德面对着赤裸裸的美"③。对于天文学中的日心说，哥伯尼在其著作《天体运行论》中写道，"日心说"揭示了宇宙的美妙秩序："太阳在万物的中心统驭着；在这座最美的神庙里，另外还有什么更好的地点能安置这个发光体，使它能一下子照亮整个宇宙呢？……事实上，太阳是坐在宝座上率领着它周围的星体家族……地球由于太阳而受孕，并通过太阳每年怀胎、结果。我们就是在这种布局里发现世界有一种美妙的和谐，和运动轨迹与轨迹大小之间的一种经常的和谐关系，而这是无法用别的方式发现的。"④古典力学的完美综合也使许多近代物理学家陶醉其中，丹皮尔评述道："在他们眼里，

---

① 《蔡元培全集》第 3 卷，中华书店 1984 年版，第 291 页。

② 关于科学的负面价值，卢梭指出科学和艺术是人类历史上道德败坏的根源。"天文学产生于迷信，辩论术产生于野心、仇恨、谄媚和谎言，几何学诞生于贪婪，物理学诞生于虚荣的好奇心，一切，甚至道德本身，都诞生于人类的骄傲。因此，科学与艺术的诞生，乃是出于我们的罪恶。""随着科学和艺术的光芒在我们的地平线上升起，德行也就消逝了。"参见卢梭：《论科学与艺术》，商务印书馆 1963 年版，第 7 页。

③ 《纪念爱因斯坦译文集》，赵中立、许良英译，上海科技出版社 1979 年版，第 99 页。

④ 〔英〕梅森：《自然科学史》，周煦良等译，上海译文出版社 1980 年版，第 123 页。

牛顿赋予了世界画面的惊人秩序与和谐所给我们的美感上的满足,超过……诗人们的神秘想象所见到的万花筒式的混乱自然界。"①

科学知识之美主要表现在:

科学理论之美。"一个科学理论如果能从尽可能少的基本假设或公理出发,运用严密的数学或逻辑手段推演出具有普遍深远意义的结论,或概括出简单、对称的定理、定律、公式、方程,解释或预言尽可能丰富的物理事实,那么,它就是一个美的科学理论。"②如欧氏几何、日心说、牛顿力学、进化论、相对论以及量子力学等。

科学数学之美。数学结构的简单、对称、统一体现了科学理论的和谐与严谨。如爱因斯坦的质能方程式 $E=mc^2$,使用简单的几个符号将有关物质运动的规律描绘得淋漓尽致,形式虽简洁,内容却是丰富而深刻的;宇宙中的质子数为 $M/mp \approx 10^{78}$,宇宙年龄的线性表示为 $mec^2T/h \approx 10^{39}$,它们展示了宇宙之恒之美。

科学实验之美。实验方案之美在于设计新颖、独特。如物理学史上的迈克尔逊—莫雷实验,方案设计十分美妙,爱因斯坦予以高度评价,说它"在很大程度上要归功于他对科学的艺术家的感触和手法,尤其是对于对称和形式的感觉"③。实验方法的美来自独创的实验技术和高超的实验技巧。爱因斯坦极为赞赏迈克尔逊—莫雷实验方法,他说:"我总认为迈克尔逊是科学中的艺术家。他的最大乐趣似乎来自实验本身的优美和所使用方法的精湛。他从来不认为自己在科学上是个严格的'专家',事实上确也不是,但始终是个艺术家。"④实验结果的美是指实验或成功地证实或证伪了某一科学思想,如伽利略的自由落体实验;或发现了自然界隐秘的本质,如居里夫妇经过四年艰苦的实验终于提炼出一克镭后,那些沥青铀矿石里的放射性元素在他们眼里宛若飘然而起的希望天使。

(四) 科学方法的价值

方法是人们实际地或在观念中操作对象的程序或工具,它能有效地帮助人们实现活动的目的,达到既定的目标。科学认识对人类其他认识形式

141

---

① 〔英〕丹皮尔:《科学史》,李珩译,商务印书馆 1975 年版,第 249 页。

② 汪信砚:《科学价值论》,广西师范大学出版社 1995 年版,第 171 页。

③④《爱因斯坦文集》第 1 卷,许良英等译,商务印书馆 1976 年版,第 491、561 页。

具有独特的方法价值。科学方法主要有经验实证方法与逻辑理性方法。经验实证方法坚持以观察和实验为证的原则，要求科学理论必须建立在经验事实的基础之上，并接受实践的严格的、反复的、长期的检验。而逻辑理性方法要求人们有条理地、按规则地思考和行动，并将一切科学理论都置于理性和逻辑的无情的审判之下。如果说经验证实方法有助于人们在认识上摧毁教条，那么逻辑理性方法则能帮助人们在认识上破除迷信。总之，科学方法具有重要的教育价值。

三、科学知识的价值与科学课程改革

科学知识的旨趣、价值对科学课程的编制工作如价值选择、价值实现、价值评估等方面有着重要的知识论诉求。

（一）科学知识价值与科学课程的设计

科学知识是人类的创造、建构，它既反映自然的客观规律、特征，又蕴涵人类的理想、情怀以及对自然的态度。科学知识一旦生产出来，就对学生智慧、情感、态度的发展具有一定的作用、价值。因此，科学课程设计中课程目标的确定，应充分考虑科学知识的旨趣，让学生明白科学知识的追求与理想，理解科学，走进科学，把科学知识学习与自己的生活联系起来。将理解科学、认识科学知识的目的与意义列为科学课程的目标，对科学知识价值的理解、认识是科学课程学习的起点，只有理解科学知识的意义、价值，对科学知识的学习才能更积极、主动、有成效。科学知识价值、意义的学习不仅仅是科学课程学习之初的事情，还应贯穿在整门科学课程学习过程之中。

科学课程内容的选择与组织也应考虑科学知识的价值问题。科学知识的育人价值是不一样的，一般的科学概念、原理、法则、方法更能体现科学知识的智慧、审美价值，而科学事实、趣闻、故事更能体现科学知识的道德价值；因此，在科学知识内容选择时，应看到科学知识各组成部分的特点、价值，选择有利于促进学生多方面发展的材料。相比而言，科学中那些基础性、系统性、体验性的知识更能体现科学知识的教育价值，这些科学知识应在科学课程设计时优先考虑。

（二）课程实施中科学知识价值的实现

课程实施就是实现知识价值的过程。科学知识具有促进学生智力、情感、个性发展的功能，但在进入教学领域前，这些仅仅是潜在的功能，只有进入课程实施阶段，才能由潜在转化为现实。从某种程度上讲，科学课程的教学过程就是科学知识潜在价值的实现过程，教学活动要最大可能地实现科学知识的潜在价值。科学知识价值的实现包括科学知识内容价值的实现与科学知识形式价值的实现。科学知识内容价值的实现即将科学知识的基本内容准确、生动地加以再现，让学生理解、掌握、内化。科学知识形式价值的实现即在科学知识教学过程中潜移默化地体现科学研究的方法、形式，让学生理解科学的探究方法——科学实验、科学观察的基本要求、规范等，学会科学探究，学会撰写研究报告。科学知识价值的实现还包括实现科学知识内在的认知、道德、审美等多方面的价值。科学课程的实施能够发展学生的智力如科学观察、科学思维、科学想象的能力，培养学生的科学精神，形成客观、精确、批判、理性、创新等品质，以及对科学美的感知、欣赏、体验乃至创造。

（三）科学知识价值与科学课程的评价

课程评价是评估课程目标实现程度的工作，即评价课程活动在多大程度上实现了知识的价值，是对课程活动及其效果所作的全面的价值判断。长期以来，人们较多地关注科学知识内容的掌握，而忽视科学知识形式的学习，学生能记住基本事实、概念、公式，但对科学探究的方法、形式缺乏足够的了解与认识，对科学的基本精神与价值缺乏必要的理解和把握，致使科学知识的价值得不到应有的挖掘、释放与再现，难以有效地转换为学生内在的科学素养。今后科学课程评价应注意全面评价科学知识价值的释放、增值程度，即考查学生科学课程的学习是否既掌握了科学知识的内容，又理解了科学知识的探究形式、表达形式，是否在科学知识掌握的同时发展了科学观察、科学思维的能力，是否具备了一定的科学精神、科学态度。科学课程的评价不能仅仅关注科学知识价值的某些方面、维度，而应较为全面地关注科学知识诸方面潜在价值的实现程度，这样才能对科学课程本身进行较为客观、全面的评估。

第四章

人文社会知识与课程编制

第一节　人文社会知识性质与课程

一、人文社会知识对象

科学知识的对象是自在的自然客体,自在的自然不以人的情感、意志为转移,尽管自然科学如生物学也涉及人,但它却把人作为类似自然的客体加以研究,排除或无视人的情感、个性。而人文社会科学知识的对象是人文社会现象,它关切的恰恰是人的本质、活动、精神、情感,虽然也会涉及自然,但它更多地关注自然对人生存和发展的价值、自然与人的关系。当然,人文科学知识与社会科学知识的对象又有一定的差异。人文科学知识的对象是人文现象,即由人创造的关涉人自身存在的有关价值、意义的体验与思考,旨在解释人的文化存在;而社会科学知识的对象是社会主体与社会客体的关系及主体之间的种种关系,诸如社会关系、道德关系等,旨在揭示人的社会运行规律。

人文现象与社会现象又是相通的,彼此渗透,相互关联。人文现象总是在一定的社会背景、社会活动中产生与发展,社会是人文活动的基本框架、基础,社会现象是人参与其中,人与人、人与自然彼此互动的结果,而人不仅是生物学意义上的人,他总有一定的目的、意志、思想和情感,追求特定的目标与活动价值。即,社会现象本身是有价值负载的,在某种程度上讲属于文化活动。

人文社会科学知识的对象具有下述特点：

（一）自为性

作为自然科学知识对象的自然界，其存在是自在的，物理现象、化学现象、生物现象的存在、发展一般不以人的意愿为转移，自然本身没有自觉的意识，依靠盲目的力量（自然法则）发挥作用，太阳每天东升西落，海洋潮起潮落，物体热胀冷缩，它不会因人的好恶而加以改变，人只能去适应它，而不能去改变它。作为人文社会科学知识对象的人文现象与社会现象却有所不同，尽管它是自然演化到一定阶段的产物，它的存在与发展依赖人的意识、情感、目标、意志，人文社会现象正是通过人的主体活动和人与人的相互作用才得以生成，并在一定目的、意义的追求下维持与发展，它是一种自觉的力量，人的目的、意志构成并影响人文社会现象的方向、进程及其结果。人类正是通过每一个人追求他自己的预期目的的价值活动来创造历史的，历史不过是许多按不同方向活动的愿望及其对外部世界的各种各样作用的合力而已。经济学所研究的股市不是完全自在的，它是一种人为的制度创造，股市行情又常常受"点评专家"的左右，消费市场也为商家的广告宣传所"引导"。作为语言学对象的语法规则是人们的约定，人们既然可以创制，也就可以修改，它是人为的。语言现象尽管也客观存在，但它是人为的。总之，人文社会科学知识的对象是有目的、有意志的人的自觉行为，是人的思考、情感、精神、行为以及建立在此基础上的社会活动、社会交往、社会规范、社会制度、社会习俗，这些现象不同于天然的、自在的、不以人的意志为转移的自然现象。自为性是人文社会现象的一个基本特点。

（二）独特性

作为人文社会科学知识对象的人文社会世界极为丰富多彩，鲜活生动，它不是一个空洞、抽象、贫乏的概念，"就其内容而言，它包含着经济、政治、道德、宗教、法律、文化传统等；就其类别而言，它包含着物质的、精神的、实践的、决策的、评价的、审美的等各种类型。人文社会现象不仅包括经过人类加工的物质生活条件，还包括注入了人类主观意志的社会构件，如社会制度、社会关系、社会组织、社会机构，以及人的情感、意志、欲望、信念、信仰等。就其层次而言，它包含着日常的、理论的、规划的、操作的各个层次；就其向度而言，它不仅有活生生的现实，还有消失了的过去和将至的未来等各个向度"①。可以说人文社会科学知识对象十分丰富，范围宽广，涉及诸多人文要素、社会要素及其间的复杂关系和动态作用，构成了一幅幅多姿多彩、变幻无穷的画卷，形成了诸多充满矛盾、冲突、挑战和多种可能的人文社会景观，而其中的每一幅画卷、每一道景观都有其独特、动人之处。不但不同社会现象面貌不同，政治现象、经济现象、文化现象各不相同，即使同一现象的表现也千差万别，各具风貌。如"家庭"现象在不同文学家那里，可能具有不同的含义，正如托尔斯泰在《安娜·卡列尼娜》一书中所言："幸福的家庭是相似的，不幸的家庭各有各的不幸。"其实，幸福的家庭也是独特的，也有各自的幸福，"幸福"仅仅是"相似的"，不会雷同，因为构成幸福家庭的实体要素与非实体不可能重复，世界上一个一个的家庭都有其独特的一面，家庭成员均有各自的兴趣、爱好、需求、情感、意志、信念，成员间的互动模式和情感样式亦不尽相同，既有和谐、一致，又有矛盾冲突、分歧、对峙，对家庭成员的关系、家庭的精神氛围常常很难作出是否"幸福"之类的简单判定。即便是"家庭幸福"的判定，其幸福的含义、程度、方式也有着极其微妙的差异，有时很难言传。同时，家庭问题也成为多学科关注和研究的对象，除了文学、艺术，还有社会学、经济学、人类学、伦理学、教育学、心理学、管理学，不同学科描绘、展示着家庭现象的不同角度、侧面，表现了家庭世界的独特含义和多维意义。尽管多学科均在研究、揭示、描述家庭现象，但它们的视角、方法、内容却是独特的，都表现了家庭的独特一面。总之，人文社会现象不同于千篇一律的自然现象，它常常具有独特的个性，异质性大于同质性，这为人文社会科学研究提供了广阔的空间。

（三）价值性

作为人文社会科学知识对象的人文社会现象、过程、活动，是一种客观存在的事实，我们能观察、感受、描写、刻画，但它不同于自然事实，自然没有情感、欲求、目标，不管有无人类以及人的意识，它均盲目地、自在地产生、发展、演变。而人文社会现象却是有价值负载的，没有人及其活动，人文社会现象不可能产生，人文社会世界不复存在，人文社会科学知识亦成为虚妄。只有地球上有了人（宇宙中其他星球是否有生命，科学正在探索，外星人的种种见闻、传说至今还无法完全证实），才有了人的意识、精神、意志、活动、

---

① 欧阳康主编：《人文社会科学哲学》，武汉大学出版社 2001 年版，第 128 页。

追求、奋斗，才有了人的相互协作、竞争，人文社会现象才发生，人文社会科学知识才得以形成。正如马克思指出的那样，全部人类历史的第一个前提无疑是有生命的个人的存在，因此，第一需要确定的就是个人的肉体组织以及由此产生的与自然的关系，而人类历史的第一历史活动则是产生和满足人的物质生活需要。人文社会现象作为人的活动及其结果，价值追求必须附着其中，贯穿其间，社会活动、文化活动本身正是在价值引领的前提下得以发生、展开、调节的，离开了人的情感、目的、价值、意志等因素，人文社会活动便失去了基本动力，便难以维持、深化、发展，难以开拓新的领域，创造新的成就。任何人文社会活动、过程都浸透着人的目的、社会的理想，体现着创造者的意义追求和价值凝结。自文明以降，人类的价值需求不断扩展、增强，大大地拓展了人的生活领域，不断地提升了社会活动的水平。如果说奴隶时代的经济活动还围于奴隶主庄园和物物交换，封建时代的经济也限于封建领地、自给自足的家园和狭小范围的产品交易，那么，资本主义时代的经济活动则突破了固定的疆域，对利润的无止境的追求大大地激发了资本家的生产激情。圈地运动、殖民地运动、战争的血腥使资本主义的市场在世界范围内得以建立，经济活动、贸易活动从一国发展到多国，为了谋取更多的利润，竞争的自由资本主义演变为垄断的帝国主义。在今天，信息化、民主化、全球经济一体化进程加快，欧共体、东盟、北美自由贸易区、WTO 改变着已有的市场格局，既促进了经济的增长，又形成了新的贸易壁垒。这一系列价值选择和制度安排、设计，使当今经济现象发生了深刻的变化，经济活动、商品交易、金融变成了区域性乃至世界性的。又如，作为人文学科的文学，更是一个由人创造的意义世界，文学作品中的人生理想、社会理想无不体现着作者的价值取向和生活理想。总之，人文社会世界是一个属人的世界，它不仅仅是一个感性的、物理的、事实的世界，更是一个处处体现着、表征着、渗透着人的特性、人的本质、人的意义的世界。人的种种活动，如社会生产、人际交往，不仅仅是为了满足衣、食、住、行的物质性需要，还是为了满足人的理智、道德、审美、文化的精神性需要。人文社会活动、过程本身是为了实现人的价值与本质，人文社会存在就是价值的存在。

（四）自我相关性

人文社会科学知识对象不仅是有价值负载的，而且是自我相关的。人文社会科学的研究对象不是自在的物体、自然，而是自为的人与社会。自然科学知识研究尽管是人对自然的一种揭示，但科学准则要求研究者独立于研究对象，尽可能排除研究者自身的情感、价值、好恶，保持一种客观的、中立的态度，让自然现象自发地发生，研究者旁观、记录，从而揭示自然的本来面目、真相，一句话，研究者与研究对象是分离的、不相关的。而人文社会科学则不然，其研究对象不是客体的被动的自然，而是作为主体的人及其活动，表现为个体、群体、社会。无论个体还是群体，都有一定的思想、情感、目标、意志。同样，研究者也是具有一定思想、情感、目标、意志、能力的人，知识主体与知识客体之间具有某种内在的关涉性，它们之间相互适应，彼此相关，决定了知识主体与客体关系模式的多样性与复杂性。除了对他人的研究，有时研究对象就是研究者本人，或涉及到研究者本人，因为研究者亦是处于某种历史条件、特定时空的个体，他内在于一定社会。前者如卢梭(Rousseau)的《忏悔录》的对象就是卢梭自己，是他自己将自己进行追忆、反省、解剖，将一个真实的卢梭暴露于世人面前。弗洛伊德(Sigmund Freud)在其精神分析作品《梦的解析》中，常常将自己的梦作为解析对象，以探究梦表层下的潜意识。社会科学研究中的行动研究实质上就是研究者与行动者合而为一，行动者在行动中、实践中进行自我反思、自我批判、自我改进、自我提升，心理学中的反省思维研究亦如此。后者如教育学中的校本课程开发、潜在课程开发活动，研究者内在于特定学校的教育活动、校园文化、精神氛围，不可能将自己完全从学校情境中剥离出去，其研究是自我相关的。在人类学的田野研究中，可能相对于某一部落、民族而言，研究者是"外来人""他者"，为了深入研究、揭示该部落、群体的精神生活、文化特征，他必须走进该部落，与该部落居民一起生活、劳动、娱乐、交流，成为他们有机的一员，以真正洞察该民族的精神内核，理解该文化的实质所在。正如美国学者华勒斯坦(Immanuel Wallerstein)所强调的那样："与自然科学所肯定的自然界不同，社会科学的对象领域有其自身的特点：不仅研究对象包括了研究者本人，而且被研究的人还能够与研究者展开各种各样的对话或辩论。在自然科学中，辩论的问题通常无须诉诸研究对象的观点，就能够加以解决。相反，社会科学家所研究的民族(或其后代)，不管其观点是否为学者所探求，都越来越频繁地参与到讨论中来，而对研究者来说，他们的闯入日益地表现为对普遍主义僭妄的挑战……质言之，持异见者对普遍主义原则本身提出了疑问。他们宣称，社会科学认定适用于全世界的原则实际上代表着人类中极少数人的观点。他们还争辩说,这极少数人的观点之所以逐渐地主宰了整个知识领域,只是因为这同一些人在大学以外的世界里也居于统治地位。"①总之,人文社会科学知识对象是人生活于其中、创造于其中的人文社会世界,而知识主体又是生活在人文社会世界中的现实的人,二者同质同构,自我相关,密不可分,对人文社会知识产生了深刻的影响。

二、人文社会知识内容

人文社会科学知识对象的特点决定了人文社会科学知识内容的性质。

(一) 境域性

人文社会科学知识是人们在特定历史背景下,针对特定的问题所做出的特定解答,它适合于一定时空条件下人类的活动及其精神状况,超出了该境域,它便失去了普遍的意义。人文社会科学知识具有明显的境域性特征,这一特征为人文社会科学知识对象的独特性所决定,有别于自然科学对象。人文社会科学知识的对象是具有独特性的社会现象、人文精神,同一社会现象、人文现象在不同时期甚至同一时期的不同环境、地点,其表现样式、程度可能有所不同。换句话说,同一人文社会世界在不同境域的表现会有所不同,因它总具有新的成分,有其特殊性。而自然科学知识的对象不同,自然是自在的存在,同一自然现象在各处大致相同,它们按照相同的方式发生、发展,即便存在某种差异,也是微不足道的。换言之,自然现象运转的内在法则、规律是普适的,只要具有相同的条件,科学知识便具有普遍的解释力、预测力。万有引力定律对于自由落体运动(不管这个落体运动发生在地球上的什么地方)都能作出有效的解释,甚至能作出准确的预测。冥王星存在的预言及其发现便是万有引力定律普适性最为成功的例证。正是由此,牛顿等一大批科学家赢得广泛的尊敬和崇高的声誉,自然科学知识规范成为知识竞相追求、效仿的标准。

相比之下,人文社会科学知识相形见绌,它缺乏像万有引力那样的广阔的适用范围、普遍的解释力和准确的预测度。社会科学知识有着较大的境域性,其运用范围、解释力有限,预测度更低(预测问题运用于人文社会领域是否妥当是一个有待讨论的问题,因为人文社会事业不是自在地发生,而是

① 〔美〕华勒斯坦:《开放社会科学》,刘锋译,三联书店 1997 年版,第 54—55 页。

自为的,是自我规划、自我导向、自我完善的)。社会科学知识、概念、原则在不同境域有着不同的含义与意义。政治学中的"民主"概念是境域性的,在不同的历史传统、习俗、文化和国情下,民主的含义、标准、理想、作用是有差异的。美国的民主、中国的民主、非洲的民主有着各自的特殊性,如果简单地视美国的民主为绝对的、普遍的准则,将它机械地移植到中国或其他国家,可能导致混乱甚至灾难。我们只能根据该国的历史、文化、现实发展,形成具有自身特点、适合本国国情和现实的民主概念,建立相应的民主制度,才能有助于该国的稳定、发展、繁荣。"没有最好,只有最适合"可能是对人文社会科学知识境域性恰当的表述。正是由此,在人文社会科学知识领域至今还未诞生过牛顿,也许永远也不会诞生牛顿式的人物。这丝毫不贬低人文社会科学研究的价值,也并不意味着人文社会研究者智商的低下,它只是表明其知识对象的独特性及其知识内容的特殊性。

（二）非确定性

自然科学知识一般是确定的,可以运用准确的概念、术语、法则或精确的公式加以表达,数量化是自然科学知识的外在形式,自然科学知识完全可以借助严密的逻辑推理和公式、符号进行演绎,确定性是自然科学知识的一个基本特征。人文社会科学知识却充满着非确定性,这种不确定性为人文社会现象的复杂性和自我相关性所决定。首先,人文社会现象、活动、问题的产生、发展、演变受众多因素的影响,既有历史的因素,又有现实的因素,既有客观的因素,又有主观的因素,既有国内的现状,又有世界的背景,难以穷尽。人文社会现象正是在多种因素相互作用、彼此推动与制约下展开的,其影响因素比自然现象的发生要复杂得多,人文社会科学理论很难穷尽。其次,人文社会现象是开放的、生成的,不是一成不变的、静止的,它更多地表现为一个过程,仅仅对某一阶段、某一状态进行考察,难以得出终极的结论。"人类社会有许多具有永恒价值和意义的问题,诸如人的本质、世界的意义、生活的目的,以及关于什么是理想、幸福、正义、美丑、善恶等,是很难在一定的时代获得一个永恒的答案或不变的结论的,它们会随着人类历史的推进、时代的变迁而呈现出不同的性质和意义,需要人文学者不断地对它们作出新的解释和理解,赋予这些永恒的话题以新的意义。人类的进步和社会的发展也会不断地提出新的问题,需要人们不断地对其加以解答。"①再次,人文社会现象本身渗透着、充满着人的思想、观念、意志、追求和行为,而这些思想、观念、意志、行为本身具有个别性、境域性、非确定性和非量化性,难以客观描述、准确把握,即使能刻画、描绘、捕捉,也是暂时的、相对的。正是上述原因,导致人文社会科学知识的非确定性、相对性和开放性。尽管自然科学知识也有一定的不确定性,但相对说来,它是确定的、可量化的,有着较为确定的因果关系,能用明确的语言、公式加以描述。而人文社会现象的不确定性几乎涉及所有的人文社会世界。宏观社会现象,如统计学规律,尽管可以量化,且比较精确,但它难以类推;一旦加以推广,其不确定性便会立刻显现,容易招致怀疑。微观领域与人的精神、情感有关的知识,其不确定性、个体性则更为显著,以至于人们对人文世界所谓的"客观规律"抱有普遍的怀疑。"在某种程度上讲""在这种意义上说",诸如此类的表述较好地体现了人文社会科学知识的非确定性、模糊性。

(三) 多维性

人文社会现象的复杂性、丰富性以及价值关涉,使得人们可以从不同的角度去把握、认识、理解人文社会世界,进而得出多方面的知识。自然世界的存在是单一的,一般从科学的角度去加以把握。人文社会世界特别是人文世界的存在则是多维的,人们可以从不同方面、角度、层次去把握、揭示,从而获得多方面的知识。"横看成岭侧成峰,远近高低各不同",正是人文社会世界的真实写照。人文社会科学知识对象往往由动态变化的多种要素构成,人们对同一学科的对象的界定、假设、切入点存在着不同的理解与认识,如关于社会学的知识对象,社会学存在着唯名论与唯实论的对立。迪尔凯姆(Emile Durkheim)将社会现象看成"客观事实",认为社会现象是"独立于个人的特殊现象"。他说:"所有'活动状态',无论固定与否,只要是由外界的强制力作用于个人而使个人感受到的,或者说,一种强制力,普遍存在于团体中,不仅有它独立于个人固有的存在性,而且作用于个人,使个人感受到的现象,叫做社会现象。"②而韦伯(Max Weber)关注的不是客观的社会事

---

① 欧阳康主编:《人文社会科学哲学》,武汉大学出版社 2001 年版,第 147 页。

② 〔法〕埃米尔·迪尔凯姆:《社会学方法的规则》,胡伟译,华夏出版社 1999 年版,第 12 页。

实,而是社会行为及其意义。在他看来,社会学"是一门致力于解释性地理解社会行动并因而对原因和结果作出因果说明的科学。我们将要谈到的'行动'是在行动着的个体把主观意义附着在他的行为之上的意义上讲的——不管这是明显的还是隐晦的,承认的还是默认的。只有在行动的主观意义能够说明其他人的行为并因而指向其原因的意义上,行动才是'社会'的"①。由此可以看出,迪尔凯姆与韦伯对社会现象的关注侧面有所不同,前者关注作为客观的社会事实、事物,后者则关注作为主观意义的社会行动,他们从不同维度认识、界定社会现象,形成了各具特色的社会理论及其知识体系。我们不能简单地说谁对谁错,孰优孰劣,只能说他们从不同视角把握、揭示了社会现象的不同属性、特征。在我国社会学界,关于社会学的研究对象存在着种种纷争,主要有以下观点:郑杭生认为,社会学研究对象是现代社会良性运行和协调发展的条件和机制;孙立平认为,社会学是把社会作为一个整体来研究社会各组成部分及其相互联系的科学;刘祖云认为,社会学研究在一定形态下人们在社会生活中结成的相互关系及其发展规律;高平认为,社会学是一门通过社会关系研究社会生活、社会矛盾、社会管理、社会发展及其规律的科学;陈烽将社会学划分为普遍社会学与分支社会学两部分,前者研究社会整体的基本构成及各部分的相互关系,后者研究社会综合体的基本构成及各组成要素的相互关系;李亚宏认为,社会学对象是研究文明整体的;陈树德认为,社会学没有固定的研究对象和范围,不妨针对一系列社会问题开展调查研究,发挥其"剩余社会科学"的长处。②

由此可见,人文社会现象的丰富性、复杂性使人们可以从不同维度、视角去研究、把握,从而揭示人文社会对象的丰富特征,形成多样化、多风格、多层次的人文社会知识。可以说,在人文社会科学领域,多种理论甚至对立理论并存是十分普遍、自然的事,有关人文社会现象的多元知识、理论并不影响人文社会科学知识的有效性,亦不会削弱社会科学的声誉,恰恰相反,它充分地体现了人文社会科学知识多维性的特点。

---

① 〔德〕马克斯·韦伯:《社会科学方法论》,杨富斌译,华夏出版社 1999 年版,第35—36 页。

② 中国社会科学院社会学研究所编:《中国社会学年鉴(1949—1979)》,中国大百科全书出版社 1989 年版,第 79—80 页。

（四）反思性

人文社会科学知识关涉人自身存在的历史、现状与未来，它是对人、社会及人化自然世界的价值、意义的思考、反省，它本身不直接创造供人们享受的物质财富、实用技术，而是为人类的存在及其价值建构一个意义世界，进行价值引导，守护精神家园，协调人际关系，维护社会秩序。人文社会科学正是在对人文社会现象进行描述、说明中理解、反思社会与人生，浸透着强烈的批判精神。"一种进步的、合理形态的社会科学，总是能对现实的观念世界和物质世界保持清醒的批判态度。它不满足于现有的人文社会知识，不迷信任何形式的权威，不故步自封，而是始终致力于创造新概念、新定理、新理论、新学说，始终致力于探索、创新，揭示新的真理，始终致力于观念地和实际地建构一个更加美好、合理的新世界。批判、启蒙、创新是进步的人文社会科学的内在本性，也是人文社会科学的生命所在。"①

人文社会科学的反思与批判体现为对人自身、对社会、对人化自然的价值批判。在对人的反思中，人文社会科学自产生以来一直在探寻人是什么、人从哪里来、人往哪里去的问题，试图解答著名的斯芬克斯之迷。与自然科学知识对自然现象、规律、法则的探索不同，人文科学关注着人的本质、历史、价值、理想、精神，它不满足现有的存在状况，在对自身的不断反思与批判中力求超越自我，追求人类的完善。人文科学正是在对精神理想的守护、对彼岸世界的追求中彰显其独特价值，维护其合法性。社会科学除了对社会的历史、现状进行描述、解释、说明，还着力对社会历史、社会现实作出考察、批判，对社会问题展开多角度、多视野的审视、揭露，进步的、合理的社会科学不能总是对既有的社会政策、意识形态、社会时尚及潮流进行讴歌与赞美，而应与现实保持适当的距离，大胆揭露其偏差、错误所在。思想启蒙、社会批判是社会科学知识的基本特征，也唯有如此，才能促进社会科学的真正繁荣。如历史学正是在不断收集、整理、描述历史发展的轨迹中透视现实，发挥其社会批判、文化批判和价值引领的功能。当代科技的迅猛发展及其在人类社会生活、生产领域的广泛影响，日益成为人文社会科学关注的重大而迫切的问题，科学技术的发展及其对个人生活领域的侵占所导致的环境污染、生态失衡，导致人的机械化、工具化、物质化，这些问题已引发人文社

① 欧阳康主编：《人文社会科学哲学》，武汉大学出版社 2001 年版，第 145 页。

会学家的深刻反思和理性批判。马尔库塞、海德格尔、哈贝马斯、弗罗姆等人对科学技术的反思与批判给人以深刻印象，唤醒了人们的警觉和共鸣，充分体现了人文社会科学知识的反思特性与批判精神。

（五）规范性

人文社会科学知识除了反思批判，还具有规范建设性，这是由人文社会现象的自为性和价值关涉性所决定的。人文社会世界是有目的、有意识、有意志的人参与其中，相互作用，共同生活、交往、劳动所构成的世界，充满着矛盾与纷争，浸透着个人、群体、人类的目标、理想、情怀与追求，个人行动、组织行为以及社会制度安排大多是价值抉择的结果。换言之，人文社会世界不是上帝、神仙预先设置好的、宿命的、不能改变的自然，它是人类进行选择、创造的产物。人文社会世界充满诸多可能性，不同的价值取向与目标选择可能形成不同的现实。人文社会世界的未来是不确定的，对人类来讲，它永远是开放着的、生成的，未来世界是一种什么样的图景、面貌，主要取决于人们的追求、设计与创造。人文社会科学知识具有规范性、建设性，它总是不知不觉地对人的行为、活动、劳作进行价值引领，追求人的完善与社会进步，诉说人类的理想，规范人的言行，创造新的现实。在某种程度上讲，人文社会科学知识是一种规范性知识，它不是对人的行为、社会采取一种纯旁观的、客观的描述、分析，总要戴着"价值之镜"思考人生，审视社会，发表种种见解、看法、主张，致力于社会的美好与人的"至善"，还要展示、描绘个人、社会之"善"与"美"，并试图为美好的人生、理想的社会提供方案、计划，制定规范、准则，描绘蓝图、框架。这与自然科学知识的止于求"真"迥然不同。伦理学追求人的完善、崇高，关注人的行为规范，借助"道德律令"为人的行为提供准绳、依据。历史学家透过"历史之镜"重构、解读现实，借古鉴今，指导当今的实践。文学通过故事叙说、情节安排描写人物，或托物言志，或抒情壮怀，丰富人的精神生活，提供精神乳汁和情感依托，给人以启迪与教益。哲学在于克服诸门知识领域的缺憾，描绘整体的世界，为人们提供完整的世界观、价值观，以及观察自然、审视社会、思考人生的方法论准则。社会学探讨人与社会的关系、社会结构与制度、社会发展与变迁，致力于当代社会运行与发展诸问题的解决，为社会的良性运行、健康发展、合理流动提供方案、对策、建议。经济学揭示商品生产、交换、分配的规律，关注社会资源的合理配置与生产效率的提高，为经济发展、财富增长、社会分配提供良策，谋求建立一个合理的经济秩序。政治学通过权力分配的研究,规范领导行为,以实现政治民主与社会公平。教育学追求学生的成长、发展,为教师的教育活动、教学活动提供价值观念、实践策略,规范教师的教育行为,帮助教师改善教学技艺,提高教育质量。总之,人文社会科学知识是一种对人类进步、社会发展起着规范、引领、指导作用的重要力量,它造福人类,服务社会,规范社会运行。

三、人文社会知识的性质与人文课程改革

人文社会知识的性质对人文课程开发具有重要影响,下面仅以历史知识与历史课程开发为例加以说明与分析。

（一）历史知识性质与历史课程设计

长期以来,历史课程将客观的历史事实、历史知识的传递与掌握作为历史课程学习最基本的目标。如何看待历史事实? 表面上看,历史事实是对历史真相的反映,然而,历史事实的选择与叙述无不渗透着特定的价值与倾向,历史学家总是选择那些"有用的"材料加以排序、整理、结构化,并按一定的逻辑呈现出来,报告"客观的"历史事实。因此,历史事实不可能完全客观,纯而又纯。对于历史知识是个别的还是一般的,是特殊的还是普遍的,历史学家们长期争论不休。一般地,人们认为,历史事实的表现可能具有个别性、特殊性,而历史学家总是企图从个别中概括出一般,从特殊上升为普遍,历史知识便具有较多的普遍性特征。总之,作为人文社会知识的历史知识是人们特别是历史学家依据一定的历史资料、事实构造的理性产物,不免带有一定的价值取向。换言之,历史知识是按照某种标准对历史资料进行选择、再构的结果。

历史自身的丰富性决定了历史知识的多维性,面对同一种材料,不同的历史学家经过一番审视、打量之后得出的结论不尽一致。究其缘由,既有立场、观点的差异,也有思维方式的不同,还有历史研究追求与旨趣的差异。历史知识的这一特性对历史课程目标的设计具有重要的影响。传递纯历史事实这一课程目标不得不重新思考、追问,必须对历史知识的丰富性、多维性与创造性有足够的认识。在历史课程目标的设计中,不仅要让学生了解历史事件、人物、经过,还要理解历史知识本身的复杂性、多维性,允许或鼓励学生对历史事件本身发表评论、认识和看法,参与历史知识的创造过程,

而不是被动地接受某一历史知识或评论。即，应让学生在掌握历史知识的同时，发挥自己的历史主体性和参与历史创造的热情，树立批判意识，主动地建构历史知识，而不是盲从。当然，对低年级学生而言，掌握基本的历史知识是主要的，随着年龄的增长、思维的发展、批判精神的成熟，高年级学生历史课程的学习应当适当提出理解历史、把握历史知识特点的任务。

案例："秦始皇修长城到底好不好"的辩论①

第五个同学的问题："我看到一些材料，有的人说秦始皇修长城害死了许多人，又有人说修长城是件好事。长城现在是中华民族的象征，不到长城非好汉。我有点不明白，秦始皇修长城到底好不好呢?"（没想到这一问题引发了一场大辩论）

反方："我认为不好，因为他征发很多的百姓去修整长城，给人民带来了痛苦，使很多劳动人民被迫背井离乡去干苦役。"

正方："我认为修整长城是好事，如果不修，匈奴就会入侵，给百姓带来的灾难更严重。长城能很好地防御匈奴等外族部落的骚扰。"

反方："秦始皇大量征发百姓修长城，使百姓不能从事农业生产，使很多人饿死，所以修长城不好。""修长城征发的大多是青壮年男劳力，荒废田地不说，还造成无数的家庭家破人亡，很多孩子没了爸爸，妻子没了丈夫，孟姜女哭长城就是一个很好的例子。"

正方："修长城是付出了一定的代价，不付出代价怎能加强秦朝的统治，秦始皇这样做也是为国家好。""如果不修长城，匈奴来了杀的人更多，哪会有幸福的家庭，农业生产就更不用说了。如果不修长城，我们的国土还不知能不能保得住呢。"

反方："你要真是为国家好，为百姓好，就应该爱惜百姓的生命，为百姓的家庭着想，让百姓安心地搞农业生产，就不要去修什么长城。""抵御匈奴不一定就要修长城，可以派很多的士兵去守或者发动全国人民一起抗击匈奴，共同保卫祖国。"

正方："全国人民抗击匈奴同样会有很大的伤亡。我还是认为修长城是好事，如果不修长城，中国哪来的标志性建筑，我们应该感谢秦始皇给我们

---

① 朱汉国、王斯德主编：《走进课堂——初中历史新课程案例与评析》，高等教育出版社2003年版，第54—55页。

留下无价之宝,给我们留下一笔巨大的旅游资源。"

反方:"修长城消耗了巨大的人力、财力。钱从哪里来? 还不是向老百姓搜刮的。还有,招来的工匠不够用,就到处抓人,包括老人和小孩都不放过,这些是没有人性的行为。"

正方:"虽说为了修筑长城浪费了许多的财力、物力、人力,但我认为值得。我想那些为了修筑长城而不幸遇难的人民如果知道现在的万里长城是举世瞩目的古建筑,他们是非常愿意的。"

反方:"不可能! 修筑长城的工匠不是自愿的,全是被迫的。""你们想过建造长城的代价有多大吗? 无数劳动人民的血和汗、那些堆得如山高的钱财,比例相差实在是太大了,难道几十万条生命比不过这个装饰品吗?"

正方:"我承认秦始皇在修筑长城的过程中采用的方式很不好,但我们还是应该感谢秦始皇给我们留下了一份世界珍宝。"

……

学生还想争论下去。王老师阻止道:"关于长城的问题我们先争论到这里,我认为同学们的观点都很有道理,只是大家考虑问题的角度不一样。为了照顾其他同学,这个问题我们可以在课后继续讨论。"

上述辩论,可以揭示历史事件本身的丰富性、多维性,避免简单化、模式化的理解,这样,长城修建的多方面意义便呈现在学生眼前,教学目标变得丰富起来。

历史知识是历史课程编制的基本资源,但历史知识十分广阔,涉及自然、社会、人生的诸多方面,这些知识不可能一一进入课程。历史课程的内容总是经过选择、改造、加工而成,不同的知识标准和价值取向导致不同的知识选择,历史课程内容由此呈现不同的面貌。在我国,不同时代主导价值观念的差异致使历史教材中登台的主人公迥然不同。有人对 20 世纪 50 年代以后我国出版的历史教材进行了统计分析,结果发现 50 年代的主角是帝王将相,70 年代的主角是农民领袖,80 年代的主角是科学家。① 教材人物结构的变迁反映出我国社会时尚和主导精神的变化。中国的历史客观上只有一种,之所以不同时代的教材版本面貌相异,实为人们选择使然。历史知识是某一时代、某一阶层的人们透过有色眼镜审视过去、理解现在、展望未来

---

① 吴永军:《课程社会学》,南京师范大学出版社 1998 年版,第 171—178 页。

的产物。历史研究、历史记述不免带有个人的立场、观点、取向，历史学家们总要在纷繁芜杂的历史资料中构造一个理性的、有序的、不断进步（或日益衰退）的"历史"来，从而使历史成为一部可以理解、分析的"历史"。由于历史学家的主观性、创造性，不同历史著作中呈现的历史总是不尽相同，从某种程度上似乎可以说，有多少历史学家就有多少部"历史"。历史自身并不能言说，只有借历史学家之口才能言说，真实的历史总是缄默不语。同时，历史总是对过去的记忆，而记忆总是与遗忘相伴，记忆总是有所选择，不可能完全真实。即使历史事件一经发生便加以记录，记录也已属回忆。当然，我们可以利用现代化手段摄像、录音，但它总是有一定角度，且受技术手段的限制，而某一技术手段总是有缺陷的。即便能获得客观的、全面的历史资料，这些芜杂的历史资料本身也不能成为历史知识。历史资料只有经过转化、选择、构造、评价才能成为有序的、理性的历史知识，也正如西方一些历史家所言，历史叙述、历史断言往往是一种概括，它舍弃了具体的、生动的细节，这便使本来生动感人、丰富多彩的历史最终变成枯燥乏味、面目可憎、令人生厌的历史知识。

158

上述辩析无意否定历史知识的客观性，无意主张将历史课程编制成一个无所不包、杂乱不堪的大杂烩，而是意在表明，历史知识具有广阔性、丰富性、多维性、建构性、创造性。可能仅仅存在一种真实的历史过程，而人们需要的是多部的、有意义的"历史"知识，并通过多种版本的历史把握今天，开创未来，这也许便是历史知识存在的真正价值。因此，作为历史课程内容设计中知识的选择也应当多标准、多角度、多视野，通过各具特色的历史课程、历史教材向学生展示历史本身的丰富性、多维性，而不是一种标准、一种视角。同时，历史知识的广阔性要求历史课程内容的知识选择应有广阔的视域、宽广的范围，改变那种以政治史取代历史或以经济史取代历史的做法，不能将丰富广阔的历史窄化为一部帝王将相、朝代更替的历史或物质发展的历史，而应向学生展示人类生活的丰富多面性，尽可能地展现人类社会生活的方方面面和不同领域，还历史以"本来"面目。当然，历史知识进入课程除了受知识本身特点的影响，还受教育对象、培养目标、教学时间、物质条件的制约，知识仅仅是其中的一个维度。

（二）历史知识性质与历史课程的实施

传统历史课程的实施方式主要是教师讲授、学生记忆，历史知识的学习主要是通过死记硬背完成的。此种学习方式背后隐含的历史知识观是：历史知识是客观的、静态的、不容置疑的，历史学习便是将客观的历史知识输入大脑，准确记忆，需要时加以提取、呈现。如前所述，将作为人文社会知识的历史知识等同于客观的、不偏不倚的知识的观点是站不住脚的，因为历史知识并不完全是历史事件、历史过程的客观记述和准确记载，它受到历史学家的哲学观念、个人立场、知识能力的限制，受到时代精神、社会思潮的影响，有着一定的主观色彩和时代烙印。对于同样的历史事件，不同的历史学家的看法存在差异，即使是同一位历史学家，在不同时期对同一历史事件的评价、理解也不尽相同。作为学生学习的重要载体的教科书，当然不可能也不必要详尽罗列对于同一历史事件的不同理解和看法。换言之，历史教科书中的历史知识只是历史知识多样化版本中之一种。历史理解存在着较大的话语空间，教科书文本仅仅是众多历史话语中的一种文本，它与其他文本中的历史话语是平等的。教科书中的内容仅仅是举例，而不是历史真理本身，它不能也不可能成为历史话语中的霸权话语，它不能剥夺其他历史文本的话语权。历史只有经过当代人的整理、加工、选择、改造，才能成为具有活力、充满生气、有意义的历史，否则，便是僵死的、无意义的资料而已。

换句话说，历史知识本身是开放着的、生成着的智慧，是人们基于一定历史事实、事件的创造、建构。作为学习者的学生不是远离历史的人，他们也是历史剧目中的演员，他们也参与着历史知识的形成、创造与丰富；而死记硬背的课程实施方式将学生排斥于历史知识的创造、再构之外，历史学习则成为一种令人生厌、枯燥的机械过程，一种将教科书的知识搬运到学生大脑中的位移行为，背离了历史知识本身的特点。学生参与历史知识生成、个人化的主要方式有质疑、批判、反思、参观、实践、对话，即：对历史教科书的观点表示怀疑甚至批判；反思历史事件、历史过程，形成一种概括性的观念或认识；与同伴、师长围绕某些话题展开讨论、辩论，陈述自己观点的同时有选择地、批判地接受他人的观点，或在讨论、对话中形成新的认识、知识；积极参与当代社会生活，并对自己感兴趣的社会事件、现象展开评论，发表自己的看法，参与到社会公共言论之中。

案例：民族资本主义的春天①

学生提出："既然北洋军阀的统治在政治上表现为专制、独裁，为什么经济上会出现民族资本主义发展的黄金时代？"

近代中国"民族工业的短暂春天"是指 1912—1919 年北洋军阀统治时期，特别是袁世凯当政时期(1912—1916)。教科书就"民族资本主义进一步发展"的原因给出了两个基本条件：辛亥革命和"一战"的影响。因教科书未涉及北洋军阀政府的经济措施，它肯定不能满足学生解决问题的需要。

按照常识，一个时期的经济发展，除了外部的大环境影响外，一定还有内部的原因。既然是"春天"，无论它多么"短暂"，我们还是要找到春风的源头。于是，我和学生在讨论后，决定去探一探北洋政府的经济措施。探究活动的第一步便是搜寻史料。

课上，学生们展示了从网上下载的资料，证实了袁世凯在执政时期经济上的的确确推行了比较宽松的政策，诸如"营业自由""以实业为先务"等。据统计，1912—1916 年，北京政府颁布的发展实业的条例、章程、细则、法规等多达八十多项，涉及农业、工业、商业、矿业、渔业、林业多个方面。这些法令和措施，在一定程度上改善了民族经济的生存环境，从而推动了民族资本主义的发展。

我作为学习团体的一员，也为学生搜集了一些资料。如费正清主编的《剑桥中华民国史》：

> 袁世凯接管政权并不是简单的旧政权复辟。他在担任总统时期表现出一种新的进一步发展经济的决心，完成了商业的立法，稳定了财政与货币制度，鼓励私有企业。

> 此外，北洋政府主管经济部门的一些总长的学历，在总共 47 人中，留学欧美、日本的有 23 人，受过国内新式教育的有 6 人，即有 29 人接受过比较正规的资本主义学校教育，具有一定近代知识。

我和学生准备的材料，有著述方面的、有统计方面的，多种角度、多个层面。无疑，北洋时期的经济短暂发展与当时政府出台的政策有直接的关系。仅从世界的或国家的大背景去着眼问题，不仅不能解决问题，而且还容易造

---

① 赵亚夫主编：《历史课堂的有效教学》，北京师范大学出版社 2007 年版，第 118—119 页。

成历史偏见。

当然,这些材料既让学生对北洋政府时期其经济政策有了更多的了解,也使他们对袁世凯的认识更为全面和客观。一个历史人物特别是在一定历史时期有着重要影响的历史人物,不应该被脸谱化,无论是正面还是反面都不是历史的态度。在历史教学中探究的唯一目的就是求真,所以借学生在学习中提出的问题,可开展探究性学习,使学生们感悟到作为一个社会转型时期的重要人物的复杂性。

为了使学生们有更宽的学习视野,我提出了另一个问题:"有人把袁世凯称为中国的拿破仑,你们是赞成这个观点还是反对这个观点?"学生参与讨论得积极性很高,讨论得异常激烈。拿破仑建立了法兰西第一帝国,加冕称帝,但他同时鼓励资本主义工商业的发展,制定法典;政治上的独裁、专制,与鼓励资本主义经济发展并不是绝对对立的。我不需要学生们有什么统一的认识,因为这"已经超出了必要的学习范围"。之所以提出这个问题,一是学生们的讨论意犹未尽还有深入的必要和可能,二是我的教学目标如果不走这一步也的确是一个遗憾。

"短暂春天"这个问题尽管蕴涵在教科书学习内容中,但一般人很少注意到该问题。该问题本身也极具挑战意味,它既挑战教师固定的思维模式,又挑战学生的学习方式。对"短暂春天"现象成因特别是内部原因的探讨,有助于学生深入理解历史知识性质,感受历史的丰富蕴涵,了解史料在学习中的价值,学会历史问题的提出、求证与检验的方法。学生在教师引导下收集有关资料,进行逻辑分析与知识检验,求索答案,经历探究过程,他们既能获得新视角和新观点,又能掌握知识的形式,提高历史素养。

(三)历史知识性质与历史课程的评价

传统历史课程评价十分关注学生对历史知识的掌握状况,侧重考查学生对既定历史知识的记忆、理解程度,记忆愈准确,得分愈高,忽视对历史知识的建构与批判。历史知识可以相对地区分为历史事件的客观记述和历史事件的主观评价两部分(当然,这种区分是相对的,因为某一历史事件被关注、被记述本身已是价值选择的结果,并且这一记述本身无不渗透着特定的价值观念),对于历史事件阐释与评价相关知识的学习,死记硬背的方式背离了历史知识自身的特点。历史知识是历史学家对曾经发生过的历史事件的记述、构造,无不渗透着历史学家的世界观、价值观、历史观,不同时代、不同学者对同样的一部历史的记述方式、理解评价均存在差异。面对如此多姿的历史知识画卷，历史教材的编写不可能仅有一幅面孔，即便是博取众长，加以综合，但总是有所取向（有某种主导的思想理念和写作风格），否则便成为一种历史知识的荟萃或拼盘。而不管采用哪种主导画卷，也总是利弊兼存，这就为历史知识的再构和多样化理解留下了空间。那种试图为所有历史知识的理解制定唯一正确的标准与答案的做法显然有失偏颇，它以牺牲历史知识、历史理解的多维性、丰富性、开放性为代价，最终会导致一种狭隘的甚至歪曲的历史观。当然，历史理解的多维性、开放性、发展性也不能简单地理解为无标准、无规范，不能等同于"怎样都行"，否则会陷入相对主义泥潭。那么，怎样看待、评价学生对历史知识的理解呢？对某一历史事件、人物，在某一时代可能存在一般的、大多数人抱有的较为一致的看法，这是历史话语的共同前提和基础；否则存在着交流的困难和价值坍塌的危险，社会也可能由此分崩离析。但亦允许、鼓励在共同认识的基础上发表不同的理解和看法，对于不同的理解与看法的价值判定主要看它是否言之成理、持之有据，能否说服人，能否站得住脚。凡是言之成理、持之有据的观点，能丰富、深化人们认识的见解均有其合理性，应当得到尊重。历史课程的评价不能仅仅有客观题，还应有开放性的主观题，应鼓励学生参与历史知识的再构和创造。

第二节　人文社会知识的形式与课程

一、人文社会知识的探究形式

知识的探究形式指个体掌握外部世界的方式，人文社会知识的探究形式指人们理解、把握人文社会世界的方式。探究形式与研究方法密切相关，但它不是方法本身，而是方法背后所隐藏着的并制约着方法运行的思维形式。研究方法与探究形式是一对互为表里的关系，探究形式比研究方法更深刻、更内隐，属于科学探究的思维方式、框架，为研究方法的核心所在、精髓所系。人文社会知识的探究形式主要表现为说明与理解并存、旁观与走进兼具。

（一）说明与理解并存

说明与理解是科学研究的两种基本形式，前者侧重于对外在现象、事件、事物的发展变化进行描述、解释，寻找事物、现象发生的原因，揭示事物的因果关系。它假设事物发生皆有原因，没有无因之果，科学研究的目的与核心在于揭示事物之间、现象之间的因果关系，从而使事物、现象本身得以解释，并借助对原因的控制而控制事物与现象。有别于说明，理解侧重于对人文社会现象、事件发生的目的、动机、意义、价值进行理解、鉴别，它假定凡人文社会活动都是人参与其中并追求某种目的的有意识活动，社会活动、事件都是有着特定动机、追求特定意义的价值选择，人类社会是由有情感、有意志、追求特定目标的人及其活动构成的，对人文社会世界的研究主要不在于寻找客观的、价值中立的因果关系，而主要在于对人的行为、活动的意义及价值进行理解，阐明事件的独特性质。说明的方式主要用于宏观的社会现象，如经济现象、政治现象、历史现象。如"失业问题"，在对失业进行操作性定义后，基于统计结果——失业率，解释失业现象产生的可能原因，诸如经济增长缓慢、就业岗位有限、劳动者技术水平低下不能适应科技发展形势、产业结构变化、劳动力人口供过于求、政府在减少失业方面的政策乏力等。因果说明试图把握某一现象的客观原因，查明人文社会现象的外在原因。当然，也可用于微观领域。对于学生学业成绩不良，也可进行下述归因：知识基础欠缺、学习习惯不佳、学习方法不当、努力不够、智力低常、家庭环境不利、学校条件差、师资水平偏低或考试内容过难过偏。当然，导致某一结果的真实原因可能有很多，但一般可以区分主次。而理解更多地用于较为微观的现象与事件，侧重于探询事件的主观因素与理由。如，在文学领域，无论是小说、戏剧还是散文、诗歌，无论是人物塑造还是情节安排，多是展示人的精神世界和精神生活的丰富性、复杂性和矛盾冲突，为作品分析和文学评论留下了较大的空间。如托尔斯泰的《安娜·卡列尼娜》中的安娜对丈夫的"不忠"及其"越轨"，司汤达的《红与黑》中的于连对市长夫人的献媚、调情，电影《人生》中的高加林与刘巧珍的分手，这些行为本身便有着丰富的内涵，作品中的主人公各自的处境独特，他们的人生历程各异，对未来生活的向往与追求不尽相同，其内心冲突的复杂程度不同。因此，评论者的立场及所处的时代、价值观念与道德标准的差异，均会影响他们对三位主人公的行为评价，从而得出不同的认识。在这里，文学探究主要在于赋予上述事件、行为、人物以不同的价值，阐述其丰富而深刻的内在意义，使人们对人物、行为本身有着多方面的理解；同样，历史探究除了对历史事件的客观原因作出恰当的说明，还必须对历史事件、人物的主观意图、可能影响进行深入的探讨、剖析。如关于"西安事变"，除了客观背景、经过的介绍和因果分析，还有必要阐释"西安事变"中的主观意义，如张学良的转向、共产党人的努力调停，以向人们展示一个意义丰富、色彩斑斓的历史事件。理解历史的意义是历史探究的思维方式，正是由此，柯林武德指出"一切历史都是思想史"。

（二）旁观与走进兼具

旁观的思维方式是指研究者外在于研究对象，对研究对象采取一种纯客观的、价值中立的、冷静的态度，静观、审视研究对象及其变化，不将自己的情绪、情感、好恶带入研究对象，以获得关于客体的真实知识。旁观式探究预设主客体的严格区分与对立，认为研究主体必须有可能从客体中分离出来，属主体—客体二元思维模式。而走进（介入）的思维方式指研究者不是完全外在于被研究者，它反对静观的、纯客观的、价值中立的研究，主张被研究者与研究者同样是有思想情感、价值追求的个体，研究者必须走入被研究者的精神世界，与他对话、交流、分享经验、产生共鸣，才能准确把握、理解被研究者的思想情感、目标追求，才能获得关于对方的知识。有时，研究对象就是研究者本人，研究活动成为一种自我反思、自我观照、自我审视的行为。

旁观式探究在社会科学中运用广泛，其常见的方法有观察、实验、调查等。旁观式探究要求采用客观的方法研究客观的事实，并对所收集的数据进行统计分析，得出精确可靠的结论。如社会调查，首先要确定研究主题，然后制定调查问卷，列举可观察的事件样本或反映的程度、态度差异，要求被调查者根据实际情况或自己的真实想法、认识进行回答。人口普查、经济调查、民意测验均将人口结构素质、经济发展指标、民众态度作为客观存在的事实加以对待和处理，以获得客观、真实的结论。观察法则采用记录行为样本发生频率，采用摄影、录像、录音等方式收集研究资料，尽可能避开研究者的态度、情绪和偏见的影响，消除主观因素的干扰。实验法则通过操作自变量（实验因子）、让无关变量保持恒定、消除干扰变量等手段使某一现象人为地发生，探求自变量与因变量之间的客观关系。旁观式探究将研究对象视为与研究者无关的外在因素，力求采用各种手段排除各种主观因素的干扰，达到对客体的确切认知。走进、介入式探究在人文科学领域运用更为广泛，如文学创作中的体验生活、人类学中的田野研究。作家进行艺术作品的创作需要积累相当的经验,当相关经验缺乏时,必须"下基层"观察生活,体验生活,获得主人公的相应思想、情感,与主人公交谈、交往,深化认识,或"重走"主人公走过的道路,才能表现出主人公鲜活、丰满、富有个性的人物特征。不仅如此,在作品创作过程中,作家还得全身心投入,经历主人公的心路历程。福楼拜(Gustave Flaubert)在创作《包法利夫人》的过程中痛苦不已,当写到女主人公吃砒霜时似乎闻到了砒霜的味道。人类学家为了研究少数民族,深入原始部落与土著居民一道生活、劳动、交往,甚至把自己变成一个土著人。惟有走进土著人的生活世界,与他们同甘共苦,一起劳作,参与一些仪式典礼,才能真正理解、认识他们的文化。

二、人文社会知识的表达形式

有别于科学知识的表述,人文社会知识的表述在概念使用、判断与论证方面均有所不同。其特点包括:概念的开放性,定性描述胜于定量描述,逻辑论证中使用隐喻论证。

(一) 概念的开放性

自然科学的概念一般清晰、明确,大多数可以进行操作性定义;而人文社会科学中的概念大多数不够明晰、确定。"心理学和社会学理论的建立中充满了诸如'反常状态'、'道义'、'整合作用'等'气质性质',它们不能被直接观察,也不能被操作性地定义,并且很少能从实际证据中通过强的逻辑推理导出。"[1]造成人文社会科学概念的开放性的原因主要有:第一,人文社会科学世界自身的复杂性、丰富性和多维性。人文社会世界不仅是物质世界,同时也是精神世界、情感世界,精神的、情感的世界的丰富程度和复杂程度远胜于物质世界。人文社会世界中充满了人类众多的价值观念、理想情怀、精神追求,人们的行为选择既有理性的成分,又有非理性的成分,既受个体因素的影响,又受群体因素的制约,从而导致人文社会现象具有更多的不确定性和概念表述的模糊性。"最精巧的经济模型,在解决膨胀、失业、价格比等的问题时是失败的。无论数学计算多么详细,无论考虑了多少因素,这样一种分析完全受所提出的假设的支配。"[2]第二,人文社会世界总是有着特定的文化背景,它总是在一定的历史传统文化背景上展开、进行。人们透过历

165

---

①②〔英〕约翰·齐曼:《可靠的知识——对科学信仰中的原因的探索》,赵振江译,商务印书馆 2003 年版,第 170、172 页。

史之镜、文化之镜观察人生、审视社会,进行独特的文化解读。可以说,对于同一人文社会现象,有多少种文化,就有多少种解读方式。由于文化之间存在差异,即使是谈论同一对象、同一概念,人们所指涉的含义也不尽相同,这便是文化通约性和翻译障碍问题。"无论是个人的或小组的人类行为都是非常复杂的,一个人不能像植物标本从自然环境移栽到温室中那样容易地从他的历史和文化环境中分离。"①不仅如此,甚至同一文化背景中不同的作者、读者对同一术语的理解也存在细微的差异。因此,即使在某一语境之下内涵、边界清晰确定的术语,到了另一语境之中则可能变得模糊不清。第三,人文社会现象不仅具有历史性,还具有时代性。时代总是向前奔流,随着社会时尚的变化、思维方式的改变、话语方式的转换,原有概念、术语的含义也会发生或大或小的变化,增添一些新的成分,赋予新的内涵。如社会学中的"城市化"一词在今天有了新的理解,"农村城市化"不但指农村人口向城市聚集变为城市居民,而且也包括农村居民过上城市式的生活,甚至,"城市化"概念开始向"城市性"概念转变,即人口密度大、社会分工发达、异质性高、社会流动大以及人际接触的匿名性等。② 教育学中的"直接经验与间接经验相结合"在今天转变为"回归生活世界",课程的概念也从文本走向活动,从既定走向生成,从封闭走向开放,从名词走向动词,课程不再是学科、教材的别称。总之,人文社会科学概念有较大弹性空间,是描述性与规定性的统一,具有纲领性的特征③,它既有一定的、基本的含义,同时,人们可根据需要随时赋予其新的含义,同一概念在不同时代具有不同的意义。

（二）定性描述胜于定量描述

自然科学的表述已成功地数学化,定量描述十分寻常,公式、定律、法则等形式化表述方式见诸自然科学的多个学科,数学语言成为自然科学的标准语言。伽利略曾指出,自然之书是用数学语言写成的。自然在本质上是数学的,用数量关系表达自然现象及其关系已获得巨大成功。自然科学知识的数学表述形式对人文社会科学产生了深刻的影响,形式化、公式化、数字化开始成为人文社会科学知识表述追求的理想。马克思把是否成功运用

---

① 〔英〕约翰·齐曼:《可靠的知识——对科学信仰中的原因的探索》,赵振江译,商务印书馆 2003 年版,第 168 页。

② 王思斌主编:《社会学教程》,北京大学出版社 2005 年版,第 184 页。

③ 瞿堡奎主编:《教育学文集·教育学》,人民教育出版社 1993 年版,第 32 页。

数学作为一门学科成熟的主要标志。经济学、社会学乃至心理学、历史学均进行了各自的尝试，如计量经济学、社会统计学、心理统计学、计量历史学，有的取得了可喜的成就。但是，从总体上讲，人文社会科学知识是定性的，定性描述成为人文社会科学知识表述的基本形式。究其缘由，这可能与人文社会现象的独特性质有关。人文社会现象是追求特定目标的人的活动的外在表现，人的思想、情感、意志构成人文社会现象的实质内容，影响人文社会现象的方向、进程。换言之，不同于作为自在的自然领域，人文社会领域中的现象、事件是人为的，人的情感、动机、价值追求很难符号化、公式化、数学化，其丰富程度和复杂程度远非简单的数学公式、符号所能表达。如高度专业化的物理学，可用理想的数学语言给出物理世界的映射。又如生物学，从 DNA 和蛋白质的核酸成分，通过细胞器、细胞和组织、器官，到整个有机体、种群和生态环境，展示了清晰明确的分类纲要，在每一层次，同一类的成员之间惊人地相似，不同类之间有明显的差别。在社会领域并不存在这样精细的分类。"即使在印度种姓制度中，也有数不清的户籍组织和难于捉摸的等级。从乞丐到百万富翁有差不多是连续的收入尺度；但这种数字度量没有不变物体长度或质量的精确性，不能无限地细分为可辨别的不同的分类。"[1]即使是比较精确的化学，符号表示也不能告诉我们这类反应的所有事实。社会科学中任何类似的抽象形式化更成问题，IQ 相加的算术式运算有什么意义？$133+87=110+110$ 在智力范围内没有对应物。一个智商为 133 的人与一个智商为 87 的人一起工作，同两个智商为 110 的人一起工作，能解决同样的问题吗？这是一个十分荒唐的问题。在这里，"智力的数字表示只满足序数的代数关系，而不满足基数的代数关系"[2]。符号、公式一般运用于关系简单的领域，对于构成成分复杂、局势多变、影响因素众多、充满不确定性的人文社会现象，数学语言不足以揭示其实质所在。而定性的描述丰富多彩，可以从不同侧面、角度、层次对人文社会现象进行刻画、描写、述说，以揭示其多方面的蕴涵，展示其无限可能性。换言之，定量描述可能有助于揭示那些单维的现象、简单的对象，不适用于复杂现象的描述。而人文社会现象恰恰以复杂性、丰富性和开放性为其基本特征。定量描述尽管简要精确，

---

①②〔英〕约翰·齐曼：《可靠的知识——对科学信仰中的原因的探索》，赵振江译，商务印书馆 2003 年版，第 162、165 页。

但可能以牺牲复杂性、丰富性、开放性为代价，不适应人文社会的特点。因此，人文社会科学的描述、阐释往往更多地采用思辨的、定性的描述或形象、生动的语言，叙事、论证、分析为人文社会科学语言的基本形式，对人文社会现象的表现、过程、外形进行叙述，对其结构、功能、原因、价值进行阐释、论证，从而呈现人文社会现象的本质、特征、规律。人文社会现象的判断既是事实判断，又是价值判断，并且，即使是事实判断，也充满价值色彩，关涉价值问题，难以度量。

（三）逻辑论证中使用隐喻手法

自然科学知识遵循严格理论推导，知识之间逻辑关系清晰，联系紧密。如数学中的平面几何学，在三大公理的基础上可推导出整个几何知识体系，物理学中力学的牛顿三大定律可演绎出整个力学的知识体系，自然科学知识的获得依靠观察实验和逻辑推理。逻辑论证既是科学知识的获得方式与表述形式，也是人文社会知识的获得方式与表达形式。除了逻辑论证，人文社会知识的表述广泛使用隐喻。隐喻作为一种修饰手法，是比喻中的一种。隐喻由喻体与喻意两部分组成，喻体表现为一个故事或传说，为隐喻的表，喻意为喻体背后所隐含的道理、洞见，为隐喻的里。尽管自然科学中也运用隐喻，如牛顿力学中的"机器"的隐喻（严格地讲，它属于自然哲学的范围），但这并不普遍。隐喻的运用过去主要在文学、艺术、哲学领域，今天已扩展到众多学科，特别是人文社会科学领域，成为人文社会知识表述的重要形式。因为人文社会世界是人参与其中，投身其中并倾注着人类的理想、志趣、奋斗、追求的活动领域，古往今来，这个领域发生了许多感人至深、可歌可泣的故事。可以说，人文社会科学就是讲述人类故事的科学，人文社会知识便是在众多故事基础上进行概括、抽象、升华的产物，并构成具有内在关联的知识体系。故事是人文社科知识丰厚的沃土，是人文社会智慧产生的源泉。人文社会科学知识不管有多么复杂、艰深、抽象，均可在人类故事中找到其根基。正是由此，人文社会科学知识在很大程度上是在叙事，隐喻便成为其基本的表述方式。如哲学中柏拉图的"洞穴"隐喻，希腊神话中的"铁床"隐喻，中国文化中的"盲人摸象""郑人买履""刻舟求剑"，教育学中的"容器"隐喻、"银行"隐喻、"园丁"隐喻,等等。历史学也存在不同的隐喻形式。①相对于抽象、枯燥的逻辑论证、理论阐释,隐喻直观、形象、生动,其隐含的道理深刻、独特,寓深刻的见解、真谛于形象的故事之中。对于学习者而言,隐喻往往比较生动,一旦熟知,则难以忘怀,终身受用。隐喻的深刻性、丰富性与说服力并不亚于严格的逻辑论证,它给人的教益与影响常常大于理论上的分析与说明。尽管隐喻的运用不能像数学的成功运用那样成为一门学科成熟度的标志,但我们似乎也可以凭一门学科隐喻的多少与完善程度来判断这门学科的解释力、影响力。隐喻能扩大学科在民间的影响,与阅读抽象的论文相比,人们更喜欢听故事,喜欢借助生动形象的故事明白某一哲理或理论,从而产生深刻的见解。

三、人文社会知识的检验形式

人文社会知识的检验与人文社会知识本身的特性有关。人文社会知识不同于价值无涉的自然科学知识,它既是关于人文社会事件和过程内在本质、特征的描述,同时又不可避免地包含着一定的立场、态度和价值取向,它是人文社会真理与价值的统一,具有真理性和价值性双重特点。作为真理性,它所揭示的是人文社会现象的本质、规律,必须与它所反映、再现的人文社会事实相一致。作为价值性,它要满足人的某种需要、愿望,体现实践主体的主观目的性与自觉能动性。"人文社会真理的获取,不是没有目的地罗列所有社会现象的所有方面,而是沿着人类实践所需要的方向揭露人文社会历史现象的本质和规律。一切以探讨真理性知识为目的的人文社会科学,本质上都是以追求社会对于人生的生存和发展的意义为目标的。而凡是对人类生存和发展有积极意义的价值要求,必定与人文社会真理的内在规定性、与它的适用方向相一致。那些与人类发展方向相一致的价值要求及其结果,总是包含着普遍的真理因素。"②总之,人文社会知识的真理性与价值性相互依存、相互促进,真理性是价值性的基础、前提,价值性构成真理性的动力、方向。在此意义上讲,人文社会知识的检验包括两部分——真理

169

---

① 〔英〕汤因比等著,张文杰编:《历史的话语:现代西方历史哲学译文集》,广西师范大学出版社 2002 年版,第 121 页。

② 欧阳康主编:《人文社会科学哲学》,武汉大学出版社 2001 年版,第 520—521 页。

性检验和价值性评判，是事实检验与价值检验两方面的统一。事实检验即判断主观的人文社会知识理论、原理是否与客体的人文社会现实的本质、规律相符合，它在多大程度上反映了人文社会实际的状况、特征。价值检验即判定某一人文社会知识是否以及在多大程度上能满足人的需要、愿望，判定其对人的自由充分发展、对社会文明进步的积极意义与作用。事实检验关涉人文社会知识的价值性、目的性问题，只有既合规律性又合目的性的人文社会知识才能被判定为科学的人文社会知识。人文社会知识检验的根本困难在于：第一，人文社会知识的检验主体常常无法被排除在检验的范围之外，检验主体内在于检验客体，人文社会知识检验成为主体对自身的社会历史活动及其认识的自我反思、自我审视、自我检测，即检验主体与客体相互缠绕，自我相关。第二，人文社会知识的事实与价值又经常相互关联，事实判断与价值判断难以分离。人文社会知识的事实充满着、负载着价值，是一种价值性事实，而价值又以事实为依据、为载体。一方面，事实检验本身难以独立进行（即离开实践活动），它常常要借助价值检验而间接地被呈现，即通过价值的合理性检验进行事实的真理性检验。人文社会知识只能部分被检验。正如恩格斯所言："当我们按照我们所感知的事物的特性来利用这些事物的时候，我们的感性知觉是否正确便受到准确无误的检验。如果这些知觉是错误的，我们关于能否利用这个事物的判断必然也是错误的，要想利用也决不会成功。可是，如果我们达到了我们的目的，发现事物符合我们关于该事物的观念，并产生我们所预期的效果，这就肯定证明，到此为止，我们对事物及其特性的知觉符合存在于我们之外的现实。"①另一方面，价值检验也要借助事实检验，只有体现、反映人文社会现象的内在本质、规律的人文社会知识才对人类生存与发展具有积极的意义，只有与人文社会客观事实及其规律相符合的人文社会知识才是合理的、有效的、正当的。

人文社会科学知识是人们对人文世界、社会世界诸现象、事件、过程的认识与反映，这种认识是否正确、合理还有待检验。由于人文社会知识的复杂性、多样性与层次性，其检验形式亦多种多样，概括起来主要有实践检验和逻辑检验。

---

① 《马克思恩格斯选集》第 3 卷，人民出版社 1995 年版，第 702 页。

（一）实践检验

实践是检验真理的根本标准，也是检验人文社会科学知识的根本标准。只有经得起人生实践、社会实践检验的人文知识、社会知识才是科学的、合理的知识；否则，便是不科学的、不合理的知识。但是，人文社会知识的实践检验中的"实践"决不是一次性的、个别的、单个人的实践，它必须是群体性的、长时段的、大空间的实践。因为单个人的、一次性的、个别的实践本身毕竟有限。即使是面对同样的实践结果，人们对其解释可能有所不同。至于那些已被实践检验过的正确的理论，随着实践范围的扩大、背景的变化又可能遇到新的问题。同时，具体的人文社会实践本身也要受到一定的客观历史条件、主观因素的制约，从而影响其对人文社会知识的检验。再者，人文社会知识、理论本身是有层次之别的，它既包括比较一般的、抽象的、基础性的人文社会知识，也包括比较特殊的、具体的、应用性人文社会知识，其抽象度不同，与实践的距离及其检验也有所不同。"一般来说，越是抽象、普遍的基础性人文社会科学成果，往往离实际的社会实践生活越远，其可操作性越模糊，越难以被理解、接受和难以被用以指导实践，也就越难以得到实践的检验；有的则根本无法通过个别的具体的实践活动来检验，而必须放在社会实践的长河中才可辨其真伪。"①相反，越是特殊、个别的人文社会理论就越能接近于具体的实践，其可操作性就越强，能直接指导实践活动，也就越能得到实践的检验。当然，不同层次的人文社会知识可能通过不断具体化，即将抽象的、一般的理论转变为具体的、个别的实践观念诸如可操作的实践方案、计划，再转化为具体的社会实践，在实践中对人文社会知识、理论进行真理性和价值性检验，但即便如此，从理论到实践转换的诸多环节无时无刻不受到具体的社会历史条件、实践主体因素、众多变量的影响和干扰，从而使得检验步履维艰，况且有的人文社会科学知识、理论如哲学中的一些理念、思想很难具体化、操作化，这便为人文社会知识的逻辑检验创造了广阔空间。实践检验是重要的形式，但不是唯一的形式，人文社会知识的检验离不开也不能忽视逻辑的检验。如前所述，人文社会知识本身具有境域性、多维性，即人文社会知识是对某一境域人文社会现象事件、历史过程的概括和总结，它具有特定的适用范围。人文社会世界的丰富多样性决定了人文社会

① 欧阳康主编：《人文社会科学哲学》，武汉大学出版社2001年版，第524页。

知识的多维性、多义性，这便给具体的、特定的实践检验带来特殊的困难。真实的实践检验总是在特定时间、空间和主客观条件下展开，它不可能概括所有的情境，也难以对某一人文社会知识的丰富蕴涵、所有意义进行检验、评判，即便是众多单个实践的累加也难以穷尽人文社会知识、理论的丰富内涵和可能价值。

（二）逻辑检验

逻辑检验指在思想领域运用逻辑的、推理的、想象的手段对知识、理论进行观念的、思想的检验和证明。首先，人文社会知识不能同已有的人类经验相冲突，已有的经验是被数代人通过生活实践检验、证明了的真理性认识，它广为接受，并能对社会实践、人类生活产生普遍的指导意义，成为人文社会世界得以存在、发展、完善的根基、依据。新的人文社会知识不能与既有的人类经验相违背。当然，这也并不是说既有的人类经验全是真理，它们中的部分仍需要批判、检讨。如，单从经验看，地心说是正确的，但它不是真理。其次，人文社会知识不应当与已有的基本理论相矛盾，即某一人文社会知识应与已有的、相关的人文社会知识、理论一致。众所周知，人类知识的发展经历了一个漫长的过程，人类认识已达到了一个较高的水平，为今人的认识提供了较高的起点、平台，后来的知识建立在前人知识之上，是已有知识的推进和深化。在已有的人类知识中，那些基本的、作为前提和条件的知识具有较多的真理性和较广的运用范围，是知识发展应当继承的智力成就，人文社会知识的创新应当在珍惜和尊重这份成就的基础上有所开拓和创造。是否与人类已有的智慧成就相一致，就成为一个检验新的人文社会知识的内在标准和重要尺度。第三，人文社会知识应遵循逻辑学的基本准则，如形式逻辑的同一律、矛盾律、排中律和辩证逻辑的规则。逻辑准则是知识发展和创造、表述应遵照的基本规范，否则便会导致思维混乱、辞意相悖。逻辑来源于实践检验，是在实践中提升起来的经过反复检验的实践的格，是现实的、实践的规范、法则在思维领域中的反映、再现。正是逻辑法则的存在，人们的思维方式才可能有序、有效地进行，作为思想成果的知识才得以表述和传播。因此，人文社会知识必须符合逻辑的基本规则，知识内部的各种观点、材料以及论证本身才能够做到自治、充分，能自圆其说，没有内在的冲突和混乱。一种知识连自己都不能说服，何以说服他人，更别说在知识的家族中立足存在。只有符合逻辑法则的知识才有望成为真的知识，符合逻辑是知识检验的一个基本的内在要求。

总之,在人文社会知识的两种检验形式中,实践的形式是根本的、第一位的,是科学知识的最终判据,逻辑的形式是辅助的、第二位的。但必须指出的是,这里"实践"一词是极为丰富的,它不仅包括个别的、具体的实践,还包括较大空间的、长时段的实践。实践标准有其不确定的一面,它是具体的、历史的。

除了实践检验与逻辑检验,人文社会知识的检验还有道德的与审美的检验。

四、人文社会知识的形式与人文课程改革

本部分以历史知识与历史课程为例进行分析。

(一) 历史知识形式与历史课程目标设计

课程目标是对学生学习结果所做的规定,是关于学生经过学习所应形成的个体素质的描述。过去,人们十分关注学生对历史知识内容的掌握,历史课程目标中关于历史知识内容的学习有着明确而具体的规定与说明。这种做法强化了知识内容的教与学,将本来十分丰富、生动的历史知识形成过程变成结论的记诵,致使历史知识的智慧难以转化为学生的个体智慧,无助于学生历史素养的提高。由前文论述可知,知识除了内容,还有特定的形式。就历史知识而言,它有着特定的形式,这不仅表现为历史知识的形成过程、方法的特殊性,而且表现为历史知识形成结果表述的特殊性以及检验的特殊性。

课程目标的设计应关注学生对历史知识形式的理解,即不仅要理解、消化历史知识的内容,诸如理解历史事件、活动的内涵、过程及其意义和影响,而且要对历史知识的形式有适当的理解,包括历史知识形成的过程,它所隐含的思维形式、探究方法,要像历史学家那样去思考历史、观察历史,而不是简单地、机械地记忆和背诵历史事实。因此,对历史知识的探究方法、路线及其内在思维形式的了解、理解、掌握应成为历史课程学习的基本目标,应对不同年级学生的历史课程学习提出适合其思维水平的要求。历史研究的最终结果总是要通过一定的形式表现出来,其表述形式又有着不同的体例与风格,如编年体、纪传体、年表、家谱、族谱等。应引导学生接触、感受不同表述风格的历史知识,体会历史知识语言形式的乐趣与多样,改变历史知识

呆板、乏味的传统观念，对学生进行美的熏陶。此外，应让学生理解历史知识的储存、存在方式：历史知识不仅仅存在于书本中，有待吸收；还存在于地下，有待发掘；存在于文物器皿之中，有待考辨；存在于人们的记忆中，有待回忆、整理。总之，历史知识形式丰富多样，让学生了解、理解、掌握历史知识的形式是历史课程目标的重要维度。

（二）历史知识形式与历史课程内容设计

知识是构成课程内容的重要资源。知识如何进入课程，成为课程编制的核心要素，课程论已做过大量的研究。但以往的研究大多从知识的实质内容入手，多关注知识内容选择的标准，如基础性、系统性、适切性等，对知识形式的关注远远不够，尽管知识形式是知识内容的外在表现形式。如前所述，知识形式包括知识的探究过程、方法、表述及其内在的思维形式，甚至还包括外在储存形式，如此众多的知识形式又该如何进入课程呢？

首先，教材不仅要叙述历史事件，说明、解释历史事件的发生、经过与结果，描述历史过程，阐述其历史意义，同时，还应适当地呈现这些知识获得的过程、方法，不同观点的争论，展示历史知识生成的主要阶段、研究方法。当然，这并不是说，所有历史知识均做如此处理，我们可选择有代表性的部分加以拓展，作为背景知识或补充阅读材料向学生呈现出来。如，介绍司马迁撰写《史记》搜集资料的方法、资料处理的过程、逸事、趣闻，这些可附在《史记》内容及作用阐述的后面，以丰富学生对历史探究方法、过程的认识，增强历史知识内容叙述的生动性与感染力。

其次，关注历史知识的表述方式。相对于历史知识的选择，历史知识表述形式的课程设计是一个颇为复杂的问题。过去，历史课程内容采取章节的方式介绍历史知识，改变了传统的历史著作的编年体、纪传体式的做法，尽管符合传统教材的编写体例，但未能体现历史著作知识的呈现形式与特点，失去了历史教材自身的独特性。当然，历史著作亦不能未经改造直接搬进教材，教材不等于著作本身。历史教材要对著作加工改造，使之心理化。历史教材要有自身的特色、风格，除了一般的叙述，还可将历史著作的知识形式压缩式地在教材中呈现，或编年体，或纪传体，或两者结合，让学生适当感受历史知识的不同形式。具备一定古文基础的高年级学生可少量接触历史原著。对于历史知识的储存形式，著作文本是一种基本形式，还有其他形式，如考古、口述。因此，教材中除呈现历史著作中的内容外，还可穿插考古发现、人物回忆等相关材料，保持教材的开放性。

最后，设计作业，组织学生进行社会考察、调查访问、参观学校档案室等活动，感受现实的历史，获得多样的历史知识。

案例：雅典人帕帕迪的政治生活①

帕帕迪是个雅典郊区的农民，今年(公元前 399 年)30 岁，他是家庭中的男主人。今天是个太阳高照的日子，他要去雅典参加一个公民大会，这个公民大会虽然每十天就开一次，严重影响帕帕迪所干的农活，但是他还是很愿意去。(这是为什么?)

帕帕迪的妻子海伦也想跟着丈夫去公民大会瞧热闹，帕帕迪说不行，但是实在拗不过妻子，俩人一同前往。到了雅典公民大会的会场，大会还没有正式开始，会场像往常一样热闹，围着篱笆，设有十道门。"大家注意，今天是公民大会，外邦人不许入内。"在门口值勤的监察员大声喊着。看到海伦，他们大声地冲着帕帕迪喊："喂! 你的妻子不能来这个地方!"(这是为什么?)

海伦生气地离开了会场。帕帕迪一个人进去之后，听到执政官宣布今天的三项议题：

第一项是对即将离任的执政官进行任期财务审核。哇，这真是一个进步的事业，两千多年后的我们不是也有这一项吗? (这一做法的作用是什么?)

第二项是投票选出民主妨碍者。每个有投票资格的雅典公民，在自己选区的入口处领取一块陶片，陶片每人一个，写下名字之后，他把陶片交给工作人员。帕帕迪不识字，他只好请旁边一个体面的贵族写。这次票数最多的是贵族库特森，宣布他的名字时，整个会场一片沸腾，人们争先谴责他的不利于国家的行为："他以为自己曾在对波斯人的战争中立下了功劳，就居功自傲，现在对国家大事从不关心，总是关心自己的个人利益。"一个公民愤愤地说。(这是个什么方法? 讲到这儿时，与课后练习中铁米斯托克里陶片相结合，说明陶片放逐法也未必公正。)

第三项是对是否进一步扩大海军规模进行辩论和表决。主持人首先宣布了发言人的资格，事先已经有所准备的贵族们立刻分成两派，互相攻讦。

---

① 赵亚夫主编：《历史课堂的有效教学》，北京师范大学出版社 2007 年版，第 79—80 页。

这时帕帕迪的一个远房亲戚桑啦跳上讲台，正准备要发表演说，突然听到下面一个声音："这个殴打父母的不孝之子有什么资格在这里发言？"原来是帕帕迪在揭发他。立即，在一场骂声中桑啦下了台。（这是为什么？）

公民大会结束后，帕帕迪有资格参与法庭审判员的抽签。（为什么？）倒霉的帕帕迪在参加了无数次抽签后，这一次终于如愿地抽中了黄豆而不是黑豆，他兴奋地跳了起来。（为什么？）他成为民众法庭6000名审判员中的一名，并加入了言论法庭。这个法庭共501人，审判的对象是苏格拉底。

哲学家苏格拉底，现年70岁，被控犯有"不敬国神""另立新神"的罪行而送交审判。在法庭上，苏格拉底为自己辩护，并重申了自己的哲学观点。帕帕迪本听不懂是什么意思，但他竟听见了苏格拉底说像自己这样目不识丁的人没有资格参加审判？！被激怒了的帕帕迪决定举手投他有罪！参加审判的501位法官投票表决，以超过281票通过有罪判决。苏格拉底拒不认罪，并表示愿意为真理而献身。

（展示油画《苏格拉底之死》）

评价："审判苏格拉底的自相矛盾和可耻的地方是，以言论自由著称的一个城市竟然对一个除了运用言论自由以外没有犯任何其他罪行的哲学家提出了起诉。"苏格拉底的死是民主的悲剧，苏格拉底是被有几百人组成的陪审团通过投票的方式处死的。从形式上看，陪审团是公正的，但立场和程序的不公正最终导致了判断的错误，可见多数人的意见不见得就是正确的。

由此引出雅典民主制的得与失。

该教学借助"帕帕迪的一天"的故事叙述，通过创设情境将学生带进雅典公民大会"现场"。伴随着帕帕迪的一天，学生们真切地感受着参与权、选举权、发言权、被选举权等政治概念；同时，也体会到闹剧式民主的系列过程，特别是"苏格拉底之死"的情景带给学生极大的思想冲突。目不识丁的雅典公民帕帕迪与思想家苏格拉底在民主问题上的较量，这一巧妙设计冲击了学生原有的民主观点，引发学生对民主概念的深层思考。故事叙述让枯燥的历史变得鲜活，吸引了学生的学习兴趣，学生走进历史故事之中，与历史人物共同经历、感受，更深切地理解"民主"的含义、意义，感受陶片选举、抽签民主存在的问题。此外，苏格拉底为捍卫民主制而献身的壮举，也有助于培养学生的社会责任感。

（三）历史知识形式与历史课程实施

历史知识的形式特点影响历史课程的实施。历史知识固然是人类活动的记录、反映，但机械地记录、背诵历史事实不等于就掌握了历史，因为历史知识是人类历史探究、创造的结果，不是过去事件的刻板记载。历史探究、历史思维影响历史探究结果的内容与形式，历史课程的学习不仅要掌握历史探究结果的内容，还要掌握历史探究活动的形式。

首先，在经历历史探究过程中学习历史，在运用历史思维形式中学习历史。如，让学生通过多种途径（查阅文献，上网，与父母、同学交谈）收集西安事变的史料，进行整理加工，叙述西安事变发生的历史背景、经过、人物、活动，复现、描绘各色人物的心态、动机，然后依据相关的资料，从不同角度对西安事变发表评论，阐述其历史影响与意义，作出历史评判。这样，学生的学习过程变成了历史探究的过程，学生在该过程中经历了探究历史的阶段，获得了历史探究的方法及其思维方式，锻炼了形象思维、抽象思维，养成初步的历史思维习惯。

其次，重视历史知识的表述形式的教学。历史知识大多通过语言文字进行表述，可以组织学生阅读不同体例的历史作品，让学生感受历史知识写作的不同形式、风格，体悟历史学家对待历史的观点、态度。如，传记作品《廉颇蔺相如列传》为《史记》中的名篇，以往是放在语文教材中，其实，它也属于历史教材的内容，教师可组织学生从历史学科的角度，重读《廉颇蔺相如列传》，去总结、概括历史知识形式的要素，如人物、时间、地点、经过、影响及其内在的结构，丰富学生对历史知识表达形式的理解，从而更好地学习历史课程。此外，神话故事、传说也是历史知识的表述形式，可组织学生适当阅读。历史知识除了存在于书本文献之中，还存在于地下、文物、遗迹以及人们的记忆之中。因此，可组织相关的学习活动——参加历史博物馆，观看地下出土文物，听解说员讲解文物背后的历史；前往古战场等重要历史活动遗迹，重构、想象历史事件场景、历史生活画卷；参观社会主义建设成就展览，体会鲜活的、正在发生的历史；访问重大历史事件的当事人，与他们交谈，听取他们对历史事件的回忆、感受，并认真记录，加以分类、整理，形成口述的历史；听有关人物的历史报告、演讲、评论，去学习、感受历史知识的多样形态。

案例：寻根溯源——家谱的意义①

美国诺曼中心中学的历史教师山迪·伯翰在想这样一个课题："我们当中有多少人的家族中曾经出过像托马斯·杰斐逊一类的大人物，可是我们并不知道。假使你花费大量的时间，克服重重困难，在一所古老的乡村教堂里找到了曾祖父接受洗礼的记录，那是一种怎样的感觉？"其实，每个家族的历史乃至每个公民本人的历史体验都与国家的历史保持着某种联系。事实上，如果能把我们的历史放在一个地区或一个国家的历史进程中来看，或许会变得更加有意义。因为从一个家族的历史中能够找到诸如"为什么""谁""什么时候"这样的历史答案。

伯翰老师接着想到，如果把每位学生的家族史汇集起来的话，不仅能够了解我们中的大多数人是如何互相联系的，而且还能够了解国家的历史以及历史上的人民。

对学生来说，研究家谱是了解自己家族历史的一个好机会。当然，他们从中也能够学着使用史学家常用的一些研究历史的工具。家谱在微观历史教学中，也是一种很有价值的资料，它能够帮助学生对地区及国家的历史建立更宽泛的概念。

于是，伯翰老师决定提供一个将家族历史融入到地区及国家的历史大背景中的范例。首先，他为本次活动制定了细致的教学目标：在地图上正确指出自己家族在移居美国前，最初居住的大洲、国家和可能居住过的城市、地区等；口述其家族定居美国后的社区和州的历史，包括在美国地图上指出其家族最初到美国时定居的州和地区，以及其家族到美国后主要定居过的地区；使用恰当的资料，确认各自的家族在某一个州或地区定居的最初时间；使用恰当资料，指出使其家族在某一州或地区定居的社会原因和经济原因，激发学生去探究更为完整的家谱组织（只需要每一组织的概要）。然后，伯翰老师将整个学习过程分为以下四部分：

第一部分，每个学生制作一份尽可能完整的家谱，包括以下项目：姓名（最初的）、出生日期和地点、最早到达美国的时间、移居美国的目的、最早定居现住社区和州的时间、定居的原因、移居美国后重大的搬迁、搬迁的原因。

---

① 赵亚夫主编：《历史课堂的有效教学》，北京师范大学出版社 2007 年版，第 121—122 页。

（有些学生的家谱可能会比其他学生详尽一些。完成这一任务的时间并不充裕，最好是在家庭聚会时进行，比如圣诞节、感恩节及复活节，以便更好地向祖父母或其他长辈了解情况。）

第二部分，学生们"采访"其祖父母、叔叔、阿姨或父母。"采访"的目的是为了得到家谱中家庭成员的详细资料。学生"采访"时，可以询问其家族中是否出过著名的人物，或其家族是否有过光辉的历史，这样的谈话往往能够在家庭成员间架起沟通的桥梁。学生能够从其家族的历史中了解到一些著名的或不著名的人物，这些正是他们在描述其家族历史时所热衷于谈论的话题，它们会使学生们兴趣盎然，使他们在完成家谱调查时做到积极主动、认真细致。

第三部分，每个学生口述其家史。教师可以先做示范，这样可以使学生的心情放松。值得强调的是，这一课时不仅仅是一项任务，它需要大家的共同参与，有的学生可能不愿意口述其家族史，不要强迫他们。通常当他们看到别的同学陈述之后，他们也会跃跃欲试。

第四部分，有的学生想知道他们如何从其家族史中学到更多的东西，可以让他们给相关组织写信，还可以鼓励那些住在市区的学生去参观大学、图书馆或公墓，并查阅那里的资料。

该教学包含基本的历史知识要素，因为"从一个家族的历史当中能够找到诸如为什么、谁、什么时候这样的历史答案"。作为"微观历史教学"的家谱研究，有助于帮助学生对地区及国家的历史建立更宽泛的概念。同时，家谱研究关涉学生自身，情感色彩浓厚，学生积极性高，他们通过家谱研究可以习得历史研究的方法，从而达到知识内容与知识形式的双重掌握。

（四）历史知识形式与历史课程评价

以往历史课程评价仅仅就历史知识的实质内容展开评价，忽视对知识的探究形式与表现形式的评价，评价范围狭窄，通过评价促进学生历史素养全面发展和提高的功能未能充分释放。我们认为，对历史知识形式掌握、运用状况的评价应成为学生历史课程学习评价的重要方面。历史课程评价应重视历史探究、历史思维形式形成的评价。学生对历史知识的学习不仅要掌握其内容，还要理解历史知识的形式，学会历史探究的方法，运用历史思维的独特方式去观察历史、审视历史，形成一定的历史思维习惯，培养一定的历史智慧。

首先，在关注学生对历史知识内容掌握的同时，应关注学生是如何学习历史知识的，他们是机械记忆、反复背诵，还是运用想象、推理、分析、概括进行知识内容的掌握，对学生知识内容及其学习方式展开全面评价。

其次，采取多种形式对学生的历史思维形式、探究活动进行评价。如：通过开放式考核，将学生带到古战场、古城墙、古城堡、古港口，让学生想象历史场面、人物活动，评价其想象的丰富程度、完整度；或给一定的历史材料，让学生进行分析、概括、推理，评价其历史逻辑思维能力；或给一堆零散的资料文献，让学生按照一定的逻辑加以排列、整理。

第三，让学生尝试概括、创造历史知识，并进行评价。如：引导学生通过写作历史小论文、撰写日记等方式表达历史，描写历史事件及人物，阐述对历史的看法、观点，开展历史事件的评论；创设情境，组织学生围绕国内外正在发生的重大事件进行讨论，发表评论，撰写论文；组织学生观看历史影片（如《开国大典》《建国大业》），写观后感；组织学生阅读优秀的历史作品，撰写读后感。这些活动均是对学生历史知识表述形式进行评价的较好方式。还须指出的是，由于历史知识的叙事性、复杂性，历史课程中学生学习的评价一般以定性评价为主。

第三节　人文社会知识的意义与课程

人文社会知识的意义包括人文社会知识的旨趣与价值。本部分以历史知识与历史课程为例进行分析。

一、人文社会知识的旨趣

（一）了解人文社会现象

对人文社会现象进行描述是人类的基本需要，它回答人文社会世界及其现象"是什么"的问题，是人文社会科学的基本目标与旨趣。人文社会研究首先要对人文现象、社会现象作出符合实际的客观描绘，为人们提供人文社会现象的基本画卷，从而使人对人文世界及其现象、活动、实践有一个大致的了解。人文社会科学对人文社会世界的描述主要包括两类：结构描述与状态描述。① 结构描述指对人文社会世界系统的构成要素及其排列和联系的描绘、说明,使人们对社会的经济结构、政治结构、文化结构、交往结构、心理结构及人文社会世界的总体结构有更加清晰的把握。状态描述指对人文社会世界整体及其要素的发生、发展过程的动态描述,使人们对社会发生、社会发展的历史进程有系统的认识。前者属于静态的横向描述,后者属于动态的纵向描述,二者结合有助于人们对人文社会世界及其现象进行完整、全面的了解。

了解历史事实,澄清历史真相,让模糊的过去变成清晰的表象,是人类的基本需求。动物尽管也有进化的历史,但动物没有"历史",没有种族的、个体的记忆。(当然,动物种族的经验可以通过种系遗传在漫长的岁月里积淀在基因之中成为本能)而人类在文字产生之前就开始记载生活经验,除了口耳相传,还采用结绳记事以及刻木、刻骨、刻石、磨制贝珠等方法帮助记忆。文字产生后,记忆手段更加发达、完善,历史记忆先后经历了族类记忆、国家记忆、世界记忆与公众记忆等阶段,历史文献汗牛充栋,令人叹为观止。借助历史记忆,人类个体可以克服其生存时空的限制,将个人融入种族的、国家的、世界的经验之中。人类的历史记忆是人之为人的一个重要特征。

(二) 理解人文社会现象

对人文社会现象的理解包括因果说明和意义阐释。因果说明旨在解释人文社会世界及其各种现象"为什么"如其所是,回答其得以产生、发展的缘由。自然科学的因果说明往往是确定的,具有较大的普适性和较强的解释力和预见力;而人文社会科学中的说明则与此不同,它有着自身的特点。"人文社会科学对人文社会世界的说明是系统的、开放的、多因素的,它尽量避免特设性说明和包揽一切的说明这两个极端。"②换言之,人文社会科学的说明具有一定的弹性空间,并且需要一定的辅助性资料或假说的帮助。人文社会现象的说明主要有五种类型:演绎—规律说明、概率说明、倾向说明、功能目的说明以及发生说明。③ 演绎—规律说明是从类似定律概括的前提中逻辑地推断出的说明。概率说明指根据人文社会现象的多样性、随机性

---

① 欧阳康主编:《人文社会科学哲学》,武汉大学出版社 2001 年版,第 171 页。

② 欧阳康主编:《人文社会科学哲学》,武汉大学出版社 2001 年版,第 171 页。

③ Hemple C. *Sndies in the Logic of Explanation. Philosophy of Science*, 1948(15), pp. 135—175.

特点作出的"可能性"说明。倾向说明描述某一特定主体某种行为倾向。功能目的说明指出某一主体完成某一功能的特性或陈述一个行动在实现某一目标中的作用。发生说明描述某一现象产生、演变过程中所具有的某些特征。

意义阐释是理解人文社会现象的另一种重要方式。由于人文社会世界是人参与其中并追求某种目的、利益、价值的特殊世界，因此，对人文社会世界的理解不仅仅在于把握其发生的客观原因，还必须揭示、阐释人文社会现象所具有的价值、作用、效益，把握其内在的意义。然而，人文社会现象的价值、作用、意义不是人文社会现象固有的、永恒的规定，而是在人及其社会实践活动中产生、存在、展开的，离开了人及其主体活动，人文社会现象的价值、作用、意义便成为纯粹的虚无。更为重要的是，认识主体正是在对人文社会价值、作用、意义的理解、领会、追问过程中参与了人文社会现象的意义揭示、呈现和创造。"社会理解过程与其说是理解者对先在的、外在的客体的具体含义的认知，毋宁说是理解者对被理解对象的意义创造和阐释：在意义创造中阐释，又通过意义阐释来创造。"①

历史知识不是资料的堆积，历史资料只有按一定逻辑加以编排，构成一个有内在联系的系列，才能转变为历史知识，才是可理解的、合逻辑的，否则便是一堆杂乱无章的什物。经过逻辑的整理、加工、建构，相关的事件、事实才能聚集在一起，过去的历史活动才会走进人的精神世界，死的历史才能复活，人们才能理解过去，认识今天，把握未来。尽管人类历史的因果关系不如自然因果关系那样稳定、简单，对同一历史事件的因果解释可能存在种种分歧，但因果解释仍是历史解释的一种基本形式，借助这一形式，历史成为可以理解的历史，成为一部有意义的历史。

（三）指导人生，服务社会

历史知识不仅仅是为了记忆而记忆，为了解释而解释，它不仅要满足人类的心理需要和理性追求，更为重要的是为了指导今天人类的生活，服务于人类当代的实践。完整的历史知识在记述、解释的同时，需要展开评价，而评价总是有着特定的标准、尺度、视角，是从某一立场、观点，运用某种方法对历史人物、事件进行裁量，在评价中呈现历史的经验、启示，追求一定的意图，给人们提供借鉴。唐太宗说："以铜为鉴，可正衣冠；以古为鉴，可知兴

---

① 欧阳康主编：《人文社会科学哲学》，武汉大学出版社 2001 年版，第 173 页。

替;以人为鉴,可明得失。"司马迁写作《史记》为的是"原始察终,见盛观衰","穷天人之际,通古今之变"。① 对于个体而言,历史评价有助于人们从他人成败中吸收经验教训,在评价历史人物中审视自我,解剖自我,从而获取智慧。因此,无论民族的强盛、国家的繁荣,还是个人的完善,均可从历史评价中得到指引。历史评价确为当代社会生产之需要,是历史知识追求的重要旨趣所在。

二、人文社会知识的功能

仍以历史知识为例。伟大的历史作品能够"把读者从孤立的小天地带到一个复杂的大千世界,让他从单纯而朴实的生命游棹到混沌而几乎没有层次或秩序的时间洪流去……必然要把读者提升到一个足以看见他自己以及自己在时间定位的高峰。从这个高峰,读者可以通过文化眼光找到自己要认同的历史人物和文化元素"②。

(一) 历史知识内容的功能

社会教化价值。历史知识十分丰富,几乎无所不涉,无所不包,传递着灿烂悠久的历史遗产。历史知识的学习可以激发人们的爱国热情,培养人们的民族自豪感、自信心,增强国家和民族的凝聚力,使人们形成共同的价值观念和行为规范,保证一个民族、国家文化的传承,保持历史的连续性,使一个国家在共同价值观念、文化传统的维系下稳定发展,长治久安。历史著作能晓事、知人、识时,传递国家共同的背景、传统,从而培育人民的民族精神和国家意识。当然,历史知识不仅仅指涉本国的历史,同时还包括外国的历史。通过比较,更能把握本国历史的成就与问题,学习、借鉴、吸收他国的优点、长处,克服自身的不足、缺憾,从而超越传统,不断创新。总之,历史在维护国家统一、促进民族进步、增强社会教化方面具有十分重要的功能。正是由此,许多国家中小学均把历史课程作为必修课,熟悉、理解本国文化传统成为每位学生必备的素养。

个体完善价值。历史知识参与个体自我意识、自身价值的形成与提升,促进个体的成熟与完善。历史引导人们发现自己的意义、价值,促进个体的

---

① 司马迁:《史记·太史公自序》。
② 李弘祺:《读史的乐趣》,台湾允晨文化事业股份有限公司 1991 年版,第 159—160 页。

完善。了解历史、阅读历史不仅仅出自对既往历史人物、事件的兴趣，其实也是对人自身、对自我的兴趣所在。读者在阅读过程中与历史人物"交往"、神通，感受他们的思想情怀，领会他们的伟大梦想，从而丰富自我的精神世界，发现自我的价值，扩展自我的领域，形成自我之知。在某种程度上可以说，阅读过程实际上是一个自我发现、自我更新和自我创造的过程。没有历史知识的补充、积累，个体将永远走不出自己的经验，他的眼光必然狭隘，思维必然呆滞，必然无法参与人类文化、精神的价值创造，也就不可能利用人类的成就来思考和创新。相反，一个历史知识丰富的人却能在人类经验的长河中自由徜徉，充分吸收人类文化的养分。因此，历史知识对于个人主体意识的发展、精神的丰富、个性的完善具有不可低估的作用。人的存在是历史的存在，历史的存在对于人类具有决定性意义。"我们人，既是自然界，又是历史。我们的本性表现在继承中，我们的历史表现在传统中。"①

（二）历史知识形式的功能

历史知识所隐含的思维方式对个体发展的影响。历史研究是一种纵向思维，是将研究对象纳入一定的时间序列，并追根溯源，描述其产生、发展、演变的历程，在时间的进程中把握研究对象，揭示研究对象的本质、特征，进而更深入地理解对象。这种动态的研究方式要求研究者以动态的观点、立场去考察事物，获得知识。历史探究假设一个事件的过去影响现在，又通过对现在的影响对其未来发展发挥作用。要深入理解某一事物的现状，把握其特征，有必要去追溯其历史发展，刻画其历史风貌。穿透历史的重重迷雾认识事物，是揭示事物真谛的基本方式。认识过去是把握今天、展望未来的重要步骤和基本手段。历史思维是一种重要的思维方式，历史探究有助于学生形成动态的、发展的、生成的观点。

历史想象的独特作用。在历史探究过程中，不可能全面占有研究资料，无论历史材料怎样详尽，都不可能包揽无遗，远古时期历史资料的缺乏尤为明显。叙事是历史知识的基本特征，而历史知识要求描述历史事件的发生、发展过程，因此，历史探究需要运用想象去填补资料的空缺，去恢复历史的"本来面目"，描绘历史的画卷。历史想象又不同于文学、艺术的想象，文学

---

① 〔英〕汤因比等著，张文杰编：《历史的话语：现代西方历史哲学译文集》，广西师范大学出版社 2002 年版，第 55 页。

的想象是"典型化",将众多人物的特征在主人公身上加以集中、突显、放大，艺术的想象可以不受限制，任凭想象的骏马驰骋，它可以是夸大的、歪曲的。历史的想象则不然，它受到"历史事实"的限制，必须基于历史事实和生活逻辑，任何歪曲事实的想象是对历史的破坏、践踏。历史想象是历史学家能动性、创造性的重要表现，同时，历史作品的阅读也需要读者再构。历史想象可以将死气沉沉的历史演绎成栩栩如生的生动画卷，可拓展学生的生活空间，使其感受到历史知识学习的乐趣与价值。

历史概念的价值。历史概念是构成历史知识的元素，它有多种形式：事实性概念，如人物、事件、时间、地点、朝代；价值性概念，如促进、阻碍、评价；行为概念，即行为动词，如发展、进步、衰退。历史概念既有形象化概念，又有抽象概念。从定义的方式讲，历史概念大多是非定义性概念，不像数学概念那样有准确含义，也不像科学概念那样有可操作性。

历史判断的价值。历史判断是关于历史事实、历史价值的一种判定、断言，它是基于历史概念作出的判定，是对历史事实的描述和历史事实在历史过程中的地位、作用、影响的评判。与假言判断相比，历史判断是一种定言判断，如"1789 年 7 月 14 日，巴黎人民攻占了象征封建统治的巴士底狱，推翻了君主政权"。历史判断除了针对个别事件，也可以针对一般规律，如"农民运动推动了历史的发展"或"农民运动破坏了生产力，阻碍了历史的发展"。历史判断均具有一定程度的概括性质，即将生动、丰富、多彩的历史过程用简单明了的语言加以概括。如果说关于事件的历史判断还比较客观的话，那么关于历史事件的地位、作用、影响的历史判断则具有较多的主观特性，它渗透着不同历史学家的历史观念、价值取向与立场。当然，历史事实的客观性常常遭到怀疑，如尼采认为"不存在事实本身"。①

历史推理的价值。历史推理是运用历史判断对历史发展过程、历史事件之间的关系进行的推理。历史推理有演绎、归纳、类比三种形式：人们在处理历史经验时，可能利用已有的历史知识对新的历史事实加以演绎，将新

---

① 历史事实是可疑的。"事实要想存在，我们必须先引入意义。"一旦语言介入（实际总是如此），事实只能同语反复地加以定义。"历史话语大概是针对着实际上永远不可能达到的自身'之外'的所指物的唯一的一种话语。"现实不过就是意义。参见〔英〕汤因比等著，张文杰编：《历史的话语：现代西方历史哲学译文集》，广西师范大学出版社 2002 年版，第 122 页。

事实作为已有原理的特例加以处理；或已有原理不足以解释新的事实，需要在众多新的事实基础上形成新的原理；或者利用类比的方式解释新的历史事实。一个完整的历史知识的表述应包含着推理的过程、论证的过程，事实与观点的结合是历史知识表述的基本方式。学生正是在推理、论证的过程中，习得历史知识所蕴涵的历史智慧。历史推理应该是高年级学生学习的内容之一。

总之，历史概念、历史判断、历史推理的学习，可以使学生学会历史地观察与思考，从而掌握历史思维方式，提高历史素养。

三、人文社会知识的价值与人文课程改革

（一）人文社会知识价值与课程设计

课程目标：理解人文知识的价值。人文知识的价值重在陶冶，帮助人形成正确的人生观、价值观、世界观，丰富人的精神生活，为人生提供意义、价值与皈依。因此，人文课程目标应不同于科学课程目标，它追求内在的价值的满足，而不是工具价值的实现。即，人文课程的目标应与学生的生活、生命息息相关，人文课程目标应以关注学生的生命价值的提升、生活理想的培养、人生态度的养成为旨趣，而不仅仅是外在的知识的掌握，不是现成知识、概念的简单记忆与背诵。这就需要在课程目标设计时，充分考虑学生现有的素质状况，鼓励学生对既有的价值进行反思、澄清，帮助学生学会判断、鉴别及选择。

课程内容：尊重人文知识价值的特点与多元价值选择。根据人文社会知识的价值大小选择课程内容，保持开放的状态，凡是有利于社会稳定、和谐、进步，有利于人生意义丰富的知识都可纳入课程范畴。课程设计要注重对人文社会科学知识可能的育人价值进行评估、判断，应选择与主流价值观相一致的材料、数据、信息、观点，优先考虑那些积极的、健康的、进取的内容，将其置于重要位置，高扬时代主旋律。同时，对那些与时代精神、主流价值观念不一致的、落后低俗的内容进行分析、批判、澄清。由于人文社会现象的复杂性、价值性，人文社会知识往往存在纷争，难以统一。在一个价值多元的社会里，如何既传播主流的价值观念又保持各种价值观的适度平衡，如何帮助学生确立正确、适当的选择标准与参照系，是一个十分复杂的问题，课程内容设计必须面对。

（二）人文社会知识价值与课程实施

人文社会知识蕴涵着多方面的、对学生发展不可低估的教育价值，那么如何实现人文社会知识的价值呢？我们认为，人文社会知识更多地关注人，以人的精神世界、社会活动为中心，关涉人生的价值与社会意义，因此，与科学知识学习重视客观、精确、外部掌握不同，人文社会知识的学习应更注重主观理解、深层领会和体验感悟。理解、阐释、对话是人文知识价值实现的基本方式：通过理解内化人文社会知识的基本成就，借助阐释拓展人文社会知识的蕴涵，通过对话展开读者与作者的精神交往、人与人的深度交流。只有借助理解、阐释、对话等学习方式，才能更好地展现、释放人文社会知识潜在的功能，生成新的价值与意义。就历史学科而言，尽管一些历史知识具有一定的客观性质，与其他学科的概念似乎没有明显的差异，但对历史人物、历史事件的历史影响、历史作用、历史地位的评价却智者见智，仁者见仁，历史人物、历史事件的独特意义、时代启示也需要不断地对话、阐释；因此，应鼓励学生根据自己的理解解读历史人物、历史作品，在此基础上，学生通过与教师、同学进行"视野融合"，从多种角度理解、阐释历史知识的丰富意义，进而获得历史的启迪。

（三）人文社会知识价值与课程评价

如何评价人文社会知识在课程活动中的价值实现程度，是一个较为复杂的问题。科学知识学习的评价一般采用客观的方法，收集客观的资料、数据，判断学生对科学知识内容乃至形式的掌握程度，进行定量的、较为客观准确的评判。而人文社会知识的评价尽管也可以运用客观的方法，如历史课程可运用填空、名词解释、配对等方式评价学生对地点、时间、事件发展经过的掌握状况；但人文社会知识学习的评价更多地需要采用主观的、理解的评价方式，如采用问答、论述、评价、辩论等方式考查学生对历史知识的理解是否深入，是否形成较为完整的知识图景，是否形成一定的历史观念，是否养成一定的历史思维。人文课程评价要特别考查人文知识的学习是否陶冶了学生的情操，是否丰富了学生的精神生活，是否有助于学生形成正确的价值观、人生观。人文知识的学习过程应该是一个人生价值不断丰富与拓展的过程，人文课程评价过程也应该是对这种价值是否实现以及实现程度的判断过程。

案例："异端"思想家李贽①

李老师与学生们谈起明末清初"异端"思想家李贽，一方面提到李贽批判孔孟学说、否定程朱理学、主张男女平等的思想，另一方面又介绍了这位反封建斗士令维护明教传统的封建士大夫十分惊惧，千方百计地要迫害他的史实。李贽受尽折磨，最后用剃刀割喉自尽，在痛苦地挣扎了三天之后死去，时年75岁。学生们惊呼李贽死得太痛苦了！于是教师让大家思考一个问题：做一个异端到底值不值得？这一问题立即引起了一段反思性对话。

师：大家觉得李贽是异端吗？

生：不！只是他的思想超前了，不符合当时的封建纲常。

师：你欣赏李贽吗？

生：欣赏！欣赏他敢于向封建礼教挑战、对迂腐的传统观念质疑、追求民主进步的思想观点。

师：如果在当时你也有这样的思想，你会和李贽一样进行广泛的传播吗？

生：不会！

师：为什么？

生：我怕死。（全班同学哄笑起来）

师：那你会怎么做？

生：写一本书，死了之后，再把自己的观点公布出来。

教师转而问其余学生的想法，他们大都表示赞同，"留得青山在，不愁没柴烧"。有一个学生表示，他会为真理牺牲。同学们马上把不信任的目光投向他，教师觉得有必要与他交流一下。

师：为什么会有这样的想法？

生1：社会进步总要有些人做出牺牲，这对社会也起到了震撼作用。

师：不害怕吗？

生1：害怕！但是如果被一种崇高理念充满的时候，生死也就置之度外了。

生2：牺牲了又怎样？中国封建社会会由此而改变吗？

生1：这是信念问题。戊戌变法失败后，谭嗣同为什么不愿逃亡："我自

---

① 赵亚夫主编：《历史课堂的有效教学》，北京师范大学出版社2007年版，第69—70页。

横刀向天笑,去留肝胆两昆仑。"如果没有他,戊戌变法有那么悲壮吗?能撼动国人吗?布鲁诺也是"异端",熊熊大火虽然烧死了他,但是反而点燃了科学的火炬。

生2:那些牺牲固然可贵,但是也可悲!生命是宝贵的,退一步海阔天空,保存力量应是更好的选择。

这时,学生们都在安静地听着他们辩论。在安静中,分明有汹涌的暗流在涌动。做敢于揭示真理的"异端"需要勇气,要敢于斗争,更要善于斗争。这是一个弘扬个性的发展时代,教师不需要给他们是或不是的答案。

该教学通过辩论的方式对历史人物进行评价,可以考查学生对历史知识的理解情况。围绕历史人物、历史事件展开辩论,有助于学生学习从不同角度审视历史人物与历史事件,发现历史人物、历史事件的不同意义,深化学生对历史知识的理解。同时,还有助于学生掌握学习历史学科的思维方式,形成相应的态度情感,获得人生观与价值观的启迪。

第五章

地方知识与课程改革

第一节 地方知识的性质

一、多学科视野中的地方知识

"地方知识"常常称为"地方性知识"(local knowledge)，又称"本土知识"(indigenous knowledge)等。我国大陆学者一般将"local knowledge"翻译为"地方性知识"，台湾学者译为"地方知识"，也有人译为"在地知识"或"当地知识"。本章主要采用"地方知识"的表述方式。

地方知识已在多个学科与领域得到研究，分述如下：

人类学的研究。"地方性知识"是文化人类学中阐释人类学的一个标志性概念。当代美国文化人类学家克利福德·吉尔兹(Clifford Geertz)将他的人类学文集命名为《地方性知识》，并对常识、艺术、法律等知识的地方性进行了阐释，他对地方性知识做了颇为充分、深入的研究，对今天的地方知识研究影响甚大。

博物学的研究。博物学是关于人与大自然交流的学问，它重视生物的多样性，强调地方性生物学知识。在博物学中，"地方性"不是贬义词，而是褒义词。

社会学、政治学的研究，包括知识社会学、科学政治学领域的一些研究。劳斯(Joseph Rouse)在其著作《知识与权力》一书中对科学知识的地方性进行了分析与论述："从根本上说，科学知识是地方性知识，它体现在实践中，这些实践不能为了运用而被彻底抽象为理论或独立于情境的规则。"①

　　哲学的研究。知识问题是哲学关注的一个基本问题,哲学中有一个重要分支,专门对知识的来源、类型、确证等问题进行探讨,由此形成哲学的一个重要部类——知识论。地方知识在不同哲学流派中亦有较多讨论,如库恩、维特根斯坦等的探究。

　　由此可见,地方知识的研究已走出"犹抱琵琶半遮面"的状态,开始步入学术研究的殿堂;但很长一段时间,在西方科学知识处于话语霸权的背景下,地方知识通常被认为是不重要的、可有可无的,甚至是迷信的、有害的,或者注定要消灭的。受此影响,近代以来的学校教育认为只有西方的科学知识才是真正的知识,才值得学习,因而十分强调西方式普遍性知识的传授,总是自觉或不自觉地排斥学生生活于其中的地方知识。而事实上,正如一些学者所说:"没有念过书的人,对他的家乡、对他屋前屋后的动物、植物、山脉可能会比较了解,他们知道哪种植物能吃哪种植物不能吃。但是如今很多博士生包括生物系的博士生,认识的植物很有限,他们中有的人一辈子就研究一两种植物。农民世世代代与土地与大自然打交道,他们了解土地,知道周围什么东西什么时候长起来,什么东西能吃、最好吃,什么不能吃、有毒,等等。在这种意义上,农民就具有很多关于植物的地方性知识,而博士生虽然很有学问,但应该向农民学习。同样,传统猎人非常熟悉本地的自然世界,他对大自然的理解可能不亚于一知半解的生态学家、猎物管理工作者。地方性知识与生态学、可持续发展研究有密切关联,是人类的一种重要文化遗产。"②

　　近些年来,地方知识开始受到越来越多领域学者的关注,地方知识概念也开始在科学史、科学政治学、科学社会学、科学传播学等领域广泛运用。学校教育也不例外,一些教育学者已对地方知识进行了一定的关注和研究,如在地方课程开发、校本课程开发、课程资源开发与利用等方面进行了一定

---

　　① 〔美〕劳斯:《知识与权力》,盛晓明、邱慧、孟强译,北京大学出版社 2004 年版,第113 页。

　　② 刘华杰:《博物学与地方性知识》,见《天下讲坛"共享自然沙龙"演讲》,朱晓娴录音整理,2008 年 3 月 8 日。

的探索,这些探讨对于课程改革具有十分重要的意义。

二、地方知识的含义

"土著知识是一种乡土知识,它是特定文化或社会所独有的知识。土著知识体系不同于大学、研究机构和私营公司所产生的国际知识体系。土著知识是制定地方农业、医疗保健、食品加工、教育、自然资源管理和农村社区许多其他活动等政策的基础。"①

土著知识是一个社会的信息基础,它有利于沟通和决策制定。土著知识体系是动态的,它不断地受到内部创造力和实验以及与外部系统的接触的影响。②

地方性知识中的"地方性"不仅指地方、时间、阶级与各种问题,并且指情调——事情发生经过自有地方特性并与当地人对事物之想象能力相联系。③

"相对而言,各民族、各地区传统社会长期使用的、今天也许还保留下来的一些知识,被认为是局部有效的,超出一定的范围就不再有效,它们被称作地方性知识。"④地方性知识与生态学、可持续发展研究有密切关联,是人类的一种重要文化遗产。

"本土知识具有地域性特征。本土知识是特定地理区域内原住民处理人与自然的关系、创造生存手段、获取生存条件的知识。""本土知识特别与农业生产、人类健康、生物多样性保护、自然资源管理以及教育和知识创新密切相关,是贫困人群和非主流文化社区的主要财产。"⑤

本土知识是指"由本土人民在自己长期的生活和发展过程中所自主生产、享用和传递的知识体系,与本土人民的生存和发展环境(既包括自然环境也包括社会和人类环境)及其历史密不可分,是本土人民的共同精神财

---

① Warren D. M. *Using Indigenous Knowledge in Agricultural Development*: World Bank Discussion Paper No. 127. Washington, D. C. : The World Bank, 1991.

② Flavier J. M. et al. *The Regional Program for the Promotion of Indigenous Knowledge in Asia*, 1995, p. 479.

③〔美〕吉尔兹:《地方性知识》,王海龙、张家瑄译,中央编译出版社 2004 年版,第273 页。

④ 刘华杰:《博物学与地方性知识》,见《天下讲坛"共享自然沙龙"演讲》,朱晓娴录音整理,2008 年 3 月 8 日。

⑤ 张永宏:《本土知识概念的界定》,载《思想战线》2009 年第 2 期。

富,是一度被忽略或压迫的本土人民实现独立自主和可持续发展的智力基础和力量源泉"①。

所谓"地方性知识",不是指任何特定的、具有地方特征的知识,而是一种新型的知识观念。而且"地方性"(local)或者说"局域性"也不仅是在特定的地域意义上说的,它还涉及在知识的生成与辩护中所形成的特定的情境(context),包括由特定的历史条件所形成的文化与亚文化群体的价值观,由特定的利益关系所决定的立场和视域等。②

就其本质而言,地方知识是一种文化信念,一种文化主张,一种叙事模式,在这种信念的支配下,根本没有普世知识的容身之地。普世知识是一种虚构,是一种理想性的信念,是地方知识经过标准化,特别是经过学校教育中的教科书的编纂和"教与学"而带上了"普世"面具的文化体系。③

归纳上述界定,关于地方知识(地方性知识或本土知识)的含义,存在三种不同的理解:

某地域范围中产生的知识。地方知识即某一地域在长期的历史进程中形成的带有地方特征的知识、经验、技术、行为方式与价值观念。这里的"local"相当于"native""indigenous""traditional",它至少包括三个层次:国家的,民族的,俺家乡的。在三个层次中,人们通常指后两者。地方性知识具有浓郁的地方色彩,与当地的历史、地理、经济、文化紧密相关,是生活于其中的人们总结出来的,是当地人智慧的结晶。这一理解更多地是从地理空间出发,其对应词是全球知识。全球知识指存在于全球范围内、不受地域限制的共同知识。地方知识具有特殊性、多元性和传统性,而全球知识则具有普遍性、单维性和现代性。当然,地方与全球也是相对的,地方和全球是并存的、同步的,全球化的东西也有地方色彩,地方化的东西可能具有全球意义,没有完全脱离地方的全球化。

具有地方特征的知识。"地方"曾经一度是落后、浅薄、愚昧的代名词。地方知识具有地方独特性,它一般是传统的、特殊的、未加严格逻辑论证的知识。与这一含义对应的词是普遍知识。什么是普遍知识呢?一般认为,

193

① 石中英:《知识转型与教育改革》,教育科学出版社2001年版,第327页。
② 盛晓明:《地方性知识的构造》,载《哲学研究》2000年第12期。
③ 巴战龙:《地方知识的本质与构造——基于乡村社区民族志研究的阐释》,载《西北民族研究》2009年第1期。

近代西方科学知识及其技术成就，如牛顿力学、麦克斯韦方程组、分子生物学、大爆炸宇宙学、火箭推进技术、植物转基因技术等，这类知识大量采用数学方法，进行客观而精确的陈述，曾一度被认为是普遍有效的、"放之四海而皆准"的知识。从这种视角看，其他知识属于地方知识。

所有知识共有的一种特征（知识的地方性）。它是看待知识的一种特殊方式，一种后现代知识观念。后现代思潮反对宏大叙事、元叙事，尊重差异、多元，关注不确定性、生成性，强调知识的情境性、未竟性、开放性与具体性，主张将大写的知识看成是小写的知识，认为知识都是具体化的、境域化的。与之对应的词是知识的普适性。

后现代主义者认为，所有知识均具有地方特征，凡知识都是地方的，即知识都是相对的，没有绝对的真理，知识有着它自身的生产境域、运用范围。用地方知识的眼光来看，西方科学知识、技术其实也不过是一种产生于西方的地方知识而已。牛顿力学也不是无条件成立的，它也有其适用的时空范围。（爱因斯坦的相对论证明了这一点）今天我们完全可以说，一切知识本质上都具有地方性，不存在绝对的普遍有效的知识。

在上述三种概念中，学者们大多倾向于后两种理解，不是简单地将地方知识等同于某地域的知识，而是视地方知识为具有地方性特征的知识或具体化、境域化的知识，以避免概念的狭隘性。但我们发现，学者们在讨论地方知识时，所列举的地方知识大多为少数民族的宗教、艺术、习俗等，而不是广为人知的西方科学知识。在本书中，我们可将地方知识定位为民间文化、传统、技术，它是当地人传统的一套生存技能、行为规范、价值观念。地方知识是由地方生产经验、行为方式、价值观念等构成的一套符号系统，是地方人民为适应当地环境而创造的一套行之有效的意义系统、生存方式。

三、地方知识的性质

（一）地方知识的对象

地方知识是与一定地域内人们的生产、生活、交往息息相关的东西，表现为一定文化背景下人们的思维方式、行为模式与特定的习俗、语言、宗教。地方知识通常与文化传统和生存智慧相关联，而与近现代科技、高新技术关系较远。地方知识涉及的范围十分宽广，上至地方天文下至地方地理，从古代到今天，凡是曾经存在过并对今天的生产生活产生或多或少影响的"活着"的文化传统，都可以归入地方知识的范畴。地方知识是一个具有地方独特性的符号系统与意义系统，它直接或间接地与当下人们的生存相关联。"地方知识的本质是一种文化信念，在乡村社区里，地方知识由类官方知识、大众知识和传统知识三部分组成。"①霍香结在其人类学小说《地方性知识》中描述了广西北部一个叫"汤错"的地方的地方性知识，其涉及的主题范围有疆域、语言、人种、风俗、灾异、疾病、艺文等，内容丰富而多趣，为我们初步展示了一幅地方知识的生动画卷。

　　地方知识领域广泛，可大致分为以下领域：地方生产技术知识，即与自然交往的方式，如农业种植、节气、物候及其他地方传统技术知识；地方生活习俗知识，如饮食起居、庆典习俗、婚丧嫁娶等风俗习惯；地方信仰，包括信仰传统、宗教仪式（如道教、佛教、基督教、伊斯兰教的教义教规）等；地方语言，包括方言、俚语、谚语、习语等；地方历史，包括民间故事、传说、神话、名胜古迹等；地方艺术，指工艺制作、音乐、绘画、歌谣、字诀、舞蹈、娱乐、游戏等审美情趣表达的知识。

　　（二）地方知识的内容特征

　　地方知识涉及面广，内容多，几乎涵盖了一个地方人们生活、生产、劳动、交往、娱乐诸领域。面对如此众多的地方知识，要准确概括其内容特征是相当困难的。吉尔兹以常识为例，阐述了作为地方性知识的常识的基本特质——"自然性""实践性""稀释性""无序性"和"可及性"等。1998年世界银行知识与学习中心的一份名为《基于发展的地方性知识：一个非洲的框架》的报告指出，地方性知识通常具有6个特征：具有地方性；是默会知识；通常通过口头、模仿和演示来传播；相对于理论而言，更加重视经验；通过不断重复而代代相传；处于不断变化之中。基于以上的表述，我们认为地方知识的内容主要有下述特点：

　　1. 地域性

　　地域的多样特征决定了地方知识的多样性、独特性。在交通、通讯不发达的地区，如偏僻的乡村、海岛、牧区、雪域高原，其地方色彩更为浓厚。地方知识与地域自然、历史、传统的关系尤为密切，因为地方知识是一定地域

---

　　① 巴战龙：《地方知识的本质与构造——基于乡村社区民族志研究的阐释》，载《西北民族研究》2009年第1期。

内的人们在世代适应地域环境的过程中逐渐积累起来的,各地环境的不同与差异导致地方知识的不同与差异。正如"十里不同天"一样,十里亦不同俗,地方知识的丰富多样、奇特多姿,构成人类文化花园的缤纷色彩。人类学家、民族学家正是通过大量的田野研究,收集了大量不同地方、不同文化背景下的地方知识,展示了不同地域多姿多彩的文化景观,丰富了人类知识的宝库。地方知识的独特性、多样性为人类文化交流、繁荣提供了必要与可能,也为人类精神发展提供了不竭的动力与资源。如关于雌雄两性同体的现象,不同地域存在不同视界:"在文明人看来,男性和女性穷尽了我们可以想象的所有人的类型,那些陷于二者之间的人则是一种难解的、反常的、十分荒诞的事,而在拿佛和人和帕克特人的视野中,这种双性人也是一种产物,虽然是一种与我们理解的正常的造物相比的不寻常的产物——不论誉其为天赐异物,或烧坏的陶器。"①

2. 经验性

地方知识总是切近生活的,它与一定地域人们的实际生活相联系,是人们从长期的生产生活中总结出来的经验,是生活经验智慧的结晶。地方知识持有者和总结者是乡土社区成员本身,这些知识与他们自身的生产生活经验密切相关,是他们在实践过程中发展起来的实践智慧和经验性表述。与系统的理论知识相比,地方知识根植于原住民社区的社会理想和实践,体现在一定的制度、关系、习惯和器物文化之中,大多处于经验形态,缺乏概括,比较粗糙,未经体系化。如马林诺夫斯基(Malinowski)所说,赞德人"在与他们的生活利益有牵涉的事儿上,他们有足够的关乎自然和劳作的知识。除了这以外,他们没有对科学的兴趣或情感上恳诉的愿望"。当然,也有一些人类学家持相反的观点,他们认为,原住民并非完全功利,如列维·斯特劳斯认为,有的菲律宾部落的人能够分辨600多种不同的植物,这其中大部分的植物都是没用过或不可使用的。美国东北部和加拿大的美洲印第安人有着对爬行动物的精致的分类学,这类爬行动物他们既不食用,也不常与之交往。②我们认为,原住民对环境的认知,虽未必直接与生产生活实践相关,但有助于他们对周遭环境的把握,具有这些知识便知道环境是安全的,从而不至于生

---

①②〔美〕吉尔兹:《地方性知识》,王海龙、张家瑄译,中央编译出版社2004年版,第110、113页。

活在恐怖与焦虑之中。实际上，这也与生活相关，同属于经验智慧。

3. 丰富性

生活有多宽广，地方知识就有多宽广。地方知识涉及方方面面，是原住民在与自然、社会、他人、自我的交往过程中发展起来的众多知识。地方知识是一方地域所特有的文化系统，包括这一地域的物质文化、制度文化、精神文化。它可以是显性的，如建筑、服饰、饮食、器物等；更多的则是隐性的，如思想观念、思考方式、价值取向等。地方知识外化为一套符号系统，它具有独特的品位、魅力和内涵。对外来者来说，它总是充满新鲜感和神秘感，激发他们去感受、探询和体验。对于地域内的"文化持有者"来说，尽管耳濡目染，但也难以穷尽其意义。正如日本学者大江健三郎所言，村庄＝国家＝小宇宙的森林，即使一个小小的话题，也可能潜藏着一个极其丰富的世界。在生物学上，除了现有的植物分类，实际上还存在着从植物手性进行分类的方式，因为植物手性是宏观特征，容易观察，也很有意义。一些博物学者对植物手性分类展开分析①，在某种程度上显示了地方知识的丰富性、多样性。

第二节　地方知识的形式

一、地方知识的探究形式

地方知识是地方人们长期探究自然、社会、人生的成果，它蕴涵着一定的思维方式与探究形式。归纳起来，地方知识的探究形式主要有经验型思维与神秘型思维。

（一）经验型思维

地方知识是一定地域生活经验的归纳，是通过长期的自然观察与行为实践而获得，而非理论的演绎。地方知识不是依据某一原理、学说所进行的推理，它是大众在日常生活环境中的知识创制，并非精英的知识生产。"对别人而言，确实并没有什么专门的关于常识的专家……常识是向每一个人

---

① 刘华杰：《博物学与地方性知识》，见《天下讲坛"共享自然沙龙"演讲》，朱晓娴录音整理，2008 年 3 月 8 日。

展开的，它至少是公共的财产。"①地方知识不像物理、化学等科学知识，可通过创设特定的环境、借助实验工具控制若干变量，人为地使某一现象发生，从而获得具有严密因果关系的科学知识。正如博物学"首先一个特点是要聆听自然、倾听自然，对自然保持一种虔诚的态度，认为人类的一切知识本质上都来源于自然，来源于活生生的自然，而不是来自实验室中的自然切片，不是实验室中遭到'拷打'和'拷问'的自然"②。

地方知识来自人们的日常经验，是当地人们在与自然环境交往的过程中产生的，是适应地方自然环境的知识创生。有关生产的地方知识大多来自生产经验的总结，是有效的生产经验的归纳和提炼。我国贵州、云南、广西也有许多传统农业，它们就是建立在传统地方知识的基础之上的，如稻鱼共生系统(即稻田养鱼)在我国一些地方已有上千年的历史。云南昆明利用地方知识，通塘(田)还湖(湿地)，试图恢复滇池的"花—鱼—蚌"立体湿地生态系统。其中的花指海菜花，鱼指滇池钱线鱼等，蚌指无齿蚌。2008 年 10 月，《科学》杂志报道了昆明动物所在本土物种保育和湿地恢复中所做的创新性工作。③ 这种种植技术是当地农民在长期的生产中总结出来的地方知识。唐朝诗人王建在《汴路水驿》中这样描述："蛙鸣蒲叶下，鱼入稻花中"，它见证了我国稻田养鱼悠久的历史传统。又如广西汤错的植物分类，完全是适应地方生产与生活需要的产物。当地民众没有统一的草本植物的概念，只有草和菜区别比较明显，对于乔木和灌木也没有明显的区分，都以树木或柴统称，只有日常涉及的植物名称，较为粗糙，但对于他们来说，使用起来已绰绰有余了。④ 地方知识的简单性源于生产的简单化。

总之，地方知识的思维形式不同于以抽象推理、逻辑思维为特征的范例性思维，它具有叙述性。"这种思维使得人类能够抓住一个较长的过去和一个更为复杂的将来，还有更为多样的社会环境。叙述性思维使得人们懂得一系列复杂的行为，并且恰如其分地行动。换句话说，叙述性思维正是我们

---

① 〔美〕吉尔兹：《地方性知识》，王海龙、张家瑄译，中央编译出版社 2004 年版，第117—118 页。

② 吴国盛：《反思科学》，新世界出版社 2004 年版，第 21 页。

③ 廖雷青、舒树森、张雯雯：《"花—鱼—蚌"立体生态模式或滇池新希望》，载《科学时报》2009 年 3 月 25 日。

④ 霍香结：《地方性知识》，新世界出版社 2010 年版，第 237—241 页。

理解周围社会生活的过程。"①这种叙述性思维实际上就是经验性思维,它使得人们行动时意识到他们所做的一系列行动,并通过叙述保存下来。

(二)神秘型思维

列维·布留尔(Lévy-Bruhl)在《土著如何思考》一书中探讨了原始人的思维,指出原始人的思维与我们的逻辑思维不同,它是一种"原逻辑"的思维形式,为我们理解地方知识的探究形式提供了一把钥匙。布留尔认为,原始人的思维首先是一种"神秘的"思维,他们并不把自然存在的客观存在与他们在其中知觉到的主观的、精神的、情感的东西截然分开,客观与主观未分化,朦胧地交织在一起。对他们来说,纯物理(像我们所感知的那样)现象是不存在的,任何实在都是神秘的。他们的思维总是固执地纠缠在事物的神秘属性上,而对实在自身的属性却漠不关心。被我们视为因果关系的那种东西,对他们来说,要么根本不被觉察,要么只具有微不足道的意义。比如,他们总是坚持认为对某人的名字或影子施加影响会对这个人产生作用;一个人得病或被蛇咬伤,他们认为是因为有人或魂灵对这个人施行了巫术,他们会竭力去寻找实施这个巫术的人,而对引起病痛的自然的客观的原因不予重视。②

原始人周围的实在是神秘的,如在回乔尔人眼里,"健飞的鸟能看见和听见一切,它们拥有神秘的力量,这种力量固着在它们的翅膀和尾巴的羽毛上",巫师插上这些羽毛,就能够使自己"看到和听到地上地下发生的一切……能够医治病人,起死回生,从天上祷下太阳,等等"。契洛基族印第安人相信,疾病,特别是风湿病,应归因于对猎人生气的动物所完成的神秘行动。原始思维在一个到处充满神秘力量的世界中活动,原始人永远在看不见的力量中寻找真正的原因。如:假如在田地需要水分的时候下了雨,他们会认为,那是因为祖先们和当地的神灵得到了满足,以此来表示自己的亲善;假如持续的干旱枯死了庄稼,并引起牲畜的死亡,他们则认为,那一定是因为人们触犯了什么禁忌,或者是某个认为自己受了委屈的祖先在要求人们对他表示尊敬。③

总之,原始人的思维具有更多的想象成分与拟人色彩,他们借助丰富的

---

① 〔英〕麦克尔·卡里瑟斯:《我们为什么有文化》,陈丰译,辽宁教育出版社、牛津大学出版社1998年版,第81页。

②③ 王铭铭主编:《西方人类学名著提要》,江西人民出版社2004年版,第141、143—144页。

想象解释神秘的事物，将自然现象人格化。在他们看来，自然是附魅的，它有思想、情感与意志，能支配、影响人间的事情，认识了这种神秘的力量，就能在一定范围内和程度上控制、驾驭自然，获得精神自由，在想象中获得超自然的力量，实现人的自主性，达到自己的目的。

二、地方知识的表达形式

地方知识的表达有语言与非语言两种形式。语言表达一般通过下述形式：方言、谚语、民歌、传说、神话、生活禁忌、笑话掌故、民间偏方、宗教、巫术、图腾、地名等。非语言表达的形式有：民间工艺、民间建筑、民间舞蹈、仪式表演、衣食住行、婚丧嫁娶习俗等。地方知识表达的形式特征为：

(一) 叙事性

地方知识一般通过故事进行叙述，它不是通过严格的概念界说和严密的逻辑论证，最后得出的令人信服的结论。在这一点上，它与科学知识大异其趣。科学知识凭借抽象的概念、符号、公式和推理予以表达，其表达形式是逻辑化、系统化的，而地方知识通过直观的、形象的叙事呈现自身。可以说，几乎每种地方知识之后，均有一个或长或短的故事，这个故事简洁明确地表达某个观念、主张、建议，而不是狡诈地隐藏在一堆深奥难解的术语之中。地方知识的这一特征，类似于吉尔兹在论及作为地方性知识的常识的特征时所使用的"稀释性""简单性""稚拙性"概念，也如荷兰谚语——民间真理"就像水中视物一样一清二楚"。因此，"一些世上最重大的财富不被认为隐藏在惑人的外在的面具下，很多事出自一些朦胧的建议或一些模棱两可的标志的谜箴"。人类学家吉尔兹在爪哇进行田野研究时，一位爪哇男孩家人告诉吉尔兹这个男孩摔断腿的原因是他死去的爷爷把他从树上推下来了，因为祭祀其祖父的仪式略有简慢。另一个年老的、不识字的、神态俨然的爪哇妇女讲述了一些又长又复杂的事，其中有一个经典的述说，即是关于"蛇日"的事。"蛇日"在决定旅行、置办大宴或签署婚约等大事上具有重要的作用，否则会发生一系列可怕的倒霉事儿。当吉尔兹问到这个"蛇日"看上去像个什么和怎样碰到它时，这位妇女说："别再充傻瓜了，你能看见星期二吗？你能吗？"①男孩从树上掉下来、"蛇日"禁忌的故事，是那么清晰而真

---

① 〔美〕吉尔兹：《地方性知识》，王海龙、张家瑄译，中央编译出版社2004年版，第115页。

切,在"文化持有者"的眼里,这些事是无可置疑的,谁能怀疑这些故事的发生呢? 正是地方性知识的叙事特征,使得地方知识形象生动,寓意深刻,且易于记忆、理解。地方知识通过文字或非文字形式一代一代地流传下来,口耳相传,延绵不断,历久弥新。

（二）零散性（无序性）

地方知识的表达不是系统化的,它是零散的、杂乱的,甚至是无序的。地方知识丰富多彩,但它的呈现、表达并不像科学知识的表达那样具有严格的条理化、体系化形式,并不存在一个关于地方知识的严密体系。即使我们努力去做,使地方知识系统化,也极有可能劳而无功,因为它是点滴智慧、细小叙事,难以采用某个逻辑、理念去统摄它的杂多,并建立宏大系统,赋予其内在的一致性。地方知识展现的是生活的真实与诡秘,力图还生活以"本来面目",正如爱默生（Emerson）所言:"愚蠢的一致性是那些小心眼的妖精的作为。我自我矛盾,我就自我矛盾。我蕴藏着多样性。"这种不一致性对于那些经过学术训练的有头脑的人来说,令人生烦,应当被拒绝;而对于一般人来说,它就是生活本身,它能给人们提供处理棘手事情的不同的经验模式。地方知识常常"以警句格言、谚语、公理、笑话、掌故、道德故事的形式出现——以一种喋喋不休的格言说教,而不是用一种正规的教理、通则性的理论,或体系性的定义出之"①。简洁的隽语往往表达民间的智慧,正如巴·伊拉用谚语"智慧出自蚂蚁堆"所表达的那样,也类似于中国的"亡羊而补牢,未为迟也"等格言。它们是生活经验的浓缩与提炼,富有教益,给人启迪,是地方知识的精华与人类宝贵的精神财富。

以民族文化为例,我国一些民族的地方知识就蕴藏在各种各样的表现形式背后。

隐藏在浩瀚的主流文化文字文献之中。我国的苗族、侗族、土家族、布依族、黎族、傈僳族、哈尼族、拉祜族、佤族、独龙族、仡佬族、阿昌族等少数民族,在历史上没有形成自己的民族文字,反映其民族的起源、迁徙、社会变迁、对自然的认识以及信仰、宗教、习俗等文化事项的民族地方性知识,往往是直接或间接地通过社会公众交流的主体文字、汉字或外国文字进行记录,

---

① 〔美〕吉尔兹:《地方性知识》,王海龙、张家瑄译,中央编译出版社 2004 年版,第116 页。

使得大量民族地方性知识分散于正史、丛书、文集及其他汉文字文献之中。

隐藏在"口碑文献"中。在历史上没有形成自己文字的民族，有关民族的地方性知识都是靠口传心授的方式代代传承和发展下来的，使得以语言为载体的存在方式成为了无文字少数民族地方性知识存在的主要方式，即所谓的"口碑文献"。如：蜚声海内外的多声部、无伴奏、支声复调音乐侗族大歌、苗族飞歌，以世称"东方迪斯科"的贵州台江反排木鼓舞为代表的苗族舞蹈等文艺类地方性知识，也是深深隐藏在以本民族语言为载体的"口碑文献"之中的，并为"文化持有者"本人所拥有。

隐藏在"物质实体"中。以物质实体为载体往往是民族地方性知识存在的一个重要方式，民族地方性知识紧紧依附于物质实物而存在，并依靠物质实物的再造而体现知识、技术或工艺的传承与创新。如：以吊脚楼为载体的苗族民居传统建造技艺，以鼓楼和风雨桥为载体的侗族民居建筑技艺及其蕴涵的侗族民间文化信息等。这些民族地方性知识深深蕴藏在物质实体当中，通过物质实体本身是极难了解这种表达形式背后所蕴藏的民族地方性知识的博大和精深。

隐藏在"简易图形符"中。民族地方性知识隐藏于"简易图形符"的现象也屡见不鲜，特别是在没有自己文字的民族中表现突出。如：侗族大歌、苗族飞歌的原始曲谱，往往是用只有他们自己的歌师才能读懂的简易图形符刻在竹片、木片上。在侗族中流传的"有一竿竹，一幢屋"的谚语，也表明了侗族建筑的建筑设计图和尺寸标识均是刻在竹片上的只有侗族自己的建筑师才能读懂的简易图形符，即"建筑图谱"。

隐藏在"民族仪式"中。许多民族地方性知识依附于特定的宗教性质的祭祀和议事仪式，如：苗族祭祖仪式、侗族祭萨仪式、苗族议榔活动、侗族议款活动等。但这些仪式带有过多的神秘色彩，往往掩盖了其最终表现的核心内容——民族地方性知识，这也是一般本土民众和文化他者所难以发现和理解的。①

---

① 欧阳佩瑾：《民族地方性知识的隐性表象及其显性化》，载《铜仁学院学报》2010年第4期。

三、地方知识的检验形式

地方知识的检验有两种形式：价值检验和效果检验。

（一）价值检验

地方知识的生产、存在与地方性的价值观念相关联，一定的风俗、习惯、艺术、传说、民谣背后总是隐含着一定的价值观念，这种价值观念又与总体地方价值观念相一致，它们相互支持，彼此融贯。因此，一种地方知识的检验就要看它与当地地方知识在价值观上的一致性。部分地方知识不具有明显的实在性，其检验主要是价值检验，属于内在价值的检验。换言之，在相对封闭的社会环境中，总体的文化价值观的变化相对缓慢，传统的、既有的价值观保持着较大的合理性和强大的惯性，价值标准相对稳定甚至固定，地方知识亦相对稳定。相反，在外来文化冲击较大、社会环境发生急剧变化的情况下，地方传统的价值观念与新的、外来的价值观念发生冲突，传统的价值观的根基可能动摇，其合法性会遭到质疑甚至否定。在由农业社会向工业社会、由乡村文明到城市文明的转型过程中，其表现尤其明显。总之，地方知识存在的合法性只能由地方内在的价值标准、准则规范来衡量。它局限于一定的范围之内，超越这一范围，就可能遭到排斥，或被宣布为无效。中药、中医产生、发展于中国，它与中国的五行说、阴阳学说等观念相一致，在中国乃至东方世界为人们所认可甚至推崇，一旦超出东方世界这个范围，其影响可能一落千丈。中药被欧盟开除"药籍"，不允许在欧盟上市就是一个明证。2011年4月30日，这是欧盟规定的植物药生产企业准入资格注册的最后期限，遗憾的是，中国的中药企业最终没有一家完成注册。这也意味着，中国的中药企业在进军欧盟市场的道路上已全军覆没。此前这些中药产品在欧洲是作为保健食品来销售的，它们并不是药物。不仅欧盟如此，在美国，迄今为止还没有一种中药通过美国食品药品监督管理局（FDA）的认证。中药是作为食品、作为"膳食补充剂"来销售的。以我国保密配方药云南白药酊为例，它在美国的销售网站上标明："该产品不能用于诊断、治疗或预防任何疾病。"①因为，中药的价值观与西方科学的价值观相背离。根据中国传统的阴阳说价值观，它是药品，而根据西方科学的原子论价值观，它就不是药了，尽管它有较好的治疗效果。正如德国人类学家弗朗兹·博厄斯所说，

---

① 李铁：《中药终究绕不过重验这一关》，载《南方周末》2011年5月12日。

每个民族都有自己独特的历史，有自身的特点和发展规律，有自己的文化，不同的文明赋予人类行为不同的价值观，因而对不同文明进行比较是困难的。①

（二）效果检验

地方知识是一个地域千百年来人们适应当地环境的产物，它之所以能存在、延续，就在于它能较好地适应环境，应付人们在生存、生活过程中遭遇到的各种问题。事实上，一个地方可能存在过许许多多的地方知识，只有那些有助于人们适应环境的知识才能保存、流传下来，而那些不能适应环境的知识则可能被淘汰，一些能解决新问题的知识又被纳入新的地方知识总库，这样地方知识不断地新陈代谢、自我更新。可以说，具有实效性、功利性、实用性的那些地方知识也在不断地接受效果检验，即使是价值性地方知识也在不同程度上经受效果考量。其实，在西方，传统药物中相当一部分也是草药，但20世纪中叶以后，许多传统的西药被医学界大量抛弃；原因是这些药物无法通过现代医学的严格检验，要么无法通过毒性测试，要么被证明无效。在1966年FDA进行大规模的检验之前，美国的非处方药有三十万种之多，但经过严格的科学检验，又剔除了很大一部分。19世纪后期，哈佛大学有一个"离经叛道"的教授叫克拉克，他对传统西方医学中长期以来被无数医生和患者认为是有效的药物和治疗方法产生了疑问。通过扎实的调查和研究，克拉克用事实和统计数据证明了那些方法和药物要么毫无用处，要么反而有害。

当然，需要说明的是，地方知识的效果检验具有极强的地方性。由于各地的特殊性和差异性，在一个地方有效的东西转到另一个地方则可能低效甚至无效。例如，通过巫术治疗疾病在许多少数民族地区、经济不发达地区至今还颇为流行，为什么人们对之深信不疑呢？即便在科技十分发达的今天，为什么巫师还未完全销声匿迹呢？恐怕与其中神秘解释的部分合理性有关。地方知识的解释仍有一定的说服力，这种解释充分利用了生命的复杂性、神秘性，也利用了科学自身的简单性、局限性。因为科学并不是万能的，不能也难以解释、解决所有的宇宙问题。它还与一些社会客观因素有关，如在医疗费用高昂而病人无钱治疗的情况下，借助巫术治病会成为一种不得已的选择。

---

① 王铭铭主编：《西方人类学名著提要》，江西人民出版社2004年版，第211页。

第三节　地方知识的意义

一、地方知识的旨趣

为什么要有地方知识？地方知识的生产与维护具有什么作用呢？

（一）外部世界的控制

人类社会产生初期，人们便生活在一个十分强大的异己的自然之中，恶劣的自然环境威胁着人类的生存。为了控制外部环境，宗教、仪式应运而生，其目的是获得对世界的控制，尽管它是以象征的方式进行的，即以虚幻的、想象的形式表达愿望，追求理想，控制自然，协调社会关系。人类学家观察发现，19～20世纪中期在大洋洲的许多土著社会中盛行一种"船货崇拜"。信仰者认为，由欧洲人占有的外国货物本来属于他们自己，终有一天，在神灵的帮助下，这些货物会以巫术的宗教方式回到他们手中。船货崇拜体现了土著人民对外国殖民力量的象征性抵抗和对西方物品的需求。尽管船货永远不会到来，但是他们仍然在一次又一次的失败后将热情和希望注入到想象的幻影中。①

巫术行为、宗教崇拜、地方迷信是一种匿名的、非人格的力量，看上去虚无缥缈，但它们与生活相关。它们是对超自然力量的精神控制、驾驭，是对现实社会苦难的逃避，是对人生的终极关怀，是对不可预测未来的心理安顿。在弗雷泽(Frazer)看来，巫术是人们借助想象的力量驾驭不可知的神秘力量，他们相信通过施行巫术行为，能够呼风唤雨，杀死敌人，取得收获等。而宗教开始把超自然的能力归于精灵和神，进行崇拜、祈祷和企盼。弗雷泽认为，宗教是"对超越于人类并规定和控制人类生活与自然的神秘力量的邀宠和迎合。宗教包括理论与实践两部分，即对神秘力量的信仰和努力邀宠与取悦的行为"②。无论是信仰还是取悦，其目的在于控制外在的世界，使它

---

① 王铭铭主编：《西方人类学名著提要》，江西人民出版社2004年版，第445页。

② 夏建中：《文化人类学流派——文化研究的历史》，中国人民大学出版社1997年版，第49页。

符合人们的愿望。马林诺斯基（Malinowski）也认为，宗教在很大程度上起源于纯粹的个人原因，是追求永恒的一种象征表达。因为宗教的基础是关于灵魂的思想和对永生的渴望，这种思想或渴望的心理根源是人类自我保护和恐惧死亡的本能。人类都有根深蒂固的求生怕死的本能，不敢正视死后化为乌有的结果，于是宗教乘虚而入，它提供了一种心理上的慰藉。马克思也说过："宗教是被压迫生灵的叹息，是无情世界的心境，正像它是无精神活力的制度的精神一样。"①

（二）生活意义的追寻

地方知识的产生在于追寻生活的意义。日常生活不免琐碎、机械、呆板，无论是生产劳动还是饮食起居，均具有一定的重复性，日复一日，年复一年，几乎没有多少变化，枯燥乏味，像机器一样运转。为了克服这种机械性、狭隘性，人们创制了各种各样的地方文化及地方知识，赋予它们以一定的意义，从而为人们单调机械、枯燥乏味的生活增添了几份希冀、几份情趣。正如吉尔兹所说，"人是一个悬挂在意义之网上的动物"。意义的发现、精神的飞跃，实现了从动物到人的界线突破。如此一来，"什么都变了。万物都'沐浴在神光里'，每个人都掌握着'神灵的暗示'"②。总之，人们通过比喻表达，或通过动作，或通过诗歌、仪式的歌咏等象征手段，创造新的关系与表达生活的意义，实现意义与价值创造。礼物的创造即是如此。礼物赋予了平常的东西以特殊的意义，促进了人际交往、情感沟通，所以希弗林（Heavrin）说礼物是"社会关系的工具"。神话故事、民间传说，在很大程度上是一种新的意义、新的价值的创造。每个故事都具有一系列可能的意义，"人们通过故事不光能抓住情感和观点，还能开始行动。换句话说，故事包括愿望、意动和创造等因素以及认识和情感"③。因此，地方知识是人们追求生活意义的产物，它是一种主动的、积极的文化创造。

二、地方知识的功能

地方知识在自然适应、社会稳定、文化传递方面发挥着客观作用和重要

---

① 《马克思恩格斯选集》第1卷，人民出版社1995年版，第2页。

②③ 〔英〕麦克尔·卡里瑟斯：《我们为什么有文化》，陈丰译，辽宁教育出版社1998年版，第55、121页。

影响。

(一)自然适应功能

地方文化、地方知识是在适应地方环境的过程中产生、发展的,它能使人们更好地处理与自然的关系,适应自然环境的变化,取得与自然的平衡,从而更好地生存与发展。地方知识具有维持人与环境平衡的功能。

地方知识是一个地域的人们在长期的生产、生活与劳作中产生、积累起来的本土经验,它蕴藏着土著居民适应周遭环境的智慧。地方知识(尽管从西方科学的眼光看不科学)能有效地应对本地生产、生活以及个人生存中遇到的问题。如基于中国传统的五行学说、阴阳学说的中医知识不能用西医理论特别是化学原理进行科学解释,但它确实能较好地医治疾患,甚至能对付西医棘手的疾患,取得良好的效果。又如,传统的农耕灌溉技术知识、畜牧技术知识、医药技术知识,能较好地解决地方难题。在古代,苗族先民生息在喀斯特山区的疏林灌草地带。这样的地带一般位于山顶或土层极薄的陡坡地段,他们以游耕和狩猎、采集为生。利用这种特殊的生态环境,他们建构了一套能通过地表植物物种和植物的生长态势判断土层厚薄的技术。凭借这一技术技能,他们能在高度石漠化的山地上找到苗木的最佳立地位置,使种下的苗木快速成活和郁闭成林,以便再次实施刀耕火种。同样,历史上生息在青藏高原和云贵高原连接地带的彝族是一个农牧兼营的民族。他们的农田和牧场均实行轮歇交替使用,在同一地段实施混合耕作。他们的畜群也实行多畜种混群放牧。由于他们的生息地山高谷深,因而放牧要随季节变化上下转场。夏天在山顶放牧,在河谷种植作物,冬天则转移到河谷滩地放牧,在山顶种植越冬作物。这一套地方性知识和技能能确保当地长出的各种草本植物或灌木得到有效而均衡的利用,并在任何时候都能保证地表的植被覆盖率不低于80%。这里的流水侵蚀和重力侵蚀十分严重,但凭借这一套知识体系的运作,可以做到高效产出和生态稳定两全其美。[1]

在今天,科学技术已十分发达,但技术的滥用也带来诸多问题,如资源枯竭、环境污染、生态危机、食品安全问题。我们认为,中国传统农耕技术知识、病虫害防治知识及其运用仍具有重要的现实价值。因为它们可以在不

207

---

[1] 杨庭硕:《地方性知识的扭曲、缺失和复原——以中国西南地区的三个少数民族为例》,载《吉首大学学报》2005年第2期。

破坏环境的情况下充分利用自然力，能解决植物生长发育过程中存在的肥料、水分、虫害等问题，是一种可持续发展的农耕地方知识。

（二）社会协调与控制功能

地方知识的社会协调与控制功能主要体现为宗教信仰、社会礼仪、生活禁忌、衣饰、音乐、建筑等。在作为礼仪之邦的中国，存在多种多样的礼仪礼节，这些礼仪和礼节的规定有助于形成一个有序的社会结构，维持社会的稳定。在统治集团内部，关于不同级别官员的出行车队、城墙高低、欣赏的舞蹈及音乐均有明确的规定。孔子之所以要"废三都"，就是试图通过维护有序的君臣关系和社会结构，避免犯上作乱，达到社会控制的目的。土著居民的宗教仪式、节日仪式，通过外部固定的行为操作、活动强化了一定的结构、观念，形成团结意识与群体认同，加强了种族、部落、氏族的凝聚力，更好地调节了各种社会关系。如中国社会的繁文缛节尽管消耗了人们的时间、精力，但这些礼节微妙地协调着人们彼此间的关系，个人在与他人的互动中也进行着自我调整。传统的祭祀仪式与祭祀活动，能慎终追远，传递文明。传统婚仪如拜天地、拜父母、夫妻对拜，象征意义宏大深远，有助于建立与维护和谐有序的家庭关系。

当然，不同的地方知识在适应不同社会的外部环境的同时，也由此产生了地方知识之间的偏见甚至对立。"每个社会在另一个社会看来，都缺乏基本常识，都只在枝节问题上做文章。一种文化几乎不承认货币的价值，另一种文化则把它看成各个行为领域之根本。在一种社会里，技术受轻视到了令人不可思议的地步……在另一个社会里，即便是简单的技术成就，也是综合性的，绝妙地符合形势的需要的。"①不同地方知识的价值观念与思维方式能否更好地相互通达，相互理解，这是摆在我们面前的一个难题。

不过，我们欣喜地看到，作为地方知识的人类学为我们描绘了一幅幅不断变化、多姿多彩的世界图景。这些世界有着独特的标志、审美标准和历史传统，塑造着不同的生产方式与生活面貌。地方知识的学习使我们对他人的观点和经验保持开放的态度，用不同的眼光来反观自己的文化，有助于创造和谐的、彼此尊重的社会氛围。"民族学的知识对一个世界是必要的，人

———————————

① 〔英〕麦克尔·卡里瑟斯：《我们为什么有文化》，陈丰译，辽宁教育出版社1998年版，第17—18页。

们在这个世界中每天都离不开它们和其他有着不同审美标准和不同利益的人之间的关系。人类学会对人们提出挑战，鼓励他们在处理这些关系时看到新的可能性。人类学会做出区别，因为关系制造了区别。"①地方知识的交流有利于不同地方、社会的和谐与共存。

（三）文化传承与教育的功能

地方知识包含各自的价值观与思维方式，它是当地人们观察、理解周遭世界的方式，是人们更好地处理地方性经验的阐释框架，是适应自然、控制社会的手段。

地方知识是地方文化的集中体现，它表征着地方文化中的精神部分（思想观念、风俗习惯），隐含着一个地方的价值观念、道德精神、审美情趣，构成一个地方强大的传统力量，为人们的生存与发展提供基本资源。丰富、广泛的地方知识承载着丰富多样的地方文化，体现了人类社会文化的多样性，每种地方文化凭借地方性知识的学习得以代代传递。"每一种文化都有自己形成的原因和保存下去的力量，会给每一代人、每个可塑造的人打上特有的烙印。"②

地方知识是对现有科学知识的补充和完善，它反映当地的历史传统与社会面貌，具有独特的逻辑经验体系，可以合理地解释当地人与自然的关系，并通过自身的传递构建与均衡地方的社会关系。它所承载的民间智慧是人类知识体系中不可分割的重要组成部分。地方知识与现代科学知识一道，共同推动着社会的发展与文明的进步。

第四节　地方知识与课程改革

一、关于地方知识的争论

（一）概念定位的问题

由前文可知，对地方知识存在着三种不同的理解：有的将地方知识理解

---

①②〔英〕麦克尔·卡里瑟斯：《我们为什么有文化》，陈丰译，辽宁教育出版社1998年版，第207、32页。

为某地域范围中产生的知识,也有的将地方知识理解为具有地方特征的知识,还有的将地方知识理解为所有知识共有的一种特征(知识的地方性)。与三种理解相对应的词分别是:全球知识、普遍知识、知识的普适性特征。以上是有关地方知识的一般讨论。那么,教育学包括课程论是如何界说地方知识的呢? 地方知识对课程改革有哪些影响呢?

我们认为,教育学中"地方知识"概念的界定要考虑教育学学科的特点与性质,不能简单地从其他学科移植过来。基于学校教育的任务、功能与使命,学校中的地方知识概念应以第一种定位为基础,同时兼顾第二种定位,不宜定位于第三种。因为学校课程可分为国家课程、地方课程、校本课程三个层次,地方课程与校本课程是国家课程的补充与完善,它们更多地涉及地方性、地域性、乡土性知识,而不是以文本形式呈现的体系化、逻辑化的国家法定知识。如果将地方知识视为所有知识的共同特征,则难以区分二者的界限,边界不清会使得地方课程、校本课程的开发无所适从。如果将地方知识视为一种观念,则失之笼统,这对学习与掌握基础文化知识的中小学生来说,可能导致混乱。当然,这并非否认作为知识特征、知识观念的地方知识在学校课程中的意义,地方知识的基本理念完全可以渗透在学校课程的实施之中,即国家课程的地方化、本土化实施。

基于以上考虑,我们认为,教育学中的地方知识是学校师生生活于其中的,具有浓厚地方特色,能为学生成长、发展提供资源的一切地方经验、传统、习俗、文化。

通过上述界定可以看出,学校地方知识一定与特定地域直接相关,是师生生活于其中的地方性知识,也可以是其他地域的知识(但以本地知识为主);同时,这些地方性知识应具有一定的教育意义,即能对学生的发展产生积极的影响。

(二) 地方知识的取向问题

地方化取向。这是一种文化相对主义观点,它认为地方知识是地方文化的反映,而地方文化是相对的,具有本地方的特点。作为地方文化,它具有不可比性,不存在优劣、高低、贵贱之分,只有适应与否的差别。世界文化就是由不同特色的地方文化构成,不存在孰优孰劣的问题。注重保持地方传统、特色,追求人类文化的多样性与人类知识的丰富性,反对文化沙文主义和知识话语霸权,尊重差异、多元,强调不同文化之间的平等对话与交流沟通,是文化相对主义观点的基本取向。

普适性取向。这是一种知识进化论观点。普适性取向追求普遍化,强调知识的普世价值,认为地方性知识为低级的知识形态,它应发展为高级形态的普遍性知识,上升为普遍的真理,并加以推广、运用。当然,从地方知识到全球知识这一过程往往是由不平等的对话关系造成的。"对话中的强势一方常常处于推销自己文化理念、制度安排甚至生活方式的有利的地位,而对话中的弱势一方经常处在一种接受别的文化系统的基本理念、制度安排与生活方式的被动境地。前者的地方性知识演变为区域化,进而演化为全球化知识。后者的地方性知识也在前者的解释中具有了某种超地方性。"①

上述两种取向中,笔者倾向于第一种取向,因为它更符合地方知识的旨趣,更能体现地方知识的教育学意义;而第二种取向可能导致某些话语霸权,最终可能导致地方知识差异的丧失。

二、地方知识与课程设计

地方知识是跟地方人们的生活、交往、劳作直接相关的知识范畴,它具有浓郁的乡土气息和地域性特征,与该地的历史、传统、环境关系密切。学校教育不可能完全游离于学生身处其中的文化传统之外,游离于地方知识系统之外。事实上,乡土文化、地方知识制约、影响着教育活动的开展,并为学生的课程学习提供根基。学校课程不仅涉及全球知识(普世化的知识),也涉及一些本土的地方知识。正确处理地方知识与普遍知识的关系,是学校教育必须面对的一个基本问题。在一个迅速国际化、全球化的时代,传授普遍知识、全球知识固然重要,它可以增强国家科技实力;但也不能完全排斥、忽视地方知识的学习,因为地方知识(特别是人文性、价值性知识)能给人提供安身立命之道,能帮助学生继承民族文化传统,守望精神家园,强化国家认同感和民族自尊心。那么,在一个普世知识、全球知识(大多是西方的科学知识)处于强势的情况下,怎样将地方知识纳入学校课程之中,则是一个有待深入探讨的问题。

(一) 谁来设计学校课程

对于地方知识而言,由谁来选择与设计学校相关课程是一个重要问题。

① 任剑涛:《地方性知识及其全球性扩展——文化对话中的强势弱势关系与平等问题》,载《厦门大学学报》2003 年第 2 期。

是专家、学者、政府官员，还是校长、教师、学生、家长？是地方人士，还是外地人士？根据文化人类学家的观点，外地人士不足以担此重任，尽管他们可能经过一定的训练，具有一定的土著人文化持有者的视界，但很难深入理解本地人的文化传统、价值观念。地方人士亦难以胜任，因为，他们固然有着本地文化的视界，对本地文化、知识耳熟能详，但缺乏文化间的比较认识，极有可能陷入"不识庐山真面目，只缘身在此山中"的境地，况且并非任何本地人都对本地文化、知识有全面、深入的理解。那么，谁能担此重任呢？我们认为，严格地讲，惟有那些成长于本地，且经过特殊训练、文化教养丰富的地方专家、学者，方能胜任。因为，一方面他们生于斯，长于斯，对本地知识、文化、传统十分熟悉且研究深入，是地方知识的专家；另一方面，他们又经过较长时间的人类学、教育学、课程论方面的训练，同时具备地方知识与学科专门素养、技能，能够有效地进行地方知识选择及其课程设计，能将地方知识纳入学校课程体系之中，使其成为学校课程的有机组成部分。当然，由于地方知识的广泛性、多样性以及课程设计的专业性、复杂性，专家本人的知识结构、能力水平也是有限的；因此，需要与本地人士进行广泛的交流、合作，开展课程审议，共同开发学校课程。

（二）学校课程为了谁

地方知识进入学校，是国家课程改革需要、地方发展需要，还是学生成长需要？首先，从国家层面看，新一轮课程改革突破了以往大一统的课程管理模式，将部分课程权限下放到地方、学校，形成了国家、地方、学校共同开发与管理课程的新局面。地方知识成为中小学课程的重要组成部分，不可或缺，它有助于增强学校课程的弹性和地方适应性，亦符合我国文化战略的基本原则。其次，从地方层面看，地方知识进入学校是地方发展之需，它是学校课程对地方发展需要的回应，它能使地方文化、传统代代相传，维系人们的地方认同。在一些经济、文化、旅游比较发达的地区，地方知识进入学校对于适应地方文化、经济与社会发展意义重大。再次，从学生个人层面看，地方知识进入学校可以满足学生成长需要。

应该说，中小学生具有了解、学习地方知识的内在需要，地方知识的学习有助于他们解决"我是谁""我来自哪里"这样的人类学问题。因为地方知识就是他们生长于其中的文化，与他们的生活是融为一体的。但实际上，学生进入学校之后，学校课程便与其生活经验渐行渐远。从学校正规课程的角度看,地方知识似乎"老土",如我国传统的五行说、阴阳说,似乎不是学生要学习的东西,反而是要克服、消除的东西。所以,随着科学知识、全球知识的增多,学生对本土知识、文化反而愈来愈生疏、隔膜,学习愈来愈远离当下的生活与文化传统。在此背景下,学习地方知识、回归当下生活经验与文化传统,成为学生一种内在的需要。这种需要可以通过家长的意愿表达出来,如有学者调查显示,对于"你认为自己的孩子接受宗教教育(经堂教育)重要还是上学(学校教育)重要",在被调查的回族家长和社区成员中,有 50% 的人选择了宗教教育更重要,有 10% 的人选择了两者都重要,选择学校教育更重要的人占 40%。可见,认为宗教教育更重要的人比认为学校教育更重要的人要多。对于"你如何安排孩子学习宗教经文教义的时间",大多数被访谈的回族家长表示他们会让孩子寒暑假在家里或请人帮助学习经文教义,也有一部分家长表示会让孩子在学校读书至小学或初中毕业后去经堂专门学习经文。①

当然,也有学者从偏远地区的学生的现实需要出发,认为基于最现实的考量,学生的当务之急不是学习地方知识,而是摆脱不利处境,改变自己的命运。"开发地方课程,保护并发展地方文化,往往是强势文化及其体制和代言人的要求,而不是地方知识拥有者自己的要求。地方文化属于弱势文化,其持有者往往作为弱势群体生活于社会底层,他们在教育上的最迫切的要求是通过教育使子女获得向社会上层流动的机会,走出'他们的世界'。因而他们希望学校所提供的'文化资本',首先不是地方性知识和本土文化,而是共通性的、能使其步入主流文化圈从而获得良好生活的非地方性文化资本。"②我们认为,这种说法不无道理,对于那些需要借助学校教育改变自己命运的人来说确实如此,这是一个不争的事实,但也不能由此推出他们不需要地方知识。它似乎是说地方知识无实际用处,只有学校开设的正规课程才有实际功用,可以帮助学生就业谋生。事实上,地方知识内容十分丰

---

① 胡玉萍:《教育文化与教育选择——新疆回汉杂居农村社区个案研究》,见《教育的人类学视野——中国民族教育的田野个案研究》,滕星、张俊豪主编,民族出版社 2009 年版,第 293 页。

② 蒋红斌:《地方性知识与地方课程开发——一种批判性反思》,载《教育研究与实验》2003 年第 4 期。

富,除了精神上、价值方面的知识,还有物质上、技术操作方面的知识。同时,地方知识进入课程有多种方式,除了地方课程,地方知识还可以渗透在国家正规课程之中,实现国家课程的地方化、本土化。

(三) 地方知识与课程目标的设计

地方课程或其他课程中地方知识的学习目标是什么呢? 除了地方课程,国家课程、校本课程中也包含一定的地方知识,具有一定的地方知识的学习目标。课程学习不能完全淹没在全球知识、国家法定知识的学习中。与地方知识学习相关的目标分为三个层次:

了解。了解地方知识的类型、范围,知道本地有哪些历史、传统、习俗、工艺等,初步感受地方知识的特色,理解本地人是如何生活、生产和交往的,能讲述当地人生活与生产的故事;同时,也可了解他地的历史、传统与文化,感受地方知识的多样性,开阔视野,拓宽眼界。

理解。理解地方知识的基本内容、价值与意义,认识地方知识产生与存在的必要性、合理性,将合理的地方知识与迷信、邪说进行辨别,学会辨析不同类型地方知识各自的价值,吸收其合理成分。

研究。研究地方知识的存在方式、表现形式,进行地方知识与文化的探究,认识其发生的背景,具有一定的文化自觉,学会地方性思考,能对地方的知识、文化现象的影响进行一定的分析,能根据一定的标准对地方知识进行检验,并对地方知识持一种批判态度。

(四) 地方知识与课程内容的设计

学校课程的内容设计涉及知识的选择与组织问题。地方知识内容广泛,但也并非什么地方知识都应该进入课程,有些地方知识在平时的生活中已有习得,无须再进入学校课程;因此,需要进行甄别、筛选,选择那些在平时习得较少,与生活、生产又密切相关,直至今天仍有生命力的地方知识进入课程。

关于地方知识进入课程的处理模式,本克斯(Banks)提出四种多元文化课程设计模式:补充、平行、转型、综合。其中,补充和转型模式是最基本的两种模式。补充模式以主流课程为主,只是补充一些地方知识和地方文化内容,即在科目课程标准中留有部分空间,让地方自主设计。转型模式则从整体上改变课程架构,更突显地方知识及其相关概念或事件,如"社会""体育""艺术"等地方课程的开发。① 还有学者提出共创模式、再开发模式、补充模式、桥梁模式。② 我们认为,在学科课程实施中进行地方知识渗透与地方课程、校本课程开发,是两种基本方式。

有学者探讨了地方课程设计中地方知识的种类,并进行了少数民族地区地方课程开发,如甘肃省的甘南藏族自治州的小学低年级地方课程"藏族文化",确定了藏族地区七个方面的地方知识:生态环境、生产生活、民风民俗、社会历史、传统科学、民族艺术和语言文学等。具体来讲,生态环境指山川、江河、草原、动植物、矿产、民族、政治、经济、教育、社会福利、社会建设等;生产生活指饮食、生产方式、劳动工具及其制作、节庆等;民风民俗指婚丧嫁娶、服饰、礼节、饮食,以及勤劳勇敢等传统美德等;社会历史指寓言、历史名人、名胜古迹、军事、姓氏、轶事等;传统科学指天文、历算、医学、建筑工程等;民族艺术指绘画、建筑、戏曲、陶瓷、器具、民歌等;语言文学指诗歌、传说、民谣、故事、格言、地理、俚语、谚语、笑话与幽默、小说等。③ 多方面内容显示了地方知识的丰富性与多样性,这些内容为地方知识的选择提供了基本方向。

地方课程中地方知识的组织方式,一般按照单元、专题进行设计,将相关内容进行融合。如"维扬文化"课程设计了四个单元共十五个专题:第一单元,"自然与地理",包括"可爱的家乡""寻找历史的脚印""园林漫步""扬泰花木"专题;第二单元,"历史与人物",包括"回眸历史人物""追踪英雄人物"专题;第三单元,"文学与艺术",包括"名人咏扬泰""千姿百态的扬泰戏剧""走进扬州八怪纪念馆""巧夺天工的扬州工艺"专题;第四单元,"经济与社会",包括"缤纷邮世界""源远流长的盐税文化""溱湖深处话民居""美食大观园""开放的家乡"专题。④

三、地方知识与课程实施

地方知识进入课程之后,怎样组织学生学习?这是课程实施中应加以

① 陈伯璋:《新世纪教育发展的回顾与前瞻》,台湾五南图书出版公司1999年版,第317—331页。
② 孟凡丽:《多元文化背景中地方课程开发研究》,西北师范大学博士学位论文,2003年。
③ 王鉴:《我国民族地区地方课程开发研究》,载《教育研究》2006年第4期。
④ 戈致中、辜伟节主编:《维扬文化》,江苏教育出版社2005年版,目录。

关注与解决的问题。

（一）地方知识内容的性质与课程实施

如前所述，地方知识具有地域性、经验性、丰富性。地方知识的内容特征对课程实施具有一定的影响。地方知识的地域性要求课程实施应注重地方课程资源的开发与利用，充分利用本土资源，实现课程目标。地方知识的经验性要求地方知识的学习应加强与当地人的交流、对话，通过资料阅读、活动参与、情境模拟等进行认识、体验、感悟。对异地地方知识的学习，需要学生通过参观、考察、访问等形式，走进异地人的精神世界，亲自感受异地人的思想感情，观察他们的行为、衣饰、建筑、工艺等，体会"文化持有者的视界"。地方知识的丰富性要求地方知识的学习不应仅仅局限于某方面地方知识的学习，应尽可能选择多方面的内容进行学习。

在语文课程学习过程中，可充分利用、挖掘地方文化资源，将其融入课文内容，促进学生对课文的理解，同时丰富语文学习生活。校本课程开发则能更好地将多方面的地方知识纳入其中，作为课程学习的基本内容。

表5—1　甘南藏族中小学校本课程开发的主要内容①

学　科	主要内容
社　会	服饰、饮食、建筑、礼仪节庆、婚姻家庭、丧葬、禁忌、哈达等
历　史	文献典籍、历史名人、名胜古迹、姓氏、轶事等
自然地理	位置、面积、人口、民族组成与分布、地形、气候、交通、物产、桑科草原、野生动物、植物、原始森林、黄河、洮河、大夏河、白龙江、环境保护等
语　文	语言文字、诗歌、寓言、神话、传说、谚语、格言、《格萨尔王传》等
音　乐	民歌、圆舞歌、说唱歌、劳动歌、"道得儿"乐队等
舞　蹈	民间舞蹈、寺院舞蹈等
戏　剧	安多藏戏等
美　术	唐卡、酥油花、寺院建筑、佛教壁画、佛像造型、砖雕、木雕、洮砚等
科　学	藏医藏药、天文历算等

---

① 李定仁、马正学：《甘南藏族中小学校本课程开发研究》，载《西北师大学报》（社会科学版）2006年第2期。

总之,地方知识源自生活,地方知识的学习亦应回归生活,在日常生活中进行体验与学习,如组织学生进行民俗体验活动,让学生走进地方生活世界,感受地方文化,体验民风民情。

(二) 地方知识形式与课程实施

地方知识的探究形式与课程学习。地方知识的探究形式具有经验性、神秘性。地方知识大多是千百年来人们对生产、生活经验的总结。经验型思维在现代生活中仍具有重要的现实意义,它要求个体在面对实际问题时,进行尝试探究。因此,在各类课程实施过程中,地方知识的学习要求开展实际的活动,在活动、实践、操作中获得实际经验,将地方知识转化为学生个体的知识。原始型思维是初民观察世界、处理人与自然关系的基本方式。作为一种基本的探究外在世界的方式,这种思维方式在当代社会中依然存在。地方知识的学习需要让学生了解原始人、土著人的思维方式,理解神秘性思维、万物有灵论在古代社会的价值及其当代意义,了解多种思维方式、探究方式存在的合理性、必要性,鼓励学生面对复杂现象进行大胆猜测、想象,寻求可能途径与合理解释。

地方知识的表达形式与课程学习。地方知识的表达具有叙事性、零散性。地方知识可以通过多种形式进行表达,叙事性表达可以是形象化表达,如故事、传说、歌谣、谚语等,也可以是操作性表达,如操作规范、流程、技术等。叙事化的地方知识的学习要求学生通过阅读,理解故事背后的隐喻象征,感受故事、歌谣内在的情感与人文精神,获得地方知识多方面的意义与蕴涵。技术性的地方知识要求学生在学习时遵循其中的操作规范、要领、步骤,同时又不囿于既有的传统规范,鼓励学生进行创新、探索,并通过技术的、形体的、操作的方式表达地方知识学习成果。

地方知识的检验形式与课程学习。地方知识的检验有两种形式:价值检验和效果检验。价值检验是检验地方知识之间的一致性以及地方知识对本土生活的意义。效果检验是看地方知识是否能有效解决当地生产、生活中面临的实际问题。此两种检验方式运用于不同的领域,前者主要运用于精神与情感领域,后者主要运用于技术操作领域。(当然二者之间有交叉)地方知识的检验方式对课程学习有着一定的诉求,要求学生理解地方知识评判的标准,放弃对地方知识的普适性、全球性追求,在特定的地域对地方知识进行适当的检验,平衡价值检验与效果检验之间的关系。

(三) 不同课程中的地方知识的学习

1. 学科课程中的地方知识的学习

学科课程是学校课程的基本形态,它以普遍性、全球性知识为主,但也或多或少涉及一些地方知识,如小学语文中的一些民间故事,神话传说《神笔马良》《九色龙》等。对于那些普适性较强的地方性知识,可以通过地方课程资源的开发,选择相关的、有价值的地方知识,融入学科课程学习,作为学科课程内容的拓展与补充,实现学科课程的地方化。

案例:苏教版四年级上册《春联》一课教学设计①

1. 课前准备

(1) 学生收集有关当地春节风俗的资料。

(2) 在教室前后门两旁贴对联,门上贴财神或金童玉女赐福图。

(3) 学生依据课文自行选择自己喜欢的对联进行背诵。

2. 课堂教学

(1) 创设教学情境,导入新课。

营造浓厚的春节氛围,引导学生进入过年的遐想,说说家乡过春节都有哪些风俗习惯。

(2) 从家乡春节的风俗习惯中引出贴春联的习俗。

师生共同学习课文(课文为我们展示了五副各式各样的春联)。

(3) 学生根据春联想象新年美好的景象,并通过自己的想象把春联的内容用图画的形式展现出来,并按课文内容顺序张贴于黑板,然后说说自己的理解。

(4) 交流自己查找到的其他春联,小组交流讨论春联的特点和所要表达的思想感情。

(5) 根据春联的特点,教师给出上联,学生找下联。

(6) 由春联拓展到其他的春节习俗,并了解不同地区的春节习俗,进行比较。

(7) 课堂小结:文章为我们介绍了春联的内容以及特点,还告诉我们读春联是一种很好的学习方式,让我们对春联有了许多了解。同学们,春节马上又要到了,你们千万不要忘了注意一下周围的春联。

---

① 苏贝:《小学语文地方课程资源开发与利用》,扬州大学 2011 年本科生毕业论文,指导教师为潘洪建。

3. 课后作业布置

（1）搜集你喜欢的春联。

（2）结合本单元的诗歌《元日》，以"家乡的春节"为主题作文。

《春联》的探究性学习与地方的民俗风情相结合，通过收集资料、交流展示、故事讲述等方式充分挖掘与利用了与课程相关的地方知识，拓展了学生的文化视野，丰富了其语文学习生活。

2. 综合实践活动与校本课程中的地方知识的学习

综合实践活动属于活动类课程，其中的一些领域如社会服务与社会实践、研究性学习与地方知识均具有密切的关联，这些领域的学习可以充分利用和开发地方文化资源，丰富学生的地方知识。

案例：寻访家乡的传统文化①

活动目的：让家乡的传统文化放异彩

活动方式：到图书馆查抄资料，制成一本活动成果录。

活动内容：分头行动，部分学生上网查资料，部分学生到图书馆查资料。

活动准备：确定谁查名人、谁查民族风俗，然后分别行动。

活动过程与活动方式：

1. 开展研究性学习活动

（1）引导学生调查了解家乡特有节庆、传统习俗、传统文化艺术及渊源。

（2）引导学生广泛阅读传统的诗歌、散文、小说，并初步了解家乡古代农桑文化、军事文化、工商文化、科技文化、饮食文化、服饰文化和节令文化等传统文化形式。

2. 开展考察活动

（1）考察家乡的著名建筑及其特点与由来。

（2）考察家乡的历史名人和遗迹。

（3）考察家乡某些地名的由来。

（4）考察家乡的饮食文化、服饰文化特点。

（5）访问民间艺人，了解传统工艺。

---

① 资料参见 http://images. cersp. com/article/3002/270/208012/20070215/993469. html。

3. 组织学生开展实践活动,宣传家乡的传统文化

(1) 学生编写《家乡民间故事》《家乡风俗习惯》《家乡风味小吃》《家乡名人故事》等小册子,提供给有关文化部门与旅游点。

(2) 与有关部门合作,制作广告牌,张挂在家乡显眼处,宣传自己的家乡。

(3) 为社区群众策划一次家乡文化艺术表演或传统游艺活动。

(4) 开展题为"家乡传统文化的继承与创新"的讨论会,引导学生从民族传统文化继承与创新的角度对中国传统文化现代转变进行探讨。

4. 就"如何利用家乡的传统文化为家乡服务"写一份方案

5. 总结

在个人自我总结、小组内总结的基础上,再在班级内进行交流活动。总结形式可多样,可是个人的日记、作文,实践活动中的反思与建议,也可是在班级讨论中的发言或资料展示。

该教学案例涉及多种类型的地方知识的学习,内容比较丰富,运用到阅读、调查、考察、撰写、表演、设计等多种学习方式,学生在多方位、多形式地了解、研究地方知识的过程中,获得了多方面地方知识与文化,增强了本土情感。

四、地方知识与课程评价

学校课程中地方知识的学习是否需要评价? 如何评价? 我们认为,同国家法定课程中普遍性知识、学科知识学习需要评价一样,相关课程中的地方知识的学习也需要评价,只不过它的评价具有自身的一些特点。

(一) 评价内容

相关课程中地方知识学习的评价内容包括课程设计评价与课程实施评价,前者包括对课程目标设定与课程内容选择组织的评价,后者包括对教学设计、学习方式及其效果的评价。

地方知识学习目标设计的评价包括:评价课程学习目标是否涵盖地方知识内容目标、知识形式目标、知识旨趣情感目标诸方面,即通过地方知识的学习,学生应了解地方知识内容,经历一定的地方知识的探索与表达过程,理解地方知识学习有哪些价值与意义,形成相应的乡土情感态度。

地方知识学习内容设计的评价应包括规定学生对地方知识内容、范围的了解及认识的程度,即学生学习后应知晓哪些地方知识。由于地方知识

涉及内容广泛,几乎涵盖地方生活与文化的方方面面,学生不可能也没有必要在短时间内全面地学习与研究,因此,对地方知识学习内容的设计应留有余地,富有弹性,且要求不能太高,大多处于了解、感受的水平即可。当然,对那些对地方知识特别感兴趣的学生,可以适当扩大范围,提高要求。地方知识学习内容设计的评价应关注地方知识纳入课程的方式、多少、范围和程度等。不同课程介入地方的方式有所不同,其要求亦应有所区别。

课程实施评价主要指对地方知识教学与学习状况的评价,即评价地方知识教学与学习状况及其效果,它包括对不同类型课程中地方知识的学习评价:在学科课程实施过程中,是否将地方知识融入课程学习,是否根据不同的课程内容选择恰当的地方知识,将地方知识与学科内容有机结合并融为一体;在地方课程与校本课程实施过程中,是否尽可能地关注地方知识与地方文化资源,将其纳入学生学习与活动的内容与范围,作为重要的学习内容;评价学生对地方知识的掌握状况,包括学生对地方知识内容了解的多少与程度,对地方知识形式的理解(即在地方性知识探究、表征、检验方面的活动参与状况),以及学生对地方知识学习意义的理解。课程实施中地方知识的学习评价是看学生在地方知识的学习过程中是否获得一些知识,经历一些地方知识的形成过程,初步认识地方知识的旨趣与价值,感受地方知识的现实意义,等等。

(二) 评价方法

与相关课程中地方知识学习评价相适应,地方知识学习评价方法更强调过程性评价,倡导真实性评价。课程中地方知识学习的评价关注的不仅仅是学习结果,更关注学生地方知识学习的过程,重视学生的学习兴趣、参与程度、内在体验,而不是追求某种可以量化的学习成就。地方知识学习的评价关注学生在活动中的体验、感悟以及对地方知识的个性化解读。评价资料的收集可通过在真实的或模拟的学习与活动中进行观察、记录获得。地方知识学习的评价一般不需要组织专门的考试,可以通过日常学习观察、档案袋、活动汇报、成果展示等方式进行评价。

第六章

个人知识与课程改革

个人知识（personal knowledge）又称为默会知识（tacit knowledge），这个词首先是由波兰尼（Polanyi）1958年在其代表作《个人知识》一书中提出来的。波兰尼认为："人类的知识有两种。通常被说成知识的东西，像用书面语言、图表或数学公式表达出的知识，仅仅是知识的一种形式；而不能系统阐述出来的知识，例如我们对正在做的某事所具有的知识，是知识的另一种形式。如果我们称前一种知识为言传的（explicit）知识，后一种则为意会的（tacit）知识。"①他把前者称为明确知识，也称为名言知识（articulate knowledge），而将后者称为默会知识，也称为非名言知识（inarticulate knowledge）。所谓明确知识，即能够用各种语言符号加以表述的知识，默会知识是指那种我们知道但难以言传的知识。默会知识与个人经验紧密相连，"如果说，和完全的明确知识的理想相联系，客观主义的知识观强调知识的非个体特征，那么，在波兰尼那里，和默会认识相联系的，是他的个体知识的概念。个体知识的概念充分地表明了知识和认识者个体之间的内在关系。在此意义上，我们可以说，默会知识是一种个体知识"②。自默会知识、个人知识的概念提出以后，人们围绕该概念进行了大量研究，在哲学、社会科学领域产生了广泛的影响。本章主要讨论个人知识与课程改革的有关问题。

---

① Michael Polanyi. *Study of Man*, The University of Chicago Press, Chicago, 1958. 12.

② 郁振华：《波兰尼的默会认识论》，载《自然辩证法研究》2001年第8期。

第一节 个人知识的性质

一、个人知识的概念

个人知识不同于个人经验,它常常与普遍性相联系,正如波兰尼在《个人知识》一书中所指出的那样,"个人"与"知识"这两个词"似乎相互矛盾,因为真正的知识被认为是与个人无关的、普遍公认的、客观的"。波兰尼把知识(knowledge)与识知(knowing)加以区别:前者强调认识的结果,后者更强调认识过程。他说:"我把知识视为对被知事物的能动领会,是一项要求技能的活动。熟练的识知和作为是以形成无论是实践上还是理论上的技能成就为主的,而作为线索或工具的一组细节则处于从属地位。这样,我们就可以被说成'附带地觉知了'处于我们所获得的具有连贯性的实体之'焦点觉知'内的这些细节。"①那么,哪些类型的知识属于意会知识、默会知识呢? 波兰尼常以动作技巧为例,像游泳、投篮、杂技等都是些不能用词汇充分表达的知识。另外,我们都能在人群中辨认出某个熟人面孔,但很难说出是怎样做到的。科学家和艺术家在创造中的直觉、灵感,也明显属于意会知识与默会知识。

波兰尼主要分析了科学知识、技能中的个人的、默会的成分,或科学知识的个人特征与默会特点,以此向客观主义的科学观发起挑战,是对科学知识的一种再思考。换言之,波兰尼视域中的个人知识主要指科学知识生产中的个人参与、信托和热情,以及技能操作中的"附带觉知",即个人知识不是单独一种知识类型,甚至可以说是一切识知活动(理论上与实践上)的共同特征。个人知识的理解多种多样,根据哲学家格里门(Grimen)的梳理,对默会知识有四种不同的理解。从弱的个人知识到强的个人知识可分为:"有意识的欠表达论",即有意识地试图加以掩盖、避免用语言去表达的知识;"格式塔式的默会知识论",即使某一活动顺利进行下去的行动者未言说的背景知识;"认识的局域主义论",即在特定时刻我们的思想和行动中许多未

---

① 〔英〕波兰尼:《个人知识》,许泽民译,贵州人民出版社 2000 年版,前言。

加言说的知识；"强的默会知识"，即原则上不能用语言充分表达的知识。波兰尼主要是在第二种与第四种意义上使用该概念，因而默会知识具有两种不同的含义：一是指由动物的非言述的智力发展而来的人的认识能力，一是指在默会认识的动态结构中人们对辅助项的认识。前者原则上是非语言所能穷尽的，后者则原则上不能用语言来表达。① 我们主要在较为温和的意义上使用个人知识的概念，它尽管难以言说，但还是能部分地不完全地言说，如果完全不能言说与表达，它就不属于知识的范畴，而成为不可捉摸、不可领会的神秘之物了。凡知识都是与言说、表达有关的，只不过程度有别罢了。总之，个人知识（或默会知识）主要指在识知活动、技能操作、个人体验中难以明确表达的知识。

二、个人知识的对象

个人知识包括科学研究、技能操作、个人体验中难以明确表达的知识，它具有下述特征：

（一）非独立性

个人知识不是一种独立的知识形态、类型，不是与公众知识、普遍知识相对应的知识形态，而是一切知识共同的个人特征。各种知识（无论自然知识还是技术知识、社会知识、人文知识、宗教知识）都有不同程度的个人系数，都与个人相关，有一定的不可尽述或神秘特征，用波兰尼的话说，即是科学知识的"个人参与"、技能操作的"附带觉知"，是识知活动中隐而不显、缄默不语的那些知识。换言之，知识或多或少都有一定的个人性质、缄默性质，"个人知识"言及的便是这种知识。个人知识内在于一切识知之中，为一切知识的构成要素、成分，尽管难以言说，但它的的确确是存在的，并为我们部分地感觉、领会、体察到。个人知识、默会知识在不同类型的识知中存在的多少、方式、结构尽管有所不同，但它有着一些共同的特征，从而为我们的研究、认识提供了可能性和必要性。"意会认识是人人都有、须臾不离的基本认识形式，没有它，语言文字就变成了噪声废纸，无法被人类觉知。"②波兰

---

① 郁振华：《从表达问题看默会知识》，载《哲学研究》2003 年第 5 期。
② 刘仲林：《波兰尼"意会知识"结构及其心理学基础》，载《天津师范大学学报》2004 年第 2 期。

尼把人对一个事物的认识觉察分为"集中的觉察"（focal awareness）与"附带的觉察"（subsidiary awareness）两类。在一个认识活动中，某些因素由于人的直接注意而被认识的主体觉察，称为"集中的觉察"。在同一情况中，也有一些因素即使没被注意到，但也被认识者觉察，这就是"附带的觉察"。以听一个人讲话为例，前者为我们专门注意觉察到的话的含义，它是明确的；后者为我们没有专门注意但附带觉察到的讲话的单词、语音与语调，它是默会知识。同时，波兰尼把人的活动分为借助语言的概念化（conceptual）活动和属非语言行为身体化（embodiment）活动两种。讲演、讲课、讨论、交谈是典型概念化活动，而技艺表演、球类比赛、跳舞等是典型身体化活动。当然，人类的绝大多数行为都是言语活动和身体活动兼而有之。与"集中觉察"和语言的"概念化活动"相联系产生言传知识不同，"附带觉察"和很大程度上非语言的、亲身体验的"身体化活动"相联系便产生"意会的知识"。事实上，每一个实际觉察和活动都分别是各自两极的混合物，所以每一项实际知识也是言传和意会的混合物。换句话说，"知识连续统一体"是由言传和意会为两极所组成的连续统一体。① 任何有意义的知识都包含着言传和意会两种因素，即个人知识、默会知识与言语相随，非独立存在。

（二）活动性

个人知识内在于个体的识知活动中，它是一种精神领会和理智行为，不能脱离于具体的识知活动。这种识知活动可以是实践活动，如技能操作、生产劳动，也可以是科学探究、理智活动，还可以是人际交往。个人知识不能外在于个体理论的概念化的活动或实践的身体化的活动，不能游离于具体行动、探索之外，它是个人在不同活动中表现出来的种种独特的个人化的领悟、推论或操作；一旦活动停止，个人化的思考、领悟、直觉便会消失，不再充满活力和创造性。尽管后继的类似活动可能唤起相应的个人知识，但与先前的个人知识相比，可能又产生了一些新的成分、价值，且识知者常常难以清晰地觉察到。个人知识一旦从活动中分离出来，转化为明确的语言，用语言加以明确表述、传达交流，进入公共知识的领域，它便超越了个人知识的范围。活动性是个人知识对象的基本特征。换言之，个人知识、默会知识在

---

① 刘仲林：《波兰尼"意会知识"结构及其心理学基础》，载《天津师范大学学报》2004年第2期。

个人的知识、操作、交往活动中不断生成、涌现，难以捕捉，它动态地存在着。

三、个人知识的内容

个人知识涉及多个知识领域，与多种知识相关。其内容具有下述特征：

（一）主体性

个人知识与识知主体直接相关，它与主体不可完全分离，是主体领会、活动、情感的一部分，有较强的主体性，但又不是主体的任意行为，有其客观的内容和基础。"领会既不是一项任意行为，也不是一种被动的经验；它是一项负责任的、声称具有普遍效力的行为。从识知与某一隐匿的现实建立起联系——这种联系被定义为预期着范围不定的、依然未知的（也许还是依然无法想象的）种种真实的隐含意义的条件——这种意义上说，这样的识知确实是客观的。"①个人知识是主体的，但又是客观的，主体性不等于主观性。个人知识为主体所拥有、感受、理解、领会，尽管是模糊的、笼统的，但它内在于个人主体，虽然能外化，但只能部分外化、分析、描绘。正是由此，民间的行家绝活常常因为主体的消亡而失传、绝迹，没有面对面、长期的日常接触、观察、模仿，个人知识难以有效地传递给他人。有人将个人知识、默会知识等同于主观知识，对此，波兰尼通过严格区分个体的（the personal）和主观的（the subjective）作了有力的回应。在波兰尼那里，和主观心理状态之局限于一己的、私人的感受不同，个体知识是认识者以高度的责任心（resposibility），带着普遍的意图（universal intent），在接触外部实在（external reality）的基础上获得的认识成果。可见，"个体的"不同于"主观的"，关键在于前者包含了普遍的、外在的维度。总之，个人知识、默会知识是一种个体的知识，它和认识者不可分离；作为知识，其目标依然是关于实在的普遍的真理。我们强调个人知识的个体特征，不是要把它主观化，默会认识论中作为主体的人的凸现和主观主义没有必然的联系。

（二）独特性

主体间识知活动的差异导致个人知识的独特性。既然是同一知识，不同个体的理解、领会不尽相同，总有这样或那样的差异，而这种差异往往又难以言说、辨析，但我们不能因为它难以明确辨析而否定个人差异的存在。如两位书法家的书法知识，由于他们个人经历、教育背景、兴趣爱好等方面

---

① 〔英〕波兰尼：《个人知识》，许泽民译，贵州人民出版社 2000 年版，前言。

的差异,他们对书法的个人理解、领会、把握不会相同,从而导致他们书法风格、书写知识的细微差异。正是人与人之间的差异致使人们所拥有的书法知识千差万别,签名方式、习惯、风格不尽相同,甚至同一人不同时候的签名也会不同,如毛泽东的签名风格相同,但又富于变化,因而个人签名成为各国普遍采用的方法,以此作为具有法定效力的通用形式。

(三) 情景性

个人知识不仅在个体之间存在差异,即使是同一个体在不同情景中,由于活动方式受特定场景的影响,同样的操作、活动在不同情景中其表现亦不尽相同。世界就像万花筒一样,从来不会精确地重复任何一种以前出现过的情景。个人知识同样如此,它具有情景特征。个人知识的情景性体现在辅助意识和集中意识的动态关系上。为了把握某一对象,我们需要将各种线索、细节整合为一个综合体来加以认识,其中,我们对各种线索、细节、部分的辅助意识是默会认识,对对象的认识是集中意识。为了认识某一对象,我们必须依赖辅助意识,前者是我们所依赖的东西(rely on),后者则是我们所关注的东西(attend to)。个人知识、默会知识就发生于认识者、辅助细节、集中意识的三项组合(the triad of tacit knowledge)之中。"这个三项组合由某人即认识者所控制,他使得辅助物和他的注意中心相关联"①,即默会认识具体地展开于从(from)辅助意识转向(to)集中意识的动态过程之中,认识者把诸细节、线索作为辅助物整合进集中对象,在辅助意识和集中意识之间建立起 from—to 的动态关系。一句话,"默会认识是一种 from—to 的认识"②。

(四) 内隐性

个人知识为个人行动的一部分,它潜藏于个人意识深处,个人只能"附带地觉知"(而当我们真的要去有意识地觉知,这种分析还可能破坏整体行动,使行动难以顺利进行甚至瓦解)。它是缄默的,在行动与行为的言述之间存在一条巨大的鸿沟,语言与形式逻辑难以发挥其作用,表述乏力,"只可意会,难以言传"是个人知识的一个基本特征。个人知识具有一种整体性,如同一个格式塔或完形,当我们力图加以分析并用语言表达时,其整体性可能遭到破坏。它不是语言概念的集合,可能是身心的整体领悟。甚至还可以说,我们的一切知识都具有极度的默会性质,我们永远不能完全说出我们

227

①② Michael Polanyi. *Meaning*. The University of Chicago Press, Chicago, 1975. 38.

识知的一切东西。换言之，我们知道的比我们说出的东西要多。正如波兰尼指出的那样，物理学和化学知识本身不能使我们认识一台机器操作。"理解机器的结构和操作通常所需要的物理学和化学知识都极少。所以，技术和科学这两类知识在很大程度上是互不相干的……事实上，我们对这样一件东西所获得的详细知识越多，我们的注意力就越是分散，就越看不清它到底是什么。"①的确，"机器的成功是由它的操作原则规定的，但操作原则却不能按物理化学的方式言传"②，物理学、化学知识的学习有助于理解机器的操作，但机器的操作不是物理学、化学知识的简单运用，它还需要足够的默会。

（五）综合性

个人知识类似于创造力、直觉洞察，我们个人难以觉察，难以对其所涉及的知识类型进行清晰的分析与详尽说明。同时，这些知识并非全是从书本中学来的，也不是理性知识的集成，它们可能是众多经验、知识的综合体，是个体围绕某一操作、问题综合运用相关经验，进行独特探索、创造的结果。个人知识的综合有两种层次：一是隐性知识之间的综合，即隐性知识共同作用，产生新的隐性知识（个人知识）；另一种情况为隐性知识与显性知识的相互作用、彼此转化，显性知识隐性化（增加了个人成分），成为个人知识的有机组成部分，隐性知识也可能通过言语部分地显性化，成为公共知识的构成要素。总之，作为有着独特功能的个人知识，它不是单一的知识构成，可能有着特殊的内在结构，结构决定功能，正是由于个体间知识构成的独特性，个人知识才显得那么丰富多彩，生机勃勃，难以穷尽。

第二节　个人知识的形式

一、个人知识的探究形式

（一）归纳思维

个人知识的获得不是明显的演绎推理，不是从已知判断推出未知结论，

---

①②〔英〕波兰尼：《个人知识》，许泽民译，贵州人民出版社 2000 年版，第 509、511页。

从大前提、小前提推出与其相应的结论的过程。演绎推理的内在逻辑是清晰明确的,有着严格的逻辑规则,只要遵循一定的逻辑规则,就可以从前提推导出结论。个人知识往往隐而不显,个人难以清晰地觉知,不能诉诸严格的理性分析,但它又是长期思考、实践、探索的结果,没有一定的实践操练和思考探索,个人知识不会增进,不会熟练。必须指出的是,行动中的附带觉知部分地处于注意的边缘或范围之外,缺乏必要的心理加工,因而知觉模糊不清,而一旦成为关注的焦点,它又清晰可见,这种知识不属于个人知识、隐性知识。个人知识的形成可能是一种经验归纳的结果,如骑自行车,经过练习,技能由生疏到熟练,最后达到自动化、下意识,成为个人知识。它是尝试、练习、摸索的结果,是实践经验归纳、整合的结果,没有一定量的训练和个人体会、调整、改进,个人难以习得骑车的个人知识。

(二) 默会思维

思维可以分为动作思维、形象思维(图像思维)、抽象思维(符号—逻辑思维)、直觉思维。个人知识赖以进行的默会思维类似于动作的、直觉的、灵感的思维,灵感思维是一种难以清晰意识的、突发的、不可重复的思维类型。"踏破铁鞋无觅处,得来全不费工夫。"默会思维也是难以言述的,其思维活动、形成过程模糊朦胧,也与长时间的思考、摸索相关,但它不是突发的,而是渐渐形成的,不是难以重复的,而是可以多次重复、反复再现的。默会思维伴随一般的思维与行动,不是独立的,而灵感与直觉相对独立,可以脱离一般的思维。灵感思维大多数是理性的顿悟,而默会思维大多是行动的熟练,具有"存于内心"(indwelling)的特点,两者是有区别的。什么是默会思维呢? 我们认为,默会思维首先具有默会性,难以用语言明白无误地加以表述、交流和相互传递,它是默默地进行的,隐性地存在于个体之中。其次,它与行动、形象思维可能具有更密切的联系,而与抽象、逻辑思维更多的是间接的关系。再次,默会思维具有较强的个体性,它因个体不同而存在差异,个体之间默会思维的具体方式不尽相同,正是默会思维的存在导致个体思维方式、思维风格的种种细微差异。第四,默会思维是一种行动思维,在行动中进行、展现、持续,一旦启动起来,它便自动展开、呈现,它不停留在语言层面,难以言述,但能与行动共始终,它可能是一种类似于"if—then"式的条件语句与动作结构,是下意识进行的。

在波兰尼看来,默会思维、默会认识本质上是一种理解力

(understanding)，是一种领会把握并重组经验，以期实现对它的理智控制的能力。心灵的默会能力在人类认识的各个层次上都起着主导性的作用，即在发生学意义上，可能默会思维早于明确知识的产生。当然，默会能力又常常以一定言述为基础，因为文字、图表、公式为我们不断地从新的观点出发来重组我们的经验提供了各种极好的机会，言述符号促进了我们的默会能力的提高。"我们的缄默的能力（mute abilities）正是在我们的名言能力（articulate powers）的运用过程中持续增长的"①，所谓"缄默的能力"指的就是默会能力。对人类知识而言，更重要的是名言范围内的默会认识，而不是动物或婴儿意义上的默会知识，或者说，真正意义上的人的默会认识是基于言述而不是直觉。

二、个人知识的表达形式

个人知识的表达有两种形式：言述形式与非言述形式。

（一）言述形式

个人知识具有难以言传的特点，但作为知识，它总是或多或少地能够言说，完全难以言说的东西不能称作知识。知识能在一定程度上被我们把握、描述、评说，能从我们个人的经验中适当地外化，能在人与人之间进行一定的交流，为他人所部分地认识、理解。尽管个人知识不能完全有效地、明白无误地交流，传达者与接受者之间存在着较大的障碍，但通过言说者的模拟、描绘、譬喻，还是能将个人知识部分地加以传达。如骑车的个人知识，尽管涉及诸多技能，难以准确、明白地加以表述，但我们还是可以用像"身体坐正""调整重心""不怕摔倒""两脚用力""放松""同时"等词语描绘，至于坐正到什么程度、怎样调节重心，则难以尽述，还要靠初学者自己去尝试、揣摩、体会，但这些词语对一个初学者还是有或多或少的帮助，能规范其动作，帮助其掌握骑车的基本技能。再如写作的艺术、技巧，作家们在长期的创作过程中形成了关于写作的一套技能、技巧，自己的创作离不开这些技能、技巧，他们在创作过程中无意识地遵循了相应的规范，但要让他们将自己的写作经验、知识传递给习作者，他们也会面临诸多困难，难以尽述，但他们有关写作的建议、策略、体会、感受的言说对于习作者的写作还是具有或多或少的

---

① 〔英〕波兰尼：《个人知识》，许泽民译，贵州人民出版社 2000 年版，第 121 页。

指导价值。如《歌德谈话录》中关于他对艺术本质的理解、对艺术创作的言论，对于我们提高写作水平、掌握写作技巧仍是有启发意义的。尽管我们读了一大堆艺术家的《谈艺录》并不能立刻成为艺术家，但可以肯定的是，对艺术前辈的创作体会、个人知识的记述的阅读，是一个年轻的艺术工作者成长的必经阶段。总之，个人知识尽管难以言述，但通过多种方式还是能够部分表述。其基本方式有：体会谈，论及个人的认识、理解和感受，展现默会思维的一些特点；个人回忆与反思，追述操作要领、步骤、规范；专业论文，分析个人知识的内在、外在条件以及影响个人知识的因素，从而认识个人知识本身。

（二）非言述形式

对于个人知识，言述往往存在着明显的缺陷。从描述科学到精密科学再到演绎科学，形式化和符号操作程度逐渐加深，经验接触度逐渐降低。随着形式化程度的提高，科学的陈述更加精确，科学推理与个人的相关性更少。换言之，学科越精密，对具体内容的牺牲越多，当逻辑推导占据统治地位时，不属于或难以归并到逻辑中的东西则被排除在外。"被描述科学统治着的庞大而活生生的形态资源为了诸精密科学的目的而被化减为纯指针读数；而当我们进入纯粹数学的领域时，经验又从我们的直接视野中全然消失了。"[1]示意图或演示只给人们提供理解线索，但理解本身却必须通过艰难的个人洞察行为才能获得，而个人洞察行为的结果则是不可言述的。"当我骑着自行车或挑拣出自己的雨衣时，我不知道我的这种知识的细节，所以也不能讲出这些细节是什么。另一方面，当我知道一个复杂的三维聚合体的局部解剖结构时，我知道并能描述它的细节，但无法描述这些细节相互之间的空间关系。在这两种情况中，言述的局限性也就相应地不同了。"[2]言述本身是有限的，理解行为具有强烈的个人特征。植物的特征常常被不同的作者描述为诸如叶子卵圆形的、椭圆形的、张开的、多毛的、有纤毛的等等，但这些作者心目中所想到的属性可能差别相当大。即，准则只有对那些拥有它的本领的内行人士才有用处。"我们的领会与我们对自己的领会的言传之间的逻辑鸿沟，也随着我们在进化的阶梯上上升而继续加深。"[3]细节分析与整体理解之间也存在冲突，对整体的分析行动可能具有破坏性。"要把一个

① ② ③〔英〕波兰尼：《个人知识》，许泽民译，贵州人民出版社 2000 年版，第 128、133—134、541 页。

231

有意义的整体转化为由构成它的部分的词语来表达，就是要把它变成由摒弃任何目的性和意义的词语来表达。经过这样的拆分，留给我们的就是纯净的、相对客观的事实。这些事实曾经构成了伴随发生的个人事实之线索。这是用隐含的、相对客观的知识对个人知识所作的破坏性分析。""肌肉的协调似乎同样是不可用任何固定的解剖学方法形式化的，而中枢神经系统在大面积受损后功能的稳定性和恢复力以及对丧失记忆的搜索，这些都提供了明显的不可形式化操作的进一步证据。"①因此，非言述的表达则成为个人知识的重要形式。

心理学研究揭示了个人知识非言述表达的一些特征。心理学家拉扎勒斯(Lazarus)和麦克利里(Mccleary)提出了"潜念"(subception)的概念。他们的实验是这样的："向一个人出示一打数目没有意义的音节，在显示某几个音节之后，他们给此人一次电击。不久，这个人一看到'电击音节'，便露出预期电击的征候；问他，他却又认不出哪几个音节。他已经知道什么时候去期待一次电击，但是，他说不出是什么使他期待。他获得了一种知识：类似我们由我们无能言辩的症状而得知一个人时的那种知识。"②波兰尼也认为，"潜念"是意会认知的基本形式。美国心理学家阿瑞提(Arieti)在研究创造心理时，曾提出过"内念"(endoception)一词，即从内部而来的观念形式。与"概念"相对应，"内念"表现一种存在于内心却不能用概念语言表达的认识形式。阿瑞提称由内念形成的认识为无定形认识(amorphous cognition)。他指出：无定形认识是"一种非表现性的认识——一种不能用形象、语词、思维或任何动作表达出来的认识。由于它是发生在个人的内心之中，我已把这种特殊的机制称做'内念'，用来把它和概念相区别"③。概念是一种成熟的认识形式，能够被体验到或产生了它的人传达给其他人。"潜念""内念"不是概念化的，动作、操作、表情是个人知识重要的非言述形式。

此外，个人知识存在于个人思维、个人感受、个人操作之中。如前所述，个人知识生成的基本方式是默会思维，它具有内隐、非逻辑、朦胧、模糊等特点，难以为本人所觉察，但它确实存在，并对个人的行动与创造产生深刻的

①〔英〕波兰尼：《个人知识》，许泽民译，贵州人民出版社 2000 年版，第 95、615、174 页。
②〔英〕波兰尼：《波兰尼讲演集》，彭淮栋译，台湾联经出版公司 1985 年版，第 174 页。
③〔美〕阿瑞提：《创造的秘密》，钱岗南译，辽宁人民出版社 1987 年版，第 68 页。

影响。默会思维难以言传的特征，最终表现在活动产品之中。换言之，个人活动的产品凝结了创作者的个人智慧，包含着创造者的思想、情感、智慧，承载着个人那些难以言传的知识、技艺，尽管产品中的个人知识的成分难以进行分析、标识、辨别，但面对个人化产品，我们能粗略感受到其内在力量。可以说，对个人化产品的体认也是我们对产品创作者个人知识的一种获得方式，我们由观看、凝视、注目所发出的惊叹，表明了个人知识的存在。个人知识还存在于创作者个人的感受、体验之中，个人在创作过程中的专注、投入本身也是个人知识有机的组成部分。正是个人的寄托、信念、专注、投入，为个人知识的形成创造了必要的识知前提和心理基础。个人知识是个人不断追求、大胆创新、锐意进取的结果，情感、信念的力量支配着个人知识的生产过程，为个人知识的生产过程提供某种信心、冲动、激情。感受个人知识生产中的信念、冲动、热情，展示个人的种种情怀，我们会受到感染、熏陶，进而焕发知识生产的情愫。与能工巧匠、绝技行家一起交流，察其言，观其行，追述其心路历程与奋斗精神、坚强毅力，这也是个人知识学习的基本途径、方式。个人知识还存在于个人的活动、行动过程之中，隐含在动作、操作之中，表现为技能的娴熟和技艺的高超。可以说，运动过程本身就是个人知识表达的一种方式。由于个人知识是外显的，可以观察、记录，利用现代手段如录音、录像、摄影进行记录，可通过播放、展示进行适当的分解、分析，特别是对慢镜头的回放、观察、品味，有助于我们把握其细节，认识其规范，把隐性的个人知识适当地外显化，加以分析，并用言语进行一定程度的表述。

三、个人知识的检验形式

(一) 正误检验

科学知识中个人知识的检验方式主要为正误检验。

科学知识的生产离不开个人的热情、信念与追求，客观的科学知识隐含着个人的主体因素，具有个人成分，这种个人成分不可避免地对科学知识产生影响。科学知识不能排除个人的成分，但这也并不意味着科学知识是纯主观的东西，它具有客观的标准。因为科学知识中的个人因素不是任意的，它要受实验与观察的检验。科学的预言如果能为后来的观察和实验所证实，则可认为其揭示了自然界的真谛。纯粹的热情与功利的追求不仅不利于科学知识，还极可能对科学知识有害。例如，1910年美国物理学家密立根

进行了"油滴实验"，第一次测出了氢原子比电子重 1835 倍，他因此获得了
1923 年的诺贝尔物理学奖。与此同时，物理学家埃伦·哈夫特也在进行相
同的实验，但没有得出相应的结果。事实上，"油滴实验"是有所选择的，并
非如他信誓旦旦所说的那样是"没有经过选择的"，而是从 140 次观测中挑选
出来的，他只采集那些对他有利的漂亮数据，而不利的数据则一概删去，这
一发现震动了物理学界。① 可见，科学的个人参与最终要接受检验，只有符
合事实、能正确预言自然现象发生的知识才是值得信任的，才具有普遍性，
才能被人们认可。当然，科学中的个人知识也可被科学家本人反复、多次地
检验，使其更加真实。如生物学家的分类标准，生物学家本人可以在分类中
检验自己的分类标准，并不断地修改，使其切合实际情况，更具涵盖性和解
释力。个人知识仍具理性成分，与思维相关，它能够也应该得到检验，接受
理性的审查与公众的批判。

（二）效用检验

技艺知识中个人知识的检验方式主要为效用检验。

某些个人知识、实践技艺、人生智慧本身不是对观察的、外在的自然的
反映，不是为了求真，而是为了求善、求用、求美。对于这些个人知识的检验
就不是正误检验，而是效用检验。所谓效用检验，主要是检验个人知识的效
用，而不是真伪，因为这类知识充满着价值判断与价值选择，关涉价值的事
情其标准往往不是唯一的，而是多元的。同一事物的效用可能是多方面的，
其评价可能因人而异，具有相对的色彩。行家绝技如果能有效地、成功地解
决某一技术或操作问题，能提高技艺，确保操作的高效进行，这种个人知识
就是有效的。如果能部分地传递给别人，并能有助于提高他人的操作技艺
和生产效率，则表明这种知识经受了效用检验，具有较高的效用度。同样，
有关社会、政治、交往、道德的个人知识，凡有助于增强行动的效能，带来丰
富的精神内涵、内在幸福感和良好的人际关系，有助于文明的进步、社会的
发展的个人知识，都是有效的，值得倡导的。它们在某种程度上得到了检
验。当然，随着时代的变迁、情境的变化，有关政治、伦理、道德、审美的个人
知识的检验标准可能会发生变化，这种变化既有程度的变化，也有性质、方
向的改变，从而给知识检验增加了难度。

---

① 任本、庞燕雯、君传红：《假象：震惊世界的 20 大科学骗局》，载《读者》2007 年第 12
期。

第三节 个人知识的意义

一、个人知识的旨趣

（一）适应环境

个人知识是个人化的、独特的、顺利完成某项活动的知识，它是个人在认知、行动、感受过程中获得的难以言传的知识、技能与体验，它是人适应环境、通过自己的活动改变环境以实现自己意志的结果。人出世之后，便被抛到特定的自然、社会、历史之中，为了在特定的环境中生存下来，他必须发展出一套特殊的、有效的个人知识。如，幼儿发展察言观色的能力，以调整自己的行为，获取成年人的接纳、喜爱。在长期的特殊工作中，工人会练就一番特殊的个人本领与特长，如染织工人在长期同颜色打交道的过程中，能辨识四十种不同程度的黑色，尽管他本人不知是怎样识别的，而一般人只能区分三到五种不同程度的黑色。后天失明的盲人，经过不断的调适、训练，其听力能变得十分敏锐，他能凭借拐杖着地的声响、脚步的声响辨识道路状况，能仅凭室内一声咳嗽的墙壁回音判断房间大小。总之，由于每个人所处环境、参与活动、成长经历与兴趣爱好的不同，以及生理特征的差异，他们的个人知识也不尽相同。个人知识在活动中发生，又在活动中拓展。通过个人知识，人类能有效地处理跟外部世界的关系，获得一定的平衡，增强自身的适应能力。

（二）创新知识

恩格斯说，人不是被动地适应环境，他还要通过自己的劳动去改变自然，在自然中实现自己的意志。个人知识是适应环境的产物，同时也是改造环境、创新知识的基础，尽管个人知识的产生大多数时候是无意识地进行的。在日常的专业学习过程中，在与自然、他人长期交往过程中，人们逐渐形成了各自的个人知识，进而发展出一些特殊的本领，具有了某种创造能力。在明确知识的学习过程中，每个人对相同的知识会产生不同的理解，做出不同的解读，产生一些难以言喻的体验与感受，这种难喻的体验与感受成为个人知识形成的内在源泉，为知识创新提供了可能。有经验的科学家具有更多的科研方面的个人知识，他们在做实验的过程中具有某种特殊的、非同一般的专业敏感，能察觉那些与众不同的实验现象，并能及时加以捕捉，再转化为理性的思考与明确的表述，最终形成重大的科学发现。可以说，没有大量的、难以言述的个人知识，科学发现几乎不可能产生。正是凭借这种难以言述的个人知识，人类才不断获得广阔的创造空间与巨大的创造潜能，最终成为世界的主宰，并由此推动了知识的创新与技术的进步。

总之，个人知识既是人适应环境的产物，又能使人更好地创造新的环境，个人知识的基本旨趣是为了适应环境与改造环境，建立人与环境的和谐关系，并在环境中实现自己的目的。个人知识是人与环境互动的结果，是知识创新的基本力量。

二、个人知识的功能

(一) 个人知识是科学探究、发现的基础

启蒙运动以来，一种客观主义的科学观和知识观逐渐成为人们看待知识、真理的主导性观点。客观主义在标举科学的客观(objective)、超然(detached)、非个体(impersonal)特征的同时，还提出了一种完全的明确知识的理想。逻辑实证主义就是这种知识理想的典型代表。逻辑实证主义者把目光集中在科学理论之上，把科学等同于一个高度形式化的、可以用完全明确的方式加以表述的命题集合，认为科学哲学的任务就在于对科学理论的结构作逻辑的分析。但事实并非如此，"在考察科学探索的根据时，我发现科学的进步在每一阶段上都是由难以界定的思想力量决定的。没有规则能够解释我们如何发现一个好主意以开始一项探究，而关于某问题所提出的解决方案之证实或证伪，也没有严格规则……科学发现不能通过明确的推论来获得，其正确主张也不能明确地加以陈述。科学发现只能由思想的默会能力来达到，其内容，就其不确定的部分而言，只能默会地加以认识。"①科学探究的发现并非无中生有，它凭借的是个人经验与知识；科学探究能否取得预期的成功，依靠的是一种缄默的力量，即科学家对问题有把握、预期。课题的选择、实验假设的提出本身就建立在科学家个人知识、缄默认识的基

---

① Michael Polanyi. *Knowledge and Being*. Routledge, 1969, p. 138.

础上。十分明显的是,科学家知道自己所需要研究的课题的性质、内涵及其可能结果,但对于为什么要做此课题、是怎样提出问题的、为什么要提出这样的假说等问题却往往不甚了了,这正是一种难以言说的、下意识的个人知识支配着科学家问题的提出与假设的制定。

不仅如此,个人知识还影响着科学研究的过程。科学研究、科学实验中常常发生一些难以预料的事情、问题、现象,在如此众多的现象之中,科学家本人关注什么,忽视什么,记录什么,不记录什么,取决于科学家本人的个人知识与缄默经验。在科学发展史上,一些科学家错过了一些重大发现的事实并不鲜见。由于缺乏敏感,一些科学家对实验中的新现象视而不见,与重大发现失之交臂;一些人注意到了,但轻描淡写,未能转化为显性知识;只有极少数人捕捉到,且为人们所接受,产生广泛影响。

此外,个人知识还影响科学发现结果的表达与理解。即使是同样的发现,科学家进行表述使用的概念、名词不尽相同,存在着差异与不一致。更为常见的是,即便是类似的表述方式,科学家的个人理解也存在着差异,读者基于个人不同的知识经验对同一种表述的理解更是多种多样。总之,个人知识构成科学研究的重要基础,它渗透于科学研究的整个过程,对科学研究过程及其结果产生深刻的、不可低估的影响。正是在此意义上,波兰尼对客观主义科学观进行了广泛而深刻的批判,指出了科学知识的个人特性,将科学知识置于个人知识之上,粉碎了客观主义的知识理想与科学理念,为科学研究提供了一种新的视角、新的观念。

(二) 个人知识是知识学习的基础

知识的学习是一种个体行为,是个体对人类知识的继承、掌握,它需要一定的个人经验、个人知识作为知识学习的基础和支撑。可以说,默会知识是明确知识的基础,一切知识都有其默会的根源。"默会知识是自足的,而明确知识则必须依赖于被默会地理解和运用。因此,所有的知识不是默会知识就是植根于默会知识。一种完全明确的知识是不可思议的。"①这段话揭示了完全明确知识理想之虚妄。人类一般的、明确的知识只有嫁接到默会的、个人知识之树上才能"成活",并结出新的果实。作为人类认识成果的间接经验、群体知识是个人经验、知识的概括与总结,随着知识的积累、丰

---

① Michael Polanyi. *Knowledge and Being*, Routledge, 1969, p. 144.

富,人类知识会日益体系化、抽象化、符号化、理论化,远离个人生动的经验世界。对于学龄儿童而言,人类知识十分枯燥、呆板、僵化,是一种异己的存在,缺乏必要的生动性、丰富性;只有与儿童的个人知识、经验发生关系,它才能丰富起来,生动起来。正如认知心理学所说的那样,知识的学习是一种新旧经验相互作用的过程。这里的旧经验包括个人知识(当然也包括已经掌握了的间接经验)。学生有时候对新的知识、概念、原理不能理解,不是由于能力问题,而是缺乏必要的直接经验、个人知识。缺乏这样的条件,即使新的术语、概念能背诵下来,能应付考试,并获高分,由于它不能跟已有经验、知识发生实质性的关系,建立必然的内在联系,不能与个人知识相融,这样的知识学习也只能是短暂的记忆。事过境迁,它会成为过眼云烟,这便是学习困难的根本所在。

同时,个人知识还可以向人类知识转化,涓涓细流汇成江海。正是无数个体的个人知识的积累、交流、积淀,最后汇成人类知识的大河,流向人类知识总体的海洋;没有个人知识的生产、更新、交汇,人类知识之流将日益枯竭,甚至断流。一些人,特别是大学者、科学家、能工巧匠、行家里手、民间绝活艺人,他们的个人知识丰富多样,充满活力,其原创成分更能转化为大众知识,为人类知识的发展演进作出更大的贡献。

(三) 个人知识有助于能力、情感的发展

个人知识产生于个人经验知识的积累,是个人与环境(包括个人自身)相互作用过程中产生的个体智慧,是个体适应与改变环境的产物,积淀着个人的智慧、情怀;因此个人知识的学习、养成可以在一定程度上发展个人的才智、情感。如操作性个人知识,学生在学习过程中,通过反复训练、体会、感悟、总结、反思,便逐渐习得人类一般的操作性知识。在这一过程中,由于不同个体的差异,人们对同一技能的掌握、体验不尽相同,总存在这样或那样的差异,从而构成个人知识的多样性,也表明个人能力获得的多样性。个人知识的陈述总是有限的、不完整的,需要个人在活动中去补充、完善、丰富,尽管这一过程可能导致个人知识传递中的缺失、变异、遗漏,但也为个人的创造提供了广阔的空间。个人在学习过程中完全可以根据自己的理解进行个性化创造、改进、丰富,从而使个人知识更加多彩多姿,正是在这种改进、完善、充实的过程中,个人的能力发展起来。又如,智能化的个人知识,如道德箴言、宗教真理蕴涵着丰富的个人经验。黑格尔曾说:"老人讲的那些宗教真理,虽然小孩也会讲,可是对于老人来说,这些宗教真理包含着他全部生活的意义。"①出自老人之口的道德训言与出自儿童之口的训言不能等同。老人的箴言是他个人一生经验、教训的浓缩与提炼,是言语很难完全表达的,言语或许能表达箴言的一般意义,而其深刻的个人体验则难以通过简单的陈述、概括化的语言加以表达。词语的贫乏在个人知识表达中十分普遍,所谓"言不尽意"。个人知识的丰富性,只能通过长期的个人实践、活动、体验才能有所感悟,有所显现。这一过程也培育了个人的理智能力,使个人形成人生的智慧,形成对社会的洞察能力。

个人知识是个人执著追求、长期实践、反复探索的成果,它需要足够的专注、热情。一般地讲,个人知识本身是激情的产物,对于个人而言,它不是枯燥乏味的,不是令人压抑的,而是令人陶醉的,它与个人紧紧相连,甚至融为一体。著名钢琴、小提琴表演家的表演总是那么充满激情,似乎不是他们在演奏音乐,而是优美的旋律、明快的节奏借助他们之手从指间、弦上流淌出来。在此意义上讲,个人知识去除了人类知识中抽象理性对人性的压抑、扼制,它充满情感,给人以轻松、愉悦的感受和人性的张扬、凸显。个人知识具有较强的主体性,它融入了个人的经验、想象、寄托和信念。个人知识的展现实际上是一次精神之旅,个人知识的交流是一种精神际遇,它寄托个人太多的情怀、希冀。个人知识的学习、获取不仅是掌握其外在的技能技巧、操作规范,更为重要的是要感受它的期望、寄托,领会其内在的激情,将认知、情感和活动融为一体。

第四节　个人知识与课程改革

一、个人知识与课程设计

传统的课程设计忽视个人知识的课程论意义,仅仅关注那些公共的、理性的知识,将个人知识、经验排除在课程之外,课程成为显性知识的凝固体

---

① 〔德〕黑格尔:《小逻辑》,贺麟译,商务印书馆1980年版,第423页。

和理性主义的代名词。长此以往，课程日益远离学生的经验与社会生活，成为一个封闭的、僵化的体系，日益枯萎，丧失了其内在的活力。其实，个人知识是人类知识宝库中的一个有机整体，是构成人类知识的一个重要组成部分，是人类知识生产、创造、更新的源泉和基础；因此，课程设计不能无视个人知识的存在及其意义，应将个人知识纳入课程设计的范围，加以规划、安排、组织。

（一）课程目标的设计：注重个人经验、感悟、体验的培养

课程目标不仅仅是既有理性知识的获得，还要适当关注、发展学生个人的经验、技能、感受、表现。人类的知识、技能、品质的学习与掌握固然重要，它们是个体社会化和能力发展的重要资源，是学生学习和掌握的重要内容，但不能因此否定、排斥个人知识、经验。个人知识是人类知识内化、掌握的基础，关注个人知识的课程目标在表述上应将个人的体验、经历、感受纳入其中。如，将"独特感受力""经验""个性丰富""特殊才能"的发展作为课程目标的基本内容，还有诸如"直觉能力""敏感""动手能力""操作能力""创造能力"等，可以成为个人知识发展的词语。应鼓励学生对文本进行个性化的解读，开发文本的多元意蕴，允许学生以不同的方式、手段、途径解决问题。总之，课程目标应保持适当的弹性，避免过分理性化，从而为个人知识、经验的开发、发展留下可供开拓的空间，以促进个人知识的利用、丰富和扩展。

（二）课程内容的设计：将个人知识纳入课程内容的范围

知识是建构课程的核心要素，知识的选择、改造、组织是课程设计的基本问题和主要工作，离开了知识的课程是无法想象的。应该选择哪些知识作为课程的要素呢？从课程设计的历史来看，理性知识、公共知识为课程关注的核心内容，理性知识几乎变成课程内容的代名词。以往课程内容中充斥着大量的理性化、抽象化、系统化的知识、符号，而极少见到感性化、具体化、直觉化的个人知识，即便有的话，也仅仅作为理性知识学习的手段、背景，作为学习理性知识的脚手架。换言之，以往的课程内容设计中，个人知识不能构成课程内容的主体要素，它没有本体性意义，只具有一定的工具、外在价值，为理性知识的学习、内化服务，一旦理性知识被理解、掌握，个人知识便毫无意义可言，个人知识仅仅是功能性要素，而不是实体性要素。个人知识丰富的课程论意义要求实现个人知识从功能性要素向实体性要素转变，从课程内容的背景、陪衬走向课程内容的焦点、主体。首先，课程设计应

为个人知识留下必要的空间,使之有用武之地。除了共同的理性知识,应将个人知识纳入课程内容,如将科学家的生活经历、趣闻、逸事等列为课程内容,作为理性知识的背景或补充,让学生感受到个人知识的存在及其意义,既能帮助学生理解、掌握理性的知识,又可开阔学生的人生视野,为学生个人知识的发展提供启示、借鉴。其次,设计学习活动,促进个人知识的利用和开发。如在课程中设计"读一读""调查""参观""考察""实践""研究""创造""表演"等活动,让学生在活动中充分开发、利用自己的个人知识、经验,发展个人能力,丰富知识。再次,设计练习。个人知识特别是技能性个人知识是在反复练习中形成的,通过练习、反思可形成技能技巧,达于熟练,并养成默会的能力。那么,怎样使练习成为个人知识增长的途径,成为知识掌握、能力发展特别是创新能力发展的手段,则是课程设计、教材编写以及课程实施时需要解决的重要课题。

二、个人知识与课程实施

个人知识是课程实施的基础。有效的课程实施应建立在一定的个人知识基础之上,只有与学生个人知识相匹配的课程实施才能为学生所理解、内化。当课程知识与学生的个人知识发生冲突时,课程内容难以被学生理解、接受,会存在这样或那样的困难;而那些与学生个人知识"似曾相识"、张力适度的内容更能引起学生学习的兴趣,激发求知的欲望。

(一)课程实施应充分利用、开发学生既有的个人知识

学生来到学校总是带着一定的个人知识、经验,不是头脑空空。经过婴幼儿期的生活,他们形成了一定的经验、感受,即他们是携带着一定的"个人知识"来到学校学习课程的,课程内容总与他们的个人经验、知识有着一定的相关度。学生的个人经验、知识、态度构成课程实施的基本资源,教师要善于挖掘学生身上既有的知识、经验、技能,将其唤醒、激活,纳入课程内容之中,与新的课程内容相互作用,使学生个人的知识、经验得以改造、扩展、深化,进而生成新的意义与价值。"接知如接枝",学生的个人知识部分地被纳入课程内容系统,课程内容得以升华、拓展与个性化。当然,教师的个人知识也应作为课程实施的重要资源,教师应伴随着课程实施不断地成长,课程实施是教师个人知识形成、专业成长的基本途径。

课程实施不仅要利用学生既有的个人知识,同时还要发展、完善学生的

个人知识。课程实施除了完成既定的教学任务,实施既定的内容教学,还应关注非文本的课程内容的有机构成部分——个人知识。课程实施肩负着培养个人知识的使命,通过课程实施,学生原有的个人知识能得以放大、开拓,同时又能孕育新的个人知识,使个人知识与书本知识同步增长、共存共荣。发展学生的个人知识的基本途径有:鼓励学生对文本展开个性化解读,鼓励不同的理解;允许学生进行猜测、预测、估算,发展学生的直觉能力;创设问题情境,让学生大胆假设,小心求证;提供更多的实践、训练的机会,让学生在活动中感悟、体验,养成缄默认识。总之,应通过多种渠道为学生个人知识的发展创设广阔的空间和宽松的环境,促进学生个人知识的增长。

(二) 个人知识生成的机制

课程实施条件下个人知识的生成有别于自然环境下个人知识的形成,前者是在教学干预下的知识生成,后者是生活经验的自然积累。关于个人知识的形成过程,人们提出了多种观点。一些论者从个人知识与显性知识的交互关系切入并展开分析,将个人知识置于公共的显性的知识的背景上加以探讨。如日本学者野中次郎、竹内广孝概括了默认知识与明确知识的四种转换模式:社会化、外在化、合并化、内在化。① 我国也有学者将其划分为联合化、内在化、社会化、外部化。② 有的从课程实施过程中师生间、生生间的知识共享即知识管理角度进行分析,认为隐性知识即个人知识的学习需要经过三个阶段:外在化、组织化和内化。③ 我们认为,课程实施中个人知识的建构具有下述特征:首先,它以师生日常生活实践和活动参与为基础,离开了日常生活实践的丰厚土壤,师生个人知识的生成就无从谈起,课程实施中个人知识的形成是日常生活实践经验的继续与发展。其次,课程实施中师生个人知识的生成过程又是在与公共知识、显性知识的相互激荡中生成、提升、加速的,个人知识的生成与公共知识的掌握相伴而生,从而区别于日常生活中自然状态下个人知识的形成。第三,个人知识具有很浓的经验色彩与个人成分,其形成离不开活动、实践与亲历。因此,课程实施中个人知识的生成机制可通过下图加以表示:

---

① 〔美〕维娜·艾莉:《知识的进化》,刘民慧等译,珠海出版社 1998 年版,第 88—89 页。
② 周志平:《个人知识的生成与教育》,载《教育理论与实践》2004 年第 11 期。
③ 李才俊:《略论新课程下课堂教学中的知识管理策略》,载《教育探索》2006 年第 5 期。

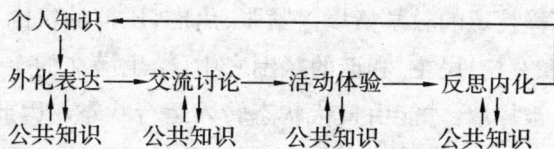

个人知识

外化表达 ——→ 交流讨论 ——→ 活动体验 ——→ 反思内化

公共知识　　　公共知识　　　公共知识　　　公共知识

图6—1　个人知识的生成机制流程图

外化表达。学生已具有一定的生活经验与知识"前见"，外化表达即从个体知识库（包括明确知识与默会知识）中提取或部分提取个人知识，通过言语、表情、动作、图画、表演、制作等多种方式加以外化、展示，将难以言说的东西以不同方式进行"言说"。

交流讨论。即围绕某项任务或某个问题充分交流各自的个人经验或识见，通过互动、对话、讨论，师生间、生生间彼此交流，共享思考、感受与经验，相互激励、感染、触发，从他人的个人知识中获得识见、智慧，开展个人知识的横向交流。

活动体验。个人知识产生于活动、生活、学习中的体验、经验与洞察，因此，个人知识的丰富、提升又必须回到活动、实践之中，借助课程实施中的活动、实践。这里的活动体验形式多样，其目的在于体验他人的体验，感受他人的感受，复演知识发生历程，为反思内化做准备。

反思内化。经过外化、交流、体验环节，个人知识中纳入了新的知识元素，旧的平衡被打破，个人知识获得丰富、拓展，新的知识生态有待建立。通过对新经验进行反思，可以促进新旧经验、知识的交融，实现个人知识与个人知识、个人知识与公共知识的链接，将个人知识内化到个体知识库之中，从而完成个人知识的更新与生成。在此基础上，循环演进，螺旋上升。

在个人知识的生成过程中，公共知识自始至终在发挥作用，每一环节均有公共知识的参与。正是公共知识的参与，个人知识才得以表达、理解、传播、生成、提升，而个人知识的提取、交流、丰富、拓展、内化，又加速了公共知识的掌握、理解与建构，公共知识由此融入个体知识库，成为个体知识的有机组成部分。

（三）个人知识生成的教学策略

基于个人知识特征与生成机制的分析，我们认为，课程实施中个人知识生成的教学策略主要有：

1. 创设情境，激活学生的个人知识

如前所述，学生的个人知识潜藏于个人意识深处，隐而不彰，个人知识的激发与利用依赖特定的教学情境。紧张、焦虑、压抑的氛围不利于个人知识的唤醒，只有在宽松、民主、和谐的氛围之中，学生潜在的个人知识才可能被激活、被编码、被提取，才能由蛰伏状态转入运行状态。因此，课程实施过程中个人知识的生成，首先要营造积极、活跃的教学环境，让学生敢于表达，勤于思考，乐于探究，将单向的知识传授变成一个师生双方、生生多方共同交流、联合缔造教育经验的过程。在这一过程中，公共知识得以理解与重建，个人知识得以释放与丰富，公共知识与个人知识得以互通与交融。如何创设教学情境，李吉林的情境教学法为我们树立了典范，她采用多种方式创设、优化教学情境：以生活展现情境，以实物演示情境，以图画再现情境，以音乐渲染情境，以表演体会情境，以语言描绘情境。学生在这一过程中，不仅激活了先前的个人知识，为个人知识的运用、丰富、拓展创造了条件，同时也促进了公共知识的多元创造和个性化把握。

2. 鼓励表达，外化学生的个人知识

随着学生生活经验的积累与活动范围的扩大，个人知识也不断成长起来，逐渐形成了内容丰富的个人知识，成为个体知识的主体。相对于内隐的个人知识，明确的显性知识仅仅是冰山一角，十分有限，而大量的个人知识学生则意识不到，模糊不清。如前所述，个人知识存于内心，难以言述，尽管如此，它还是可以适当编码，通过言语、表情、图像、声音、数字、动作、操作等言述与非言述方式部分表达、呈现。加德纳的多元智能理论亦为个人经验、个人知识多样化的表达提供了理论上的依据。对于不同智能优势的学生可以采用适合他们特点的个人化学习方式、表达方式，开发其个人知识，促进他们对公共知识的个性化理解。如关于光合作用学习的个人知识的表达，可以采取多种形式[①]：

(1) 语言表达："请你用自己的话来描述一下光合作用，以口头或者书面的形式均可。"

(2) 逻辑数学表达："用科学原则、定理或法则来概括光合作用的过程。"

(3) 空间表达："请快速勾画出光合作用过程的草图。"

(4) 身体运动表达："创编一个哑剧或者以表演的形式来演示光合

---

① 〔美〕艾伦·韦伯：《有效的学生评价》，国家基础教育课程改革"促进教师发展与学生成长的评价研究"项目组译，中国轻工业出版社 2003 年版，第 213 页。

作用。"

(5) 音乐表达："如果光合作用是一首乐曲,你觉得它会像什么或者像哪首歌。"

(6) 人际关系表达："光合作用让你想起自己生活中的什么东西? 叶绿素的转换作用和你的同伴交往在哪些方面是相似的?"

(7) 内省表达："用几句话描述一下关于你自身经历变化的个人感受。"

(8) 自然表达："比较三种不同植物的光合作用过程。你可以运用图片、艺术形式、写作或者其他适当的方式来表现它们的相同或者不同之处。"

3. 对话交流,促进个人知识的共享

课程实施过程中学生个人知识的生成不同于日常生活与劳动实践中个人知识的自发形成,它是在一定人际互动中的主动建构。个人知识的内隐性、难以觉察的特征可能使个人囿于经验,局限于个人的狭小天地。尽管个人知识难以言传、传播,但它还是可以部分地被编码,可以通过数字化、程序化、定义分类和师徒交流等方式,促进个人知识的传播和交流。[①] 师生之间、生生之间展开言语交流、对话讨论,运用图片、表格、角色扮演、活动展示,可将各自内隐的个人知识外显化、外在化,表达各自对自然、社会、人生的理解与体验,彼此启发,相互触动,促进个人知识的共享。如,一位小学教师在教《我爱我家》时,让学生利用课余时间小组合作收集家庭感人故事,用相机或摄像机记录下来,并制作成主题明确的小影片,在全班展示,促进了个人知识的交流与共享。

4. 亲历体验,感悟个人知识的魅力

个人知识是一种精神领会和理智直觉,它产生于、发展于个体的亲历活动,诸如生产劳动、认知活动、科学探究、技能操作、人际交往。与游离于具体个人之外的概念化、符号化的明确知识不同,个人知识始终与个体的生命体验融为一体,是个体生命的一部分,具有难以言说的丰富蕴涵。尽管个人知识通过各种方式可以部分外化、展现、交流,甚至可利用现代媒体技术加以处理、储存和传播,为更多的人所共享,但"纸上得来终觉浅,绝知此事要躬行"[②]。他人的知识只有经过躬行实践、亲历感受,才能与其生命有机结

---

① 匡辉:《内隐知识的编码》,载《自然辩证法研究》2005 年第 1 期。
② 陆游:《冬夜读书示子聿》。

合，真正成为自己的个人知识。因此，课程实施过程中，除了表达、交流，还必须组织相应的活动，让学生在活动中感受、体会、领悟，从而真正融入个体的知识世界，使个人知识成为个体的精神财富。亲历体验活动有观察体验、动手操作、模仿练习、问题探究、合作交往等等。通过多种亲历的实践活动，学生能够领悟他人的个人知识的真谛，并在此过程中生成、建构新的个人知识。

5. 自主反思，提高个人默会思维能力

波兰尼的研究显示，个人知识建立在默会思维之上。我们认为，默会思维不是一种独立的思维类型，它实际上是多种思维类型的综合，是基于动作思维的集形象思维、动作思维、直觉思维于一体的理智直观。它难以言传，默默进行，与行动共始终。从某种程度上说，动物、婴儿也具有一定的默会能力，但大多在动作的、非言语的范围内进行，而对具有语言能力的学生而言，默会思维可能更多地在言语的范围内进行。因此，教师在课程实施中，为了提升学生个人知识的水平，除了个人知识的表达与外化、交流与共享，还要注意引导学生对自己的经验与活动进行必要的回顾与反思，总结经验教训，借助反思、回溯、检讨，提高学生对自我经验的批判能力与洞察能力，促进学生个人知识的优化。

三、个人知识与课程评价

个人知识是一种特殊的知识，不同于一般的理性化、系统化的知识，它具有独特性、情境性、主体性、内隐性。个人知识的学习与掌握有着自身的特点，因此，个人知识学习与掌握的评价亦具有不同于其他知识的特点。

首先，个人知识学习的评价无绝对的、唯一的标准。个人知识评价属于非标准评价，所谓"非标准"不是没有标准，而是指评价不能用统一的标准去衡量。对于不同的个人知识，在评价时要考虑个人知识自身的特点，制定不同的标准，并且，对于不同的个体，评价标准应保持适当的弹性，允许评价标准在一定范围内伸缩，以充分尊重个人知识的独特性质。

其次，从评价环境看，个人知识学习的评价不能去情境化。学生的个人知识隐含在主体活动过程之中，说某人具有某种绝技、绝活，主要指某人的操作技艺炉火纯青；因此，个人知识的评价只能在类似的情境中展开，而不能脱离特殊的、具体的情境。

再次,从评价形式看,个人知识属于质性评价。传统的纸笔测验评价有较大的局限性,它较多地关注知识结果而不是知识过程。(特别是标准化的、量化的评价项目)。个人知识的评价可能需要更多的质性评价,它更多地关注个人知识的品质——独特性、独创性、开放性、灵活性、连贯性等方面,评价个人活动、技能、操作、体验的差异,而不是评价其共性。个人知识的掌握总是个性化的,统一的要求、表述、呈现只有转化为极其多样的个人知识之后才能进入个体的知识与经验领域。如关于"太极拳"的理论、要求可能近似,但太极风格多种多样,学习者对太极知识的个人理解千差万别,极其个性化,正是这种多样化、个性化使太极充满生气。因而,对学习者的评价除了共同标准,还应具有一定的弹性,以尊重个体的创造与独特领悟。

结　语

　　知识是课程编制的基本要素，知识的选择、组织、传递与评价构成课程编制的核心问题。课程编制隐含着一定的知识假设，不同的知识理论有着不同的"致知"方式，影响着我们的课程理想和课程编制方式，决定着课程改革的"致思"路向。

　　课程研究如何切入宏大而浩瀚的知识论领域呢？课程改革的知识论研究应从何种角度加以展开呢？基于课程改革的历史演进、理论旨趣和实践使命，笔者确立了"知识"概念的分析框架与"致知"路径，将"知识"分解为知识的实质、知识的形式和知识的意义三个维度，力图从上述三个方面对课程改革进行透视与剖析。

　　首先从历史的角度考察课程理论、课程改革与知识论之间的内在联系。通过回顾20世纪以来主要教育思潮、流派的课程观点，探讨它们在知识问题上的基本看法与主要假设，透析其课程理论的知识论基础，阐明知识理论"致知"与课程理论"致思"之内在关联。通过20世纪以来美国与中国课程改革的历史回顾，审视课程改革所隐含的知识假设，揭示课程改革的知识论基础，剖析课程改革"致思"与知识理论"致知"之间的联系。其次从知识的类型、形态入手分析知识性质、形式、意义对课程开发、改革的种种诉求，着力阐明不同知识类型、形态与课程改革之间丰富而复杂的关系。"知识类型与课程改革"部分分析了科学知识、人文社会知识各自的性质、形式、意义及其对课程开发的具体诉求，而"知识形态与课程改革"部分分析了地方知识、个人知识的性质、形式、意义及其对课程改革的不同要求，从而为课程改革夯实知识论根基。

　　全书主要观点与结论概述如下：

　　永恒主义教育坚持认为，知识是不变的，教育在任何地方、任何时候应当相同，课程也应该相同。进步主义教育十分推崇理性形式的知识，强调理性方法而贬低感性方法,强调古典文科的当代价值与训练意义。进步主义教育认为,知识仅仅是一些有待证明的假设,它是过去经验的有用概括,知识不过是解决问题的工具,没有永恒的真理。进步主义教育十分欣赏科学的探究方法、形式及其运用,重视直接知识的作用。在课程方面,它倡导活动的、经验的课程,主张采用主动作业的形式安排教学活动。要素主义教育认为,理性是普遍知识获得的基础,应强调知识和真理的教学,强调种族经验或社会遗产的价值。它重视分化的、有组织的经验,主张学科课程。结构主义教育认为,知识是人们思维的一种构造,是解释事物、现象的一种假设,是人类发明出来的,目的是为了使经验更经济、更连贯。在课程设计方面,它强调学科结构的重要价值,主张向学生传授学科的基本结构,倡导发现学习、探究教学。后现代主义强调知识的不确定性、情境性,重视知识建构与主体会话,欣赏艺术、隐喻和直觉的知识表达方式,强调知识协商,而不是客观检验。基于后现代主义知识观,多尔提出了"4R"的课程观,强调能动反映的马克思主义认识论,对我国课程改革产生了深远影响。

知识理论对课程改革具有潜在的影响。在美国,永恒主义、要素主义与进步主义、改造主义的对立以及永恒主义与进步主义、要素主义与进步主义的内部差异隐含着不同的知识假设、知识理想,影响、支配着课程改革的面貌。在中国,传统的知识理论是在知与行及其关系的框架中展开的,明清之际的"西学东渐"开始冲击传统的知行理论。鸦片战争后,出现了多种中西学说:以西补中说、中西兼学、中体西用、体用相依、中西相化、先中后西、主中次西等。新文化运动时期出现了激进的西化说、调和说和保守说。中学与西学的争论,在不同程度上影响了当时学校的课程设置,也对今天的课程改革产生了一定影响。陶行知的知行观在20世纪二三十年代课程改革中产生了较大影响。毛泽东强调知识的实践基础,重视理论与实践相结合、教育与生产劳动相结合,对共和国初期课程与教学改革产生了强劲影响。建构主义认识论为21世纪初我国课程改革提供了重要的理论指导。

作为科学知识对象的自然具有自在性、同质性、周期性。自然的特征决定了科学知识内容的客观性、确定性、普适性、单维性。科学知识探究的基本形式是因果说明,其思维方式是主客分离,强调因果解释和客观方法的采用。科学知识的表达形式通常为操作性的科学概念、数学化的科学判断和归纳推理。科学知识检验有经验的、实验的与逻辑的检验等形式。科学知识的旨趣为描述自然、解释自然、预测自然。科学知识的功能表现为科学的道德价值、科学的审美价值以及科学方法的智慧价值。科学知识的性质、形式与价值对科学课程的设计、实施与评价具有重要的影响。

人文社会具有自为性、独特性、价值性、自我相关性。人文社会的特性决定了人文社会知识内容的境域性、非确定性、多维性、反思性与规范性。人文社会知识的探究形式主要表现为说明与理解并存，旁观与走进兼具。人文社会知识的表述特点为：概念具有开放性，定性描述胜于定量描述，逻辑论证中使用隐喻论证。人文社会知识的检验主要有实践检验与逻辑检验。人文社会知识的价值为理解人文社会现象，指导人生，服务社会。人文社会知识具有社会教化、个体完善等功能。人文社会知识性质、形式与价值制约着人文社会课程的设计、实施与评价。

地方知识是地方居民为适应当地环境创制的一套行之有效的意义系统与生存智慧。地方知识内容具有地域性、经验性、丰富性等特征。地方知识的表达形式具有叙事性、零散性特征，其探究形式为经验型思维与神秘型思维，其检验形式为价值检验与效果检验。控制外部世界、追寻生活意义是地方知识生产的基本旨趣。地方知识具有自然适应、社会协调与控制、文化传承与教育等功能。地方知识的内容、形式与旨趣功能对课程设计、课程实施、课程评价有着特殊的诉求。

个人知识存在于个人思维、个人感受、个人操作之中，其知识对象具有非独立性、活动性特征。个人知识的内容具有主体性、独特性、情景性、内隐性、综合性特征。个人知识的主要探究形式为归纳，其思维方式为默会思维。个人知识的表达具有言述与非言述两种形式。个人知识有正误检验和效用检验两种形式。个人知识是科学探究与发现的基础，是知识学习的基础。个人知识有助于发展人的智慧、能力和情感。个人知识的性质、形式与价值影响着课程的设计、实施与评价。

该研究力图在下述方面有所创新：不是简单地移植哲学知识论框架，而是根据课程的学科特点与实践旨趣确立独特的知识概念及其分析维度；不是一般地、笼统地从知识论角度论述课程开发与改革问题，而是运用独特的分析框架对课程进行较为具体的分析；尝试性地从知识的性质、形式与价值三个方面对各类知识进行"致知"，据此展开课程改革的"致思"，提出相应策略。由"致知"到"致思"，既"致知"又"致思"，对课程改革进行一定的知识论透视,以拓展课程改革的视野。

当然,课程改革的分析有多种视角,如社会学的、政治学的、心理学的、文化学的等等,本书仅仅选择知识论的视角。同时,对于"知识"这样一个十分艰深、复杂的问题的研究,笔者深感天资有限、能力不足,该研究只能算一次初步的探索,还有许多问题留待日后深入探索。如,在"知识类型与课程改革"部分,本书主要分析了科学知识、人文知识的性质、形式、意义对课程改革的具体诉求,而对技术知识、艺术知识的性质、形式、意义及其对课程改革的具体诉求并未分析。此外,该研究还停留在一般的、较为宏观的理论层面,还未进入具体的学科课程领域。众所周知,基础教育阶段各门课程的知识构成常常以某一知识类型为主,同时兼及其他知识类型,在基础教育课程改革日益强调综合化的今天,这一特征尤其明显。各类知识如何进入一门课程,如何在知识理论层面既保持各类知识的特性,又适当地处理它们之间的关系,还有待探索。学科知识的选择与组织本来十分复杂,而跨学科的课程设计则使得问题更加复杂化,但即便如此,亦不能否认学科"致知"与课程"致思"的研究价值,毕竟,学科综合仍是以某一学科知识为基础进行学科知识之间的渗透与融合。换言之,课程综合化并不排斥学科知识的分析,恰恰相反,学科综合要以学科知识为根基,它不能以消解学科个性与旨趣为代价。

我们认为,未来的课程改革知识论的研究应从一般的知识"致知"与课程"致思"进入具体学科的知识"致知"与课程"致思"。具体讲,应结合中小学某一科目(如语文、科学或社会),通过课程文本分析、教学试验、课例研究等途径与方法,探讨具体学科的知识构成,包括知识的类型与形态,剖析具体学科知识的具体内容、形式与意义;并围绕具体学科的基本理念、课程目标、教材、教学乃至评价中的有关问题,展开具体而细致的知识论分析,提出优化具体学科课程改革的知识论策略;通过课程开发典型个案的研究,提出改进课程设计、完善课程实践、优化课程评价的具体建议,促进基础教育课程改革的深度发展与深层推进。

参考文献

1. 北京大学哲学系外国哲学史教研室. 西方哲学原著选读. 北京:商务印书馆,1981.

2. 陈嘉明. 知识与确证:当代知识引论. 上海:上海人民出版社,2003.

3. 陈庆德. 人类学的理论预设与建构. 北京:社会科学文献出版社,2006.

4. 陈向明. 质的研究方法与社会科学研究. 北京:教育科学出版社,2000.

5. 昌家立. 关于知识的本体论研究. 成都:巴蜀书社,2004.

6. 贡华南. 知识与存在. 北京:学林出版社,2004.

7. 郭晓明. 课程知识与个体精神自由. 北京:教育科学出版社,2005.

8. 何秀煌. 知识论. 台北:三民书局印行,1967.

9. 胡军. 知识论. 北京:北京大学出版社,2006.

10. 胡德海. 教育学原理. 兰州:甘肃教育出版社,1998.

11. 华东师范大学教育系,杭州大学教育系. 现代西方资产阶级教育思想流派论著选. 北京:人民教育出版社,1983.

12. 蒋红雨. 人文经验与科学经验. 北京:社会科学文献出版社,2004.

13. 景天魁. 打开社会奥秘的钥匙. 太原:山西人民出版社,1983.

14. 陆有铨. 现代西方教育哲学. 郑州:河南教育出版社,1993.

15. 季苹. 教什么知识. 北京:教育科学出版社,2009.

16. 李召存. 课程知识论. 上海:华东师范大学出版社,2009.

17. 李秉德. 教学论. 北京:人民教育出版社,1991.

18. 李德顺. 价值论. 北京:中国人民大学出版社,1987.

19. 李定仁. 教学思想发展史略. 兰州:甘肃教育出版社,2002.

20. 刘大椿. 科学哲学通论. 北京:中国人民大学出版社,1998.

21. 刘元亮等. 科学认识论与方法论. 北京:清华大学出版社,1987.

22. 孟建伟. 论科学的人文价值. 北京:中国社会科学出版社,2000.

23. 毛礼锐,沈灌群. 中国教育通史(1—4卷). 济南:山东教育出版社,2000.

24. 潘永祥,李恒. 自然科学发展史纲要. 北京:首都师范大学出版社, 1996.

25. 潘洪建. 教学知识论. 兰州:甘肃教育出版社,2004.

26. 欧阳康. 社会科学哲学概论. 武汉:武汉大学出版社,1998.

27. 欧阳康. 社会认识论. 武汉:武汉大学出版社,2002.

28. 瞿堡奎. 教育学文集·课程(上、下). 北京:人民教育出版社,1988, 1993.

29. 瞿堡奎. 教育学文集·智育. 北京:人民教育出版社,1993.

30. 瞿堡奎. 教育学文集·美国教育改革. 北京:人民教育出版社,1990.

31. 任继愈. 中国哲学史(1—4卷). 北京:人民出版社,1979.

32. 施良方. 课程理论. 北京:人民教育出版社,1996.

33. 石之瑜. 社会科学知识新论. 北京:北京大学出版社,2005.

34. 石中英. 知识的转型与教育改革. 北京:教育科学出版社,2000.

35. 陶渝苏. 知识与方法. 贵阳:贵州人民出版社,1998.

36. 滕大春. 外国教育通史(1—6卷). 济南:山东教育出版社,1989— 1993.

37. 田本娜. 外国教学思想史. 北京:人民教育出版社,1994.

38. 吴国盛. 科学的历程. 长沙:湖南科学技术出版社,1997.

39. 王荣江. 未来科学知识论. 北京:社会科学文献出版社,2005.

40. 王策三. 教学认识论. 北京:北京师范大学出版社,2002.

41. 夏基松. 现代西方哲学教程. 上海:上海人民出版社,1985.

42. 邢新力. 知识辩护论. 济南:山东人民出版社,1992.

43. 徐纪敏. 科学学纲要. 长沙:湖南人民出版社,1987.

44. 杨玉厚. 中国课程变革研究. 西安:陕西人民教育出版社,1993.

45. 余文森. 个体知识与公共知识. 北京:教育科学出版社,2010.

46. 张斌. 技术知识论. 北京:中国人民大学出版社,1994.

47. 张焕庭. 西方资产阶级教育论著选. 北京:人民教育出版社,1979.

48. 张瑞璠. 中国教育哲学史(1—6卷). 济南:山东教育出版社,1983— 1989.

49. 张华等. 课程流派研究. 济南:山东教育出版社,2000.

50. 赵宪章. 文体与形式. 北京:人民文学出版社,2004.

51. 周大鸣等. 现代人类学. 重庆：重庆出版社，1990.

52. 周浩波，迟艳杰. 教学哲学. 沈阳：辽宁教育出版社，1993.

53. 郑文先. 社会理解论. 武汉：武汉大学出版社，1998.

54. 钟启泉. 国外课程改革透视. 西安：陕西人民教育出版社，1993.

55. 钟启泉，黄志成. 美国教学论流派. 西安：陕西人民教育出版社，1993.

56. 〔美〕巴伯. 科学与宗教. 阮伟等译. 成都：四川人民出版社，1993.

57. 〔英〕波普尔. 客观知识——一个进化论的研究. 舒伟光等译. 上海：上海译文出版社，1987.

58. 〔美〕波林·罗斯诺. 后现代主义与社会科学. 张国清译. 上海：上海译文出版社，1998.

59. 〔英〕波兰尼. 个人知识. 许泽民译. 贵阳：贵州人民出版社，2000.

60. 〔英〕博伊德·金. 西方教育史. 任宝祥等译. 北京：人民教育出版社，1985.

61. 〔英〕彼德·温奇. 社会科学的观念及其与哲学的关系. 张庆熊等译. 上海：上海人民出版社，2004.

62. 〔英〕查尔默斯. 科学究竟是什么. 查汝强等译. 北京：商务印书馆，1982.

63. 〔美〕杜威. 民主主义与教育. 王承绪译. 北京：人民教育出版社，1990.

64. 〔美〕杜威. 确定性的寻求. 傅统先译. 上海：上海人民出版社，2004.

65. 〔美〕杜威. 杜威教育论著选. 赵祥麟，王承绪译. 上海：华东师范大学出版社，1991.

66. 〔美〕费耶阿本德. 知识、科学与相对主义. 陈建等译. 南京：江苏人民出版社，2006.

67. 〔德〕奥斯特瓦尔德. 自然哲学概论. 李醒民译. 北京：华夏出版社，2000.

68. 〔加〕弗兰克·库宁汉. 社会科学的困惑：客观性. 肖俊明译. 北京：社会科学文献出版社，1992.

69. 〔美〕范·弗拉森. 科学的形象. 郑祥福译. 上海：上海译文出版社，2002.

70. 〔德〕哈贝马斯. 认识与兴趣. 郭富义等译. 北京：学林出版社，1999.

71. 〔英〕赫尔姆斯·M.麦克莱恩. 比较课程论. 张文军译. 北京:教育科学出版社,2001.

72. 〔德〕伽达默尔. 真理与方法. 王才勇译. 沈阳:辽宁人民出版社,1987.

73. 〔英〕吉尔德·德兰狄. 社会科学. 张茂元译. 长春:吉林人民出版社,2005.

74. 〔美〕库恩. 必要的张力. 纪树立等译. 福州:福建人民出版社,1981.

75. 〔英〕柯林武德. 自然的观念. 吴国盛等译. 北京:华夏出版社,1999.

76. 〔英〕柯林武德. 历史的观念. 何兆武译. 北京:中国社会科学出版社,1986.

77. 〔英〕柯林武德. 精神镜像或知识地图. 赵志义等译. 桂林:广西师范大学出版社,2006.

78. 〔美〕克利福德·吉尔兹. 地方性知识. 王海龙等译. 北京:中央编译出版社,2004.

79. 〔澳〕康纳尔. 20世纪世界教育史. 孟湘砥等译. 长沙:湖南教育出版社,1991.

80. 〔美〕罗伯特·梅逊. 西方当代教育理论. 陆有铨译. 北京:文化教育出版社,1984.

81. 〔英〕罗素. 人类的知识. 张金言译. 北京:商务印书馆,1983.

82. 〔法〕罗兰·巴尔特. 符号学原理. 王东亮等译. 上海:生活·读书·新知三联书店,1999.

83. 〔美〕罗蒂. 哲学和自然之镜. 李幼蒸译. 北京:三联书店,1987.

84. 〔英〕罗姆·哈瑞. 科学哲学导论. 丘仁宗译. 沈阳:辽宁教育出版社,1998.

85. 〔英〕拉卡托斯. 科学研究纲领方法论. 兰征译. 上海:上海译文出版社,1999.

86. 〔英〕麦克尔·卡里瑟. 我们为什么有文化. 陈丰译. 沈阳:辽宁教育出版社,1998.

87. 〔德〕恩斯特·卡西尔. 人文科学的逻辑. 关之尹译. 上海:上海译文出版社,2004.

88. 〔英〕帕·斯诺. 两种文化. 纪树立译. 北京:三联书店,1994.

89. 〔瑞士〕皮亚杰. 人文科学认识论. 郑文彬译. 北京:中央编译出版社,

1985.

90. 〔英〕齐硕姆. 知识论. 邹惟远等译. 北京：三联书店,1988.

91. 〔美〕舒尔茨. 现代心理学史. 叶浩生译. 北京：人民教育出版社,1982.

92. 〔美〕梯利. 西方哲学史. 葛力译. 北京：商务印书馆,1995.

93. 〔德〕韦伯. 社会科学方法论. 杨富斌译. 北京：华夏出版社,1999.

94. 〔奥〕维特根斯坦等. 论确实性. 张金言译. 桂林：广西师范大学出版
社,2002.

95. 〔美〕E. 希尔. 现代知识论. 刘大椿等译. 北京：中国人民大学出版社,
1989.

96. 〔日〕岩崎允胤,宫原将平. 科学认识论. 于述亭等译. 哈尔滨：黑龙江
人民出版社,1984.

97. 〔美〕伊曼纽尔·沃勒斯坦. 所知世界的终结. 冯柄昆译. 北京：社会
科学文献出版社,2002.

98. 〔美〕詹姆士. 实用主义. 陈羽纶等译. 北京：商务印书馆,1979.

99. Hirst, P. (1974) *Knowledge and Curriculum*. London：Routledge.

100. Robin Usher and Richard Edwards. (1996) *Postmodernism and Education*. London and New York：Routledge.

101. Marshall, J. (1990) *Foucalt and Educational Research*, in S. Ball (ed) *Foucalt and Education：Disciplines and Knowledge*. London：Routledge.

102. Woolgar, S. (ed) (1991) *Knowledge and Reflexivity*. London：Sage Publications.

103. Wolf, A. and Mitchell, L. (1991) *Understanding the Place of Knowledge and Understanding in a Competence-Based Approach*, in E. Fennell (ed) *Development of Assessable Standards for National Certification*. London：Unwin Hyman.

104. Hoffer. B. K. & Pintrich. P. R (1997) *The Development of Epistmological Theories：Beliefs About Knowledge and Knowing and Their Relation to Learning*.

105. Robert G. Myers & Kenneth Stern. *Knowledge Without Paradox*. *The Journal of Philosophy*, No. 6. P147—60 (March 22, 1973).

后　记

本书是在我的博士后出站报告基础上修改而成的。

三年(2004—2007年)博士后的研究工作,既满怀热情,又历经艰辛。原计划两年完成的博士后研究,由于当初的设想过于宏大,对难度估计不足,加上个人学力不够,研究计划难以如期完成,整整推迟一年。出站后,由于教学、科研、学科建设事务繁杂,后续学习与思考一度搁置下来。直到2011年3月的一天,在接到浙江大学教育学院副院长刘正伟教授的电话并前往杭州参加相关研讨活动之时,才又重新拣起笔来。可以说,如果没有纳入刘正伟教授的丛书出版计划,该书可能至今还在形成之中。

在出站报告基础上,本书所做的修改主要有:重新撰写了引论,新增"地方知识与课程改革"一章,对其他各章进行了不同程度的修改与完善,补充了教学案例。本书还存在许多不足:一则毕竟是初步探究,像个论纲;二则具体学科层面的细微分析尚未展开,有待求索;较大的遗憾是,按照最初设想,本应对技术知识与艺术知识进行一定的"致知"分析,并在此基础上进行技术课程与艺术课程的"致思"探讨,但苦于功力不够,该构想未能实施。

出站报告的选题与撰写是在盛群力教授的悉心指导下进行的。感谢盛群力教授对我的鼓励和帮助,没有他的指导、鞭策,报告撰写可能还将拖延。报告凝聚着他的心血与期望,字里行间渗透着他的学术思想。盛群力教授视野广阔,思维活跃,性格豁达,给我以深刻的影响,使我受益无穷。

在站学习与研究期间以及出站报告的修改过程中,我还得到了浙江大学的田正平先生、肖朗教授、刘力教授、刘正伟教授、吴华教授、张文军博士,南京师范大学的杨启亮教授,西南大学的靳玉乐教授,华东师范大学的杨小微教授,杭州师范大学的张伟平教授等专家和学者的指点与帮助,在此向他们致以诚挚的谢意。博士后李江源、高天明、胡斌武、张金福、杨全印、岳刚德,博士生曹汉斌、牛长松、贺武华等,也为我提供了不少帮助,在此特别表示感谢。

同时，报告的构思与写作，还要感谢我的恩师——西北师范大学李定仁先生，李先生自始至终关心报告的写作进展与修改，他高屋建瓴的点拨令我豁然开朗。扬州大学原常务副校长方洪锦教授、教育学科学院院长薛晓阳教授等领导与同事亦给我提供了诸多支持与鼓励，在此一并致谢。

正是受惠于多方帮助和指教，出站报告才取得些许成绩并得到肯定性评价。杨启亮教授在专家评议书中写道：该研究"视域新颖，观点独具，对课程论的基础理论建设贡献、开发理论的深化发展都是值得称道的。在时下之课程与教学变革的理论与实践争鸣问题研究中可谓独树一帜，是一项开创性研究"，"全文古今中外融会贯通，以高层理论之建构诠释基层实践之困惑，颇多精微"。浙江大学博士后答辩专家委员会一致认为该报告"是一篇优秀的博士后出站报告"。这些评价更多的是一种激励、鞭策，它将增强我继续探索的信心，激励我进一步思考，从而把该项研究推向更高的层次。

特别要提及的是，就在我博士后研究开题的前一天，在中央教育科学研究所工作的曾天山师兄通过短信告知我："李秉德先生在北京逝世。"噩耗传来，我悲痛不已，恩师生前的音容笑貌在我脑海——浮现。由于开题在即，我不能前往北京参加告别仪式，为先生送行。我怀着十分沉重的心情发去一封唁电："学界泰斗，高山仰止！深切怀念李秉德先生！"未能前往北京参加先生的告别仪式，成为我心中永远的遗憾与不尽的愧疚。出站报告即将付梓，谨以此书献给先生，报答先生对我的培育之恩，以此表达对先生深深的怀念之情。

课程改革的知识论探究是一个十分艰涩的课题，尽管沉入其中数年，做了一些思考与探索，但总感志大才疏，书中不足与错误在所难免，恳请读者批评、指正。

该书的撰写与出版还得到扬州大学及山东教育出版社的支持与帮助，特表感谢。

潘洪建

2013 年 8 月